LA CONSCIENCE DU TEMPS

Autour des *Leçons sur le temps* de Husserl

À LA MÊME LIBRAIRIE

Jocelyn BENOIST, *Autour de Husserl : l'ego et la raison*, 1994.
– *L'*a priori *conceptuel : Bolzano, Husserl, Schlick*, 1999.
– *Entre acte et sens. La théorie phénoménologique de la signification*, 2002.
– *Les limites de l'intentionnalité. Recherches phénoménologiques et anaytiques*, 2005.
– *Éléments de philosophie réaliste*, 2011.
– *L'adresse du réel*, 2017.

Après la fin de l'histoire. Temps, monde, historicité, édité par J. BENOIST et F. MERLINI, 1998.
Historicité et spatialité. Le problème de l'espace dans la pensée contemporaine, édité par J. BENOIST et F. MERLINI, 2001.
Une histoire de l'avenir. Messianité et Révolution, édité par J. BENOIST et F. MERLINI, 2004.
Langage ordinaire et métaphysique Strawson, dirigé par J. BENOIST et S. LAUGIER, 2005.
Propositions et état des choses. Entre être et sens, édité par J. BENOIST, 2006.
La conscience du temps. Autour des Leçons sur le temps de Husserl, édité par J. BENOIST, 2008.
Réalismes anciens et nouveaux, édité par J. BENOIST, 2018.
Nouvelle philosophie en Allemagne et en France. Entre idéalisme et réalisme, édité par J. BENOIST et J. ROMETSCH, 2023.

PROBLÈMES ET CONTROVERSES

LA CONSCIENCE DU TEMPS

Autour des *Leçons sur le temps* de Husserl

édité par

Jocelyn BENOIST

LIBRAIRIE PHILOSOPHIQUE J. VRIN
6 place de la Sorbonne,
PARIS Ve

ISSN 0249-7875
ISBN 978-2-7116-1887-3

www.vrin.fr

AVANT-PROPOS

Les *Leçons pour une phénoménologie de la conscience intime du temps*, professées en 1905 à Göttingen, occupent une place à part dans le développement de la phénoménologie husserlienne, et donc dans l'invention de la phénoménologie. Ces leçons, auxquelles Husserl lui-même a décidé de faire un sort particulier, puisqu'il a à plusieurs reprises engagé le processus qui devait conduire à leur publication, en en faisant notamment complètement réélaborer les manuscrits par Edith Stein durant la première guerre mondiale, jusqu'à leur édition finale par Heidegger en 1928, représentent en fait une seule section d'un cours consacré aux modalités de l'intentionalité autres que significatives (perception, imagination, souvenir). Après les *Recherches Logiques* et la mise en place du cadre général de l'intentionalité, Husserl en explore méthodiquement les différents aspects. Or, au nombre de ces aspects, il y a la temporalité, que l'analyse intentionnelle des *Recherches* avait assez largement négligée.

Si Husserl lui-même a cru bon de détacher cette partie de cours et d'en faire l'objet d'un travail éditorial approfondi, auquel ont contribué ses divers assistants, c'est que la temporalité lui est très vite apparue comme plus qu'une modalité particulière de l'intentionalité. D'abord cette modalité a le privilège d'être universelle : il n'y a pas d'acte intentionnel qui ne soit pas caractérisé temporellement, et seule une forme d'abstraction méthodologique avait pu conduire, en un premier temps, à neutraliser cette détermination dans la description de l'intentionalité. Ensuite, loin de représenter une simple propriété qui échoit, en vertu d'on ne sait quelle caractéristique de son porteur (par exemple la finitude humaine), de façon externe, à tout acte intentionnel, la temporalité ne tarde pas, sous la plume de Husserl, à se découvrir comme la *structure fondamentale de l'intentio-*

nalité, celle qui, d'une part, constitue une forme originaire et irréductible, comme une première couche d'intentionalité, et, d'autre part, en vertu de laquelle toute forme ultérieure d'intentionalité, de niveau supérieur, est possible, puisque qui, pour ainsi dire, *tend* la structure ek-statique même (celle d'une in-« tension ») qu'on trouve dans *toute* intentionalité. En ce sens, comme le souligne Heidegger dans ses brèves remarques préliminaires à son édition de 1928 des *Leçons* réalisée à la demande de Husserl, c'est bien ici la nature même de l'intentionalité en général qui est en jeu.

La tradition phénoménologique ne s'y est pas trompée, qui a su trouver dans ces *Leçons* une constante source d'inspiration, et la matière de nouveaux départs répétés.

Le présent recueil fait une large part à ces « reprises » dont les *Leçons* ont pu faire l'objet au XXe siècle. On peut dire sans exagérer que cette référence a pu déterminer le chemin notamment d'une bonne part de la phénoménologie française d'après-guerre, y compris là où celle-ci a emprunté cette voie pour en définitive s'éloigner de Husserl.

La question constamment posée, dans l'héritage de ces *Leçons*, semble être celle de l'*origine* de l'intentionalité. Dans quelle mesure celle-ci a-t-elle ou non elle-même la forme d'un certain type d'intentionalité ? Et si on accorde à Husserl une réponse positive à cette question, de quel type, semble-t-il inévitablement exceptionnel, devra être cette intentionalité ?

Il est certain que, sous la figure de l'intentionalité originairement constitutive du temps, Husserl a essayé d'explorer ce qui paraissait *a priori* impossible dans le cadre théorique mis en place dans les *Recherches Logiques*, à savoir l'idée d'*une intentionalité qui ne serait pas intentionalité d'objet*, une intentionalité qui ne serait plus primairement transcendante, mais purement « immanente », qui ouvrirait l'espace de la conscience même sans l'assigner encore à aucun « dehors ». Ce faisant, il est probable qu'il a porté son propre modèle de l'intentionalité, celui dont il avait fait le cadre naturel de la phénoménologie, à sa limite mais il a aussi prétendu le fonder.

On peut s'interroger sur la viabilité de ce concept anobjectif, originaire, de l'intentionalité, et se demander s'il ne nous entraîne pas, tout simplement, au delà des limites de l'intentionalité, en direction d'une phénoménologie qui aurait assumé son caractère non-intentionnel, dont la phénoménologie de Michel Henry par exemple donnerait un exemple. On peut aussi, inversement, émettre des doutes sur le désir d'origine que le caractère-limite de cette intentionalité aurait à charge d'exprimer, et quant au fait qu'il y aurait là quoi que ce soit dont il y aurait à faire une phénoménologie.

Le temps constitue-t-il quoi que ce soit comme un champ propre d'expérience, et déploie-t-il réellement l'espace spécifique d'une phénoménologie ? La question est-elle tant celle des limites de l'intentionalité (au sens de la possibilité d'une phénoménologie non intentionnelle) que des *limites de la phénoménologie*, et de l'intentionalité (en tant que structure grammaticale de mise en forme des phénomènes, en deçà de laquelle cela n'a pas de *sens* de remonter) comme limite ? Cette question, posée avec beaucoup de force par l'auto-critique wittgensteinienne, dans les années 30 du XXe siècle, de l'idée de phénoménologie temporelle, qui offre un utile contrepoint à l'idée husserlienne d'une phénoménologie de la « conscience originaire du temps », constituera le second pilier de ce recueil.

C'est donc à une exploration de l'extraordinaire rayonnement de ces *Leçons sur le temps* et des thèmes soulevés par elles dans la philosophie du XXe siècle que ce recueil, dans son ouverture constitutive, veut inviter. Sur ce terrain comme sur bien d'autres, la philosophie husserlienne, dans sa pratique expérimentatrice qui la fait toujours mettre de nouveau à l'épreuve les concepts dont elle s'empare jusqu'à la limite de leur signification, jusqu'à mettre au jour leurs dimensions les plus cachées, constitue une réserve inépuisable de questions, dont peut se nourrir la philosophie d'aujourd'hui, à l'heure où, après les recherches de Parfit, de Mellor ou de Dainton, la question du temps est réouverte.

Ce volume est issu d'un colloque organisé avec Marc Crépon aux Archives Husserl de Paris en juin 2005. Cette collaboration, appelée à se développer dans des projets ultérieurs, m'a permis de voir le problème sous un jour nouveau, en mesurant mieux l'impact des *Leçons* sur certains aspects de la tradition continentale qui ont eu une importance décisive dans leur réception. Je remercie également le Directeur des Archives Husserl de Paris, Jean-François Courtine, qui a, comme toujours, soutenu cette manifestation, mais qui y a aussi participé activement, ainsi qu'à la préparation de ce volume.

Jocelyn BENOIST
Université Paris-I Panthéon-Sorbonne
Archives Husserl de Paris

CHAPITRE PREMIER

MODES TEMPORELS DE LA CONSCIENCE ET RÉALITÉ DU TEMPS

HUSSERL ET BRENTANO SUR LE TEMPS

Les *Leçons pour une phénoménologie de la conscience intime du temps* de Husserl ont connu une fortune considérable dans la tradition phénoménologique. On y a vu, très certainement avec raison, l'amorce d'une méditation sur le fondement même, le soubassement, largement non-intentionnel, de l'intentionalité, donc le point où Husserl atteint la question, laissée dans une certaine mesure dans l'ombre par les *Recherches Logiques*, de l'essence de la conscience, et, du point de vue de la tradition phénoménologique ultérieure, peut-être de son dépassement.

La fécondité d'une telle lecture a été prouvée par le fait. Les œuvres des grands phénoménologues ou post-phénoménologues comme Heidegger, Levinas, Henry, Derrida, sont là pour en attester.

Je pense toutefois aussi qu'il est bon, si on veut comprendre la nature des déplacements effectués par le texte ou auxquels il se prête, de recontextualiser l'interrogation de Husserl dans ces pages. Quel genre de questions a bien pu motiver, dans le contexte de l'époque et celui de la pensée de Husserl à ce moment-là (le « premier Husserl », ou en tout cas celui des *Recherches Logiques*), la théorie présentée ?

Dans une telle perspective, il me semble que les *Leçons sur le temps* apparaissent sous un autre jour : celui d'une problématique clairement épistémologique (au sens anglophone du terme, c'est-à-dire de l'ordre de la théorie de la connaissance), comme l'ensemble de la pensée du « premier Husserl ». Le problème primaire des *Leçons sur le temps* est bien, comme celui des *Recherches logiques*, un problème de connaissance, et comme tout problème de connaissance, il est comme tel celui de l'accès à une certaine forme de réalité, ou plutôt de savoir si un certain type d'attitude de conscience nous donne accès ou non à une « réalité ».

Avant donc de fournir *l'équation générale* du problème de l'intentionalité, la question du temps en est abordée par Husserl comme un *cas particulier* – quelle que soit l'importance de ce cas, qui, bientôt, s'avère pervasif.

C'est donc ainsi que nous l'envisagerons, en essayant de cerner en quoi la stratégie déployée par Husserl dans ces *Leçons* représente une solution possible parmi d'autres à un problème qui traverse toute une époque (de Brentano à McTaggart, et, au-delà, Wittgenstein), à savoir celui de ce que nous appellerons la *réalité du temps*.

Comme toujours chez Husserl, et les *Leçons* ont le mérite d'être plus explicites là-dessus que d'autres textes, la question s'enracine chez Brentano. La première section des leçons de 1905 est consacrée à un rappel de la doctrine brentanienne, cet exposé étant présenté, de façon un peu égarante, comme une sorte de mise en jambes relativement accessoire. Mais, en réalité, il n'a rien de contingent : les principaux aspects de la doctrine husserlienne apparaissent clairement comme des réponses non seulement aux difficultés de la doctrine du maître, mais comme issus du souci même et du type de question qui a pu présider à l'élaboration de celle-ci. C'est clairement Brentano qui a posé l'équation à laquelle la doctrine husserlienne de la temporalité veut être une solution.

Cette équation est d'abord ontologique : c'est celle d'une certaine forme de *présentisme* qui semble constituer l'envers de ce réalisme qui est celui de Brentano, et qui est aussi celui dont Husserl part. Ce qui est au sens propre du terme (*im eigentlichen Sinne*) est au présent. Une chose ou un événement futur n'est pas. Ses conditions d'apparition peuvent être déjà, mais tant que la chose n'est pas réalisée, effective, elle-même n'est pas. Quant à ce qui a été, *en tant qu'il a été* (cela ne préjuge pas de ce que son existence, par ailleurs, se poursuive, mais c'est alors une autre existence, présente), il n'est plus et donc, au sens fort du verbe être, qui est le seul authentique, pas. « Un N passé n'est pas un N. »[1] Au contraire un N présent

1. Brentano, *Deskriptive Psychologie*, éd. Roderick Chisholm et Wilhelm Baumgartner, Hamburg, Felix Meiner, 1982, p. 94. Ce à quoi fait écho, dans la présentation donnée par Husserl de la doctrine de Brentano dans les *Leçons*, § 5, *Husserliana X*, éd. Rudolf Boehm,

est un N, à telle enseigne qu'au fond il n'est nul besoin de dire qu'il est présent. Le présent ne semble pas être une détermination temporelle comme les autres; elle semble *redondante* : dire d'un N qu'il est au présent, c'est dire simplement qu'il est, et on peut même se demander si c'est là une « détermination temporelle ». Ce qui caractérise les véritables déterminations temporelles (*Zeitbestimmungen*), c'est en effet leur pouvoir modificateur (*modifizierend*).

C'est ainsi que Brentano caractérise le « N passé » : il n'est pas un N, et il est, en ce sens-là, « modifié » – là où au contraire le N présent est un N, et il ne lui échoit donc « aucune détermination temporelle modificatrice ».

L'interprétation de certaines déterminations temporelles – celles constitutives du sens originaire même de la temporalité : s'il n'y avait que du présent, il n'y aurait pas de temps – comme « modificatrices » renvoie à un dispositif plus général dans la pensée de Brentano, qui joue un rôle dans l'ensemble de la problématique de l'intentionalité : l'opposition entre les prédicats déterminants et les prédicats modificateurs.

Brentano a campé sa doctrine sur ce point dans une lettre à Mill qu'il reproduit en note dans le chapitre sur le jugement de sa *Psychologie* de 1874[1]. D'habitude, dit-il, les prédicats enrichissent le sujet auxquels ils sont appliqués en le déterminant; mais il y en a aussi qui le modifient. Lorsque je dis d'un homme qu'il est savant, j'énonce une détermination qui enrichit le concept «homme» et détache un sous-ensemble dans son domaine. Si au contraire je parle d'un homme mort, en un certain sens, je ne parle pas d'un homme : les hommes morts ne sont pas un sous-ensemble des hommes, cette détermination ne restreint pas le domaine du concept d'homme, mais nous en fait sortir. Il s'agit là d'un *prédicat modificateur*, suivant une intuition qu'on trouvait déjà chez Aristote.

Certaines déterminations *altèrent* fondamentalement leur objet, le font changer de signification ontologique. Un homme mort n'est pas vraiment un homme (on ne peut pas faire avec un homme mort ce qu'on pourrait faire ordinairement avec un homme ou attendre de lui ce qu'on peut attendre ordinairement d'un homme), de même qu'un faux ami n'est pas vraiment un ami, et non un cas particulier d'ami.

Den Haag, Nijhoff, 1969 (désormais cité *Hua*), p. 12; trad. H. Dussort, Paris, P.U.F., 1964, p. 24 : « un *do passé n'est pas* un *do*, un rouge passé n'est pas un rouge ».

1. Brentano, *Psychologie vom empirischen Standpunkt*, éd. Oskar Kraus, Hamburg, Felix Meiner, 1925, Bd. II, p. 61-62.

Des questions peuvent alors surgir quant au sens dans lequel les « déterminations temporelles » dont parle Brentano peuvent elles-mêmes être présentées comme « modificatrices ». En un certain sens, on a envie de dire que le parallèle est particulièrement pertinent, car il est de l'essence du passé d'être bien mort : pensons par exemple au cas d'une joie passée, qui n'est plus et donc n'est pas une joie, n'a rien à voir avec une joie avec tout ce que celle-ci suppose de vie – même si son souvenir peut faire naître en nous une certaine joie, mais c'est alors une joie actuelle et elle ne s'identifie pas avec la précédente, elle ne la fait pas ressusciter pour autant.

Il semble cependant qu'il y ait une différence. En effet, lorsque Brentano, dans la *Psychologie* de 1874, écrit que l'énoncé "un homme mort est" « ne présuppose l'existence d'aucun homme, mais seulement d'un homme *mort* », ce qui est posé par là c'est bien une réalité – pas celle de l'homme, qu'on aurait supposée, et en cela le prédicat est bien « modificateur », mais tout de même une réalité, tout ce qu'il y a de plus actuelle. Un homme mort est simplement une réalité *d'un autre type* que celle d'un homme vivant – à savoir celle du cadavre.

En est-il de même de l'objet affecté d'une détermination temporelle – comme notre « joie passée » ? Non certainement. La joie passée n'est pas une réalité d'un autre type qui interviendrait en quelque sorte « à côté » de celle de la joie par construction présente.

En fait « l'altération » (la modification) ici semble beaucoup plus du type de celle qui intervient dans le second exemple donné par Brentano toujours dans la même lettre à Mill : lorsque je dis « un centaure est une fiction », mon énoncé n'exige certainement pas qu'il y ait un centaure, mais « un centaure *feint* (*einen fingierten Zentauren*), c'est-à-dire une fiction d'un centaure (*eine Fiktion eines Zentauren*) ».

Intéressante est ici la retraduction opérée par Brentano. Reconduire le centaure objet de prédication, là où cette prédication consiste à le proclamer fictif, à son être de seul « centaure feint » (qui n'est pas un centaure réel, donc, dit Brentano, *pas un centaure du tout* : en fait en toute rigueur, si tout centaure est « feint », c'est qu'*il n'y a pas de centaure*), ne suffit pas. En effet, un « centaure feint », ce n'est rien du tout, en tout cas certainement pas un genre de réalité à côté de celle, éventuelle, du centaure (à supposer qu'il y en ait), une réalité *autre*, comme celle du cadavre à côté du corps vivant. Comme le dit littéralement Husserl dans la Ve *Recherche Logique* avec une clarté qui devrait faire justice des lectures idéalistes des *Recherches Logiques* (au moins dans leur première édition), là où l'objet « est "simplement intentionnel", cela ne signifie naturellement pas : *il existe*, quoique seulement dans l'*intentio* (donc comme composante réelle de celle-ci), ni : il existe dans celle-ci quelque ombre de l'objet ; mais cela veut dire : ce qui existe, c'est l'intention, la "visée" d'un objet de telle sorte, mais *non* l'objet. »[1] A l'objet de fiction ou de « simple visée » en général (c'est-à-dire de visée non réalisée) ne revient aucune – je dis bien aucune : pas même celle d'une « ombre » intentionnelle, comme s'il y avait une autre forme d'être que celle de « l'être vrai » (suivant les mots de Husserl lui-même) – forme d'existence. L'altération induite par la fiction ne nous reconduit donc pas d'un objet à un autre, mais de l'objet à la conscience opérante : ce qu'il y a, là où il y a fiction, ce n'est pas un autre objet (« l'objet fictif ») qui viendrait concurrencer l'objet vrai, mais *l'acte de fiction lui-même*. Il y a là une certaine forme de modification, bien particulière, dans laquelle, derrière l'objet, une fois celui-ci affecté de son prédicat modificateur, c'est en fait *l'acte* qui se cache.

Il semble bien que les déterminations temporelles, en tant que « déterminations modificatrices », soient de ce type-là. En effet, qu'est-ce qu'une joie passée, si ce n'est le fait qu'une conscience, au présent, se représente cette joie sur le mode du souvenir ? La joie n'a pas alors de consistance ontologique propre – seule la joie présente peut *être* – et ce qui fait le caractère modificateur du prédicat « passé », c'est précisément le fait que l'être auquel renvoie le terme modifié n'est plus alors celui de l'objet auquel il semble normalement référer, mais celui de l'acte conscientiel qui s'y rapporte au présent.

La théorie brentanienne de la temporalité a connu de nombreuses évolutions, retracées par Henri Dussort d'une façon à vrai dire assez impressionnante pour l'époque (compte tenu des sources dont il disposait) suivant les indications données par Marty, Stumpf et Kraus, dans la note qu'il ajoute à sa traduction posthume des *Leçons* de Husserl et qu'aujourd'hui les travaux d'Arkadiusz Chrudzimski[2] sur les manuscrits

1. Husserl, *Recherches Logiques*, Recherche V, Appendice aux § 11 et 20, trad. fr., H. Elie, Arion L. Kelkel et R. Schérer, Paris, P.U.F., 1961, t. II/2, p. 231. *Cf.* mon commentaire dans *Intentionalité et langage dans les* Recherches Logiques *de Husserl*, Paris, P.U.F., 2001, chap. V.

2. *Cf.* Arkadiusz Chrudzimski : « Die Theorie des Zeitbewußtseins Franz Brentanos im Licht der unpublizierten Manuskripte », in *Brentano-Studien*, VIII, 1998/99, p. 149-161, et,

inédits des cours de logique et de métaphysique de Brentano permettent d'affiner. Mais, dans tous ses rebondissements, cette théorie demeure dominée par quelque chose comme l'intuition de base de *l'irréalité du temps*, ou plus exactement (car l'irréalité du temps lui-même, en tant que forme ou structure, pour Brentano, irait de soi : il n'y a de réalité que de la chose, ou de ce qui est *de* la chose elle-même, de ses « propriétés ») de ce qui est affecté de modification temporelle. Quel que soit le niveau où on fait porter la modification – celui du jugement ou celui de la représentation, suivant les deux grandes théories défendues alternativement, et en définitive simultanément, par Brentano –, les prédicats temporels demeurent des prédicats modificateurs et ce qui en est affecté est donc, fondamentalement, *irréel* – tout au moins ne renvoie-t-il pas à sa propre réalité, mais en désigne-t-il une qui est, forcément, au présent.

La constitution du passé comme du futur devient alors un exercice de l'imagination. Ce à quoi je me rapporte comme passé (nous nous concentrerons ici sur cette détermination; l'autre poserait des problèmes spécifiques, qui n'en sont pas exactement symétriques) se voit toujours en quelque sorte ajouté à un présent et pensé par rapport à celui-ci sur le mode d'une association qui est l'œuvre de la subjectivité sous l'espèce de l'imagination.

Le sens général de la théorie est très clair : le passé, en un certain sens, très essentiel (il y va de son être même de passé), *n'est pas donné*. Comment, dès lors, dans une pensée qui fait du donné la pierre de touche du réel (tel est le sens de « l'empiricité » de la psychologie brentanienne), lui reconnaître la moindre réalité ? Le passé ne serait-il qu'une construction imaginaire ?

Il y a quelque chose de gênant dans une telle idée, et Brentano l'a bien senti. En effet, si ma mémoire peut me jouer des tours et je peux me tromper sur ce qui s'est passé, il n'est guère concevable que je me trompe quant au *fait qu'il y ait eu un passé*. Le passé est ce qu'il y a eu, et quoi qu'il y ait eu, il y a « réellement » eu quelque chose. Il est donc extrêmement embarrassant de faire basculer le passé dans l'irréalité de « l'impropre », « ce qui est seulement représenté ».

Cela peut paraître un peu plus attrayant en ce qui concerne le futur, car, dans la mesure où celui-ci n'est pas arrivé, il semble qu'on puisse dire en un

plus récemment, *Intentionalität, Zeitbewußtsein und Intersubjektivität. Studien zur Phänomenologie von Brentano bis Ingarden*, Frankfurt, Ontos Verlag, 2005.

sens beaucoup plus fort qu'il *n'est pas*, et que la représentation du futur soit, de façon beaucoup plus vraisemblable, un simple exercice de l'imagination. Il n'en reste pas moins qu'une fois que le futur sera, *il aura vraiment été*, et en ce sens, ne sera pas moins « réel » que ne l'est le présent actuellement et que ne l'a été le passé. Et, en ce sens, on peut dire qu'il y aura « réellement » un futur, comme il y a « réellement » eu un passé, y compris si nous ne sommes pas là pour le voir. Les déterminations temporelles, les unes comme les autres, sont, chacune dans leur registre propre, des déterminations de la réalité, cela fait partie de leur grammaire – elles concernent ce dont on peut penser que cela a été réellement (ou ce dont on se demande si cela a été réellement), ce dont on pense que cela est ou se demande si cela est et ce dont on pense que cela sera ou se demande si cela sera.

La difficulté de la théorie de Brentano est que, au moins en un premier temps, elle tend à traiter le problème du statut des objets déterminés temporellement (dans le passé ou le futur, le présent, dans une telle perspective, n'étant pas vraiment un temps, mais le prédicat superfétatoire du réel lui-même[1]) comme un cas particulier de celui des objets fictifs. Or, en règle générale, les déterminations temporelles ne sont pas utilisées pour fictionnaliser, mais au contraire pour produire un effet de réel – même si on connaît, dans de nombreuses langues, l'usage irréalisant du passé, mais précisément un tel usage est-il perçu comme particulier et dérivé. Le terrain normal du temps, c'est le réel.

Comment reconnaître une portée réelle aux déterminations temporelles si, en un certain sens, elles renvoient à du non-donné, elles se dérobent à *l'actualité* de principe qui est celle de la donnée? Telle est la difficulté devant laquelle se trouve Husserl, héritier de la tradition brentanienne.

Pour bien comprendre le geste accompli par Husserl dans les *Leçons sur le temps*, avec l'introduction de la « rétention » (à laquelle la doctrine des *Leçons* ne se réduit certes pas, mais qui en est la base), il faut le replacer

1. Même si, de ce point de vue, le passage de la *Deskriptive psychologie* cité plus haut débouche en fait sur une remise en question de ce schéma, en rendant (au moyen de la *protéresthèse*), comme on va le voir, une certaine épaisseur au présent. Reste que le présent « au sens étroit » continue, en un certain sens, de bénéficier d'une forme d'intemporalité. Il faut s'appuyer sur un intemporel, *dût-il être conçu comme limite*, pour représenter l'association originaire qui est censée donner sa subtance phénoménologique (mais toujours pas ontologique, on est toujours dans l'impropre, *la pseudo-perception de ce qui n'est pas [plus] vraiment perçu*) au temps.

dans le contexte du traitement fourni par Husserl des paradoxes brentaniens de l'intentionalité dans les *Recherches Logiques*.

Assumer le caractère intentionnel de la conscience, comme l'a fait Brentano dans la *Psychologie* de 1874, c'est assumer le fait que la conscience peut se rapporter à tout objet, y compris qui n'existe pas, Brentano a toujours été parfaitement clair là-dessus. Mais c'est donc admettre forcément la possibilité de quelque chose comme un être impropre ou tout au moins un sens impropre de l'être, celui du visé qui, en l'absence d'existence indépendante, ne renvoie à rien d'autre, en guise d'être propre, qu'à la visée.

La question dominante des *Recherches Logiques* est de savoir comment le visé peut se manifester comme être au sens propre du terme, en d'autres termes, comment la visée véridique est-elle possible ? Il s'agit de spécifier l'intentionalité brentanienne, et de distinguer en elle un régime de manifestation dans lequel ce qui est visé se manifeste comme non seulement visé, mais *donné*, donné tel qu'il est. Ce régime, Husserl le nomme évidence, selon un cartésianisme qu'il reprend encore une fois de Brentano, mais en conjuguant deux thèmes qui, chez Brentano, restaient distincts : celui de l'évidence et celui de l'intentionalité. Il y a une forme d'intentionalité qui a une évidence propre, c'est-à-dire dans laquelle la visée vient automatiquement, intrinsèquement, se confirmer (et qui fonctionne elle-même comme confirmation ou infirmation des autres visées). Husserl la nomme « perception » (*Wahrnehmung*).

De ce point de vue, il faut opposer les visées qui sont appelées à rester de « simples visées » (*bloße Meinen*) et qui se déploient sous le régime de ce que Husserl lui-même appelle parfois fiction (*Fiktion*) en un sens rigoureusement déconstructif du terme dans lequel on peut entendre un écho de la théorie brentanienne des fictions, et les *visées qui se remplissent*, qui trouvent confirmation et qui, en tant que telles, donnent donc accès à ce que Husserl appelle, par exemple dans la *Recherche* II, parlant des objets idéaux (et les opposant aux « objets fictifs »), des « objets vrais ».

Tout tourne alors autour de ce concept proprement husserlien (le seul concept proprement husserlien des *Recherches Logiques*, disait un jour Jacques English) qui est celui de *remplissement*, un concept qu'on ne trouve en effet nulle part chez Brentano et qui dénote une théorie de l'intentionalité profondément différente. *Une chose peut être à la fois visée et donnée* (ou, comme dirait Husserl, *être donnée selon la visée*), telle est la grande innovation des *Recherches Logiques*, et ce qui devrait, du point de vue de Husserl, résoudre le paradoxe des objets intentionnels.

Notre interrogation par rapport au temps devient alors : de quel genre de confirmation nos visées temporelles sont-elles susceptibles ? Y a-t-il une forme d'« évidence » temporelle ? Ce qui se présente d'abord, suivant l'analyse brentanienne, sous l'espèce du « simplement visé » peut-il ici revêtir un autre statut, comme le fait, selon l'analyse des *Recherches Logiques*, l'objet perçu (ou intuitionné en un sens analogique par rapport à la perception) ?

L'apport décisif des *Leçons sur le temps*, du point de vue de leur auteur, consiste à fournir une telle évidence, à donner à la conscience temporelle sa forme propre de remplissement, ce qui est fait sous la figure de la « rétention ».

De ce point de vue, il s'agit, comme souvent en phénoménologie, de refaire droit à une évidence qui était déjà là, mais qu'une certaine interprétation philosophique, en l'occurrence celle de Brentano, avait pu recouvrir ou adultérer.

> Que la conscience d'un processus sonore, d'une mélodie que je suis en train d'entendre, montre une succession, c'est là pour nous l'objet d'une évidence qui fait apparaître le doute et la négation, quels qu'ils soient, comme vides de sens[1].

Dans la présentation que Husserl donne de la théorie de Brentano, celle-ci semble avoir été construite contre cette évidence. Selon elle, dit Husserl, « nous *croyons* entendre une mélodie, et donc entendre encore ce qui vient tout juste de passer, mais ce n'est qu'une apparence (*Schein*), qui vient de la vivacité de l'association originaire »[2].

Ce que Husserl combat donc chez Brentano, ou en tout cas un certain Brentano (celui de la période des cours auxquels il a pu lui-même assister, autour de 1884-1886), c'est ce qu'il perçoit comme l'assimilation de la conscience temporelle à une forme de la conscience *impropre*, relevant de la problématique générale des représentations impropres, *qui ne donnent pas intuitivement leur objet*.

Il se pourrait néanmoins que dès les années qui suivent la période où Husserl a suivi ses cours, la position de Brentano soit plus complexe que ne

1. *Leçons sur le temps*, § 1, p. 3 ; trad. fr. p. 7.
2. *Op. cit.*, § 3, p. 11 ; trad. fr. p. 22.

le dit son disciple. En effet, à la fin des années 80, s'il est vrai que Brentano continue, comme il le fera toujours, de soutenir l'irréalité de principe (donc *l'être impropre*) de ce qui n'est pas présent, il n'est nullement vrai qu'il assimile exactement la perception associative du passé proche au moins (du « juste passé ») à une « représentation impropre ». A ce propos, le Brentano des textes recueillis dans la *Deskriptive Psychologie* (par certains côtés ceux qui ressemblent le plus à de la phénoménologie et qui d'ailleurs répondent à ce qu'il arrive à Brentano lui-même d'appeler « phénoménologie ») introduit le concept intéressant de *protérose* (ou protéresthèse, ou protéresthésie). Il s'agit de cette conscience particulière du tout juste passé qui accompagne toute conscience présente. Or, de façon intéressante, Brentano écrit :

> La durée intuitive (*die anschauliche Zeitstrecke*) de la protérose contient la relation de l'avant et de l'après. Tout le reste, le futur aussi, se produit donc de façon non intuitive (*in unanschaulicher Weise*)[1].

La protérose se déploie donc elle-même dans un espace qui demeure intuitif (« propre », donc), et n'est nullement assimilable à une représentation impropre. En un certain sens, la conscience du passé (du tout juste passé) est bien intuitive, exactement comme le soutiendront les *Leçons sur le temps* de Husserl. Que le futur en revanche relève en un certain sens d'une conscience fondamentalement non intuitive, c'est là une thèse dont les *Leçons* ne seront pas non plus éloignées.

Subsistent bien sûr des différences. D'abord il est bien vrai que cette forme de conscience qu'est la protérose conserve quelque chose d'impropre en l'un des sens où Brentano emploie ce terme, parce que, du point de vue de Brentano, cela demeure une conscience d'acte plutôt qu'une conscience d'objet, ou plutôt une *pseudo-conscience d'objet qui est en fait une conscience d'acte* (c'est cela qui la rend « impropre », puisqu'une conscience directe d'acte serait en elle-même « propre » – ce serait même le paradigme de la conscience propre) :

> On découvrira que n'est donné comme objet premier à la protéresthésie non pas tant directement une qualité passée et une détermination locale passée de cette qualité, qu'un sentir (*Empfinden*) passé de la qualité avec sa localité[2].

1. *Deskriptive Psychologie*, p. 101.
2. *Op. cit.*, p. 97.

En réalité, en guise de conscience du passé, nous n'avons conscience que de nos actes passés. Ce qui, d'une part, ne fait que repousser le problème d'un cran, et ne le résout nullement, car *qu'est-ce qui constitue ces actes comme « passés »*? Et d'autre part, chez un auteur aussi fondamentalement réaliste que Brentano, traduit toujours le même scepticisme par rapport à la réalité du passé. Si avoir conscience du passé, c'est en fait avoir conscience de la seule conscience passée, c'est qu'au fond, pour Brentano, le passé, en tant qu'objet de conscience *proprio sensu* (objet premier), n'existe pas.

Chez Husserl, la situation est assez différente, puisque, s'il est certain qu'en deçà du temps du monde il faut reconnaître le primat de quelque chose comme un temps de la conscience, dans lequel viennent se ranger les vécus en tant que tels, d'une part celui-là ne se réduit nullement à celui-ci, d'autre part le fait qu'il y ait aussi et d'abord un temps de la conscience *ne renvoie nullement ce dernier à l'ordre de l'impropre ou du modifié*: la distension temporelle de la conscience, la chute incessamment répétée du présent dans le tout juste passé, a en effet bien un sens *réel*, et c'est celui-ci qu'une phénoménologie adéquate de la conscience du temps doit capturer. Dire que la conscience de passé est en fait une conscience de conscience passée est à la fois souvent phénoménologiquement faux et de toute façon ne réduit en rien *ni le problème qu'il y a alors à constituer cette conscience comme « passée », ni la réalité de cet être passé*, qui relève bien, du point de vue de Husserl, de cette forme d'être propre qu'il appelle l'immanence.

Du point de vue de Husserl, l'analyse de Brentano souffre du manque apparent d'une catégorie suffisamment spécifique pour traiter le phénomène associatif que serait la protérose. Celle-ci est pensée comme association originaire; immédiate, « intuitive » on l'a vu, certes, mais *cela ne suffit pas à la qualifier comme temporelle*. Elle apparaît alternativement comme temporelle dans son objet (association du tout juste passé), ce qui suppose qu'on ait déjà constitué une conscience du temps que, à ce stade, l'analyse de Brentano laisse dans l'ombre, ou bien comme produisant elle-même l'apparence de la temporalité, mais alors de façon tout à fait injustifiable puisqu'elle n'a rien, en elle-même, de particulièrement temporel dans sa signification.

C'est à ces difficultés qu'essaie de répondre la doctrine husserlienne de la rétention, qui apparaît comme *une protérose qui aurait assumé son caractère originairement temporel* – et d'origine phénoménologique de la temporalité.

Ce que Husserl retient de la doctrine brentanienne de la protérose, c'est qu'elle est bien, en un sens, un phénomène *intuitif* – en ce sens, elle ne peut certainement pas, comme Husserl soupçonne Brentano de vouloir le faire (mais, pensons-nous, à tort)[1], être reversée au compte de la « représentation impropre », non intuitive. Il y a, en ce sens, une différence forte, fondamentale, entre le temps vécu au sens de réellement vécu (« donné », dans l'expérience primordiale, donnée « en chair et en os », de la distension entre présent et passé proche « retenu ») et le temps construit qui est ne serait-ce que déjà celui du passé lointain, qui est toujours, au sens où il n'est pas actuellement donné, une reconstruction de l'imagination.

Ce qui est proprement nouveau (par rapport à Brentano) dans la doctrine husserlienne, c'est de conférer à cette expérience intuitive qui est celle de la « protérose » (de « l'association originaire », qui ne doit pas être confondue avec n'importe quelle association construite) le sens et le format d'une *intentionalité*, qui plus est d'une intentionalité spécifique (*eine eigentümliche Intentionalität*, titre du § 12 des *Leçons*) : il y a une intentionalité dévolue en propre au temps, telle est la découverte de Husserl.

Cette intentionalité a pour fonction de répondre à l'énigme irrésolue dans la doctrine brentanienne de la « protérose », à savoir celle de la détermination du passé comme passé. On parle d'association originaire au présent du tout juste passé, ou plus précisément à l'acte de représentation présent de l'acte de représentation tout juste passé. Mais qu'est-ce qui détermine ce « tout juste passé » comme tel, c'est-à-dire comme passé ? Le schéma brentanien suppose une telle détermination, mais ne la produit pas, ne la constitue pas. Au contraire la « rétention » husserlienne se veut une réponse spécifique à cette question, puisqu'elle est visée du passé en tant que passé – elle est en tant que telle visée du passé.

« Le son rétentionnel n'est pas un son présent, mais précisément un son "remémoré de façon primaire" : il ne se trouve pas réellement là (*nicht reell vorhanden*) dans la conscience rétentionnelle. »[2] C'est dire que le son rétentionnel est intrinsèquement l'objet d'un certain type de visée (la

1. On pourrait être tenté de distinguer la doctrine de l'*association originaire* (qui, apparemment, suppose un recours à l'*imagination*, en un sens humien) du passé, à laquelle Husserl fait explicitement référence, et celle de la *protérose*, qu'il ne mentionne pas explicitement. Mais en réalité c'est exactement dans le contexte de la doctrine de la protérose que Brentano, dans les cours de « psychologie descriptive », fait intervenir la notion d'« association originaire ».

2. *Leçons*, § 12, p. 26, trad. fr. p. 46.

« remémoration primaire »), et qu'il a, par rapport à la conscience, cette forme d'inhérence non réelle (*nicht reell*) qui est précisément celle de l'être intentionnel, de l'intentionné comme tel, qui n'est pas réellement dans la conscience et pourtant, en un certain sens, y est bien. La conscience originaire du temps est ici exactement assimilée à une intentionalité au sens des *Recherches Logiques*. Mais elle est en outre une modalité intentionnelle de plein droit, réductible à aucune forme d'intentionalité répertoriée jusqu'ici (perception, imagination, signification). Il y a un sens spécifique à viser temporellement les objets.

Cette thèse, si elle donne à la conscience du temps un sens qui paraissait lui faire défaut dans l'analyse brentanienne (celui d'être une intentionalité spécifique, ce qui donne une structure *originairement temporelle* à la conscience), semble par certains côtés conduire à des résultats analogues. En effet, tout comme Brentano posait que le do passé n'était pas un do, le rouge passé n'était pas un rouge, Husserl, dans le paragraphe des *Leçons* consacré à l'intentionalité de la rétention, affirme : « de même qu'un son imaginaire n'est pas un son, mais l'imagination d'un son, [...] de même un son remémoré intuitivement de façon primaire est *par principe* quelque chose d'autre qu'un son perçu. »[1] On remarquera le cadre réaliste (au sens de la première édition des *Recherches Logiques*) que présuppose manifestement un tel propos. L'être de l'objet intentionnel est ici, de toute évidence, replié sur celui-même de l'acte qui le vise. Il faut toutefois aussi observer que si cela conduit à tenir pour problématique l'être de la chose passée – qui n'est, comme telle, *pas* parce que *plus* donnée – cela n'implique nullement, contrairement à ce qui semble être le cas chez Brentano, quelque décrédibilisation que ce soit du sens ontologique du passé lui-même en tant que dimension (et en réalité la dimension primordiale, fondamentale, puisque celle qui nous arrache d'abord de notre présent) du temps. En effet, dans cette intentionalité immédiate qui raccorde tout présent à son passé immédiat, et qui, comme telle, bénéficie d'une certaine forme d'intuitivité (il s'agit bien d'une « intuition du passé » : *Vergangenheitsanschauung*), il y a *évidence de la dimension du passé en tant que tel* : le passé, en tant que passé (à défaut de ce qu'on le prétend être, par après), est bel et bien, en un certain sens, *donné*. Evidemment, il s'agit ici du sens *subjectif* du tout juste passé, du tout juste passé en tant que moment du flux de conscience, pensé dans son rapport au présent actuel de la donnée. Mais

1. *Op. cit.*, p. 27, trad. fr. p. 48.

à ce niveau (qui est celui d'une forme d'« intuition », donc d'une « représentation propre »), il y a une forme d'« authenticité » du passé. Le passé n'est pas « rien » (et certainement pas un simple effet d'acte) au sens où il est bien *une dimension réelle du temps subjectif* – dimension qui sera nécessaire à la constitution de quelque sens que ce soit pour une temporalité objective, pour la « série » objective du temps.

En effet, non seulement la rétention, comme permanence du tout juste passé, est une forme d'intentionalité spécifique, mais cette forme d'intentionalité a une forme d'*évidence* qui lui est propre – là réside la pointe de l'épistémologie husserlienne du temps. C'est l'objet du § 13 des *Leçons*, qui suit immédiatement celui consacré au caractère intentionnel de la rétention.

« S'il s'agit d'un objet immanent, écrit Husserl, il en va ainsi : quand une succession, une variation, un changement de données immanentes "apparaît", il est aussi absolument certain. »[1] Il y a, en ce sens, une forme d'« évidence temporelle ». L'intentionalité temporelle (l'intentionalité *originairement* temporelle : la rétention) a un mode propre de remplissement. Ou plus exactement, elle est intentionalité *auto-remplissante*, intentionalité qui est automatiquement remplie, puisque l'avoir, c'est, du même geste, la remplir – pour une conscience, se rapporter à son passé immédiat, c'est en avoir un.

Il y a là un cas de figure qui peut sembler étrange, mais si on se réfère à la doctrine du remplissement présentée dans la VIe *Recherche Logique*, il est tout à fait cohérent : l'intentionalité originairement temporelle de la rétention est auto-confirmante (est à elle-même son propre remplissement, ou est immédiatement prestataire de remplissement) exactement comme, en un certain sens, l'est la perception. Dans la perception est donnée l'évidence de la chose même qui se montre, et en ce sens il n'y a pas de perception qui soit concevable sans une certaine forme de remplissement – la perception fonctionne toujours aussi comme remplissement d'elle-même, dans une forme de réflexivité inhérente à la logique de l'évidence. Il en est exactement de même de la rétention, selon les modalités spécifiques qui sont celles d'une conscience du temps. La rétention, forme d'expérience dans laquelle les autres consciences temporelles, construites et largement « imaginaires » puiseront leur fond d'évidence, est, de façon analogue, à elle-même sa propre évidence. En elle, de la même façon que la chose

1. *Op. cit.*, § 13, p. 28, trad. fr. p. 49.

transcendante l'est dans la perception, cette forme originaire de transcendance qu'est le passé est *évidemment* donnée.

Transcendance (écart) et franchissement de cette transcendance par une évidence (par une forme de remplissement) : on retrouve là les deux aspects canoniques d'une théorie phénoménologique (pas de la théorie brentanienne : chez Brentano, le thème de l'évidence, encore une fois, reste *disjoint* de celui de l'intentionalité) de l'intentionalité. Les *Leçons sur le temps* n'apparaissent, de ce point de vue, comme rien d'autre que comme l'application au problème de la conscience du temps du schéma intentionnel tel qu'il a été élaboré dans les *Recherches Logiques*. Ce qui évidemment change tout, c'est le fait que la transcendance dont il est question ici soit, au moins à un premier niveau, une *transcendance immanente*, pour ainsi dire subjective (elle appartient à la sphère de ce que Husserl va appeler, vers la fin des *Leçons* [§ 36], « subjectivité absolue ») : la *transcendance de la conscience à elle-même*, dans sa constante distension temporelle. Mais le principe de résolution de l'accès à cette transcendance est, en son fond, le même que celui de l'accès à la transcendance perceptuelle, élaboré dans les *Recherches Logiques*. Il y va bien d'une visée et d'un remplissement, la « présence » de la rétention qui vient toujours troubler notre présent pour ainsi dire de son surcroît de donation est interprétée dans ce cadre théorique qui est celui-là même de l'intentionalité, tel est le gain propre des *Leçons* de 1905, qui, avant de « fonder » le modèle qui était celui des *Recherches Logiques* (dans l'exhibition de ce qu'il faudra bien finir par reconnaître pour une intentionalité plus originaire), commencent déjà par l'élargir. Evidemment un tel élargissement ne devait pas aller sans difficultés. En effet, on peut se demander quel « contenu », dans cette intentionalité, se voit saisi et investi d'un sens. La sensation passée, assurément, n'est pas « donnée », et ce n'est pas non plus la sensation présente à laquelle l'intentionalité rétentionnelle donne son sens de passé. Avec la rétention originaire, le schéma *Auffassung/Inhalt*, on le sait, Husserl y consacrera de nombreuses recherches dans les années qui suivent les *Leçons*[1], trouve sa limite. Et, corrélativement, on peut se demander quels sont les « contenus présentatifs » du remplissement (de l'*auto-remplissement*) d'une telle intentionalité. Par bien des côtés, une telle intentionalité apparaît beaucoup plus « formelle » que celles découvertes précédemment. Elle représente, de

1. *Cf.* Husserl, *Texte zur Phänomenologie des inneren Zeitbewußtseins*, hg. von R. Bernet, Hamburg, Felix Meiner, 1985, section 4, p. 135-200.

ce point de vue, comme un passage à la limite du schéma intentionnel. Mais, aux yeux de Husserl, ce n'en est pas moins une intentionalité (ce que les tenants de la « phénoménologie matérielle » par exemple, par après, ne manqueront pas de lui reprocher).

L'intentionalité comme solution au problème de la conscience du temps, voilà ce que Brentano, compte tenu de son concept de l'intentionalité, ne pouvait soupçonner.

Et pourtant, il est connu que le « dernier » Brentano, à l'époque même où Husserl professe les *Leçons*, s'oriente, à propos de la question du temps, vers une solution qui n'est apparemment pas si éloignée de celle avancée par son disciple. Il reconnaît en effet à ce moment la structure subjective du temps en tant que structure spécifique, au lieu d'en faire un effet de subjectivité (d'« impropriété ») *en général*.

C'est la modification apportée par Brentano dans sa dernière période à sa doctrine de la conscience, qui consiste à introduire des « modes temporels » de la conscience elle-même.

Il faut alors envisager une modalisation possible de ce qui, dans le schéma canonique de la *Psychologie du point de vue empirique*, constituait la base de la vie intentionnelle de la conscience, à savoir la représentation (*Vorstellung*), intentionalité primordiale et fondement de toute intentionalité. Il est possible de se représenter quelque chose *comme présent, passé, ou futur*, et la représentation est elle-même une activité diversifiée temporellement – il y a là des *modes différents de la représentation*, et non des seules différences de « contenu ».

Cette doctrine est exposée par exemple dans l'appendice III joint par Kraus au tome 2 de la *Psychologie du point de vue empirique* (« *Von den Modis des Vorstellens* »).

Cette structuration subjective du temps, comme modification de la représentation, représente certainement un progrès dans l'analyse brentanienne, et un pas dans le sens de l'analyse husserlienne. Qu'est-ce en effet, en un certain sens, que la rétention, si ce n'est une conscience modifiée ?

Mais en même temps, si cette reconnaissance de modalités proprement temporelles de la conscience creuse une différence dans la sphère de « l'impropre », elle n'en sort pas vraiment. En effet, l'usage que Brentano fait de cette doctrine des « modalités temporelles » va toujours dans le même sens :

> Qui tiendrait le présent, le passé et le futur pour des différences des objets, errerait non moins que celui qui prendrait l'existence et la non-existence pour des attributs réels[1].

Les attributs temporels demeurent bien, fondamentalement, des attributs *irréels*, cela précisément parce que purement subjectifs – purs effets de structures de la représentation elle-même, et non quoi que ce soit qui se trouverait dans les choses elles-mêmes.

Par contraste, cela permet de comprendre ce qui constitue la spécificité de la position husserlienne, liée à une certaine conception de l'intentionalité : à savoir qu'il puisse y avoir une forme d'*objectivité* propre y compris à cette forme de modification de conscience qu'est la modification temporelle. Dans la rétention, c'est bien quelque chose à quoi il est renvoyé (le tout juste passé) – et en ce sens-là, il y a bien là quelque chose comme la structure d'objet (même si on en est certainement à la limite, là où intentionalité et structure d'objet divorcent et où il faudrait entendre l'intentionalité comme visée d'autre chose qu'un objet). « L'impropriété » apparente ne disqualifie nullement la structure de visée, c'est là le point important – c'est bien de ce qui est visé, et non de l'acte même, qu'il est question là où intervient la détermination temporelle. D'autre part, comme l'a bien vu Brentano lui-même dans sa doctrine de la protérose, en réalité le mode d'expérience de la rétention est *propre*, et non impropre – est de l'ordre de l'intuitif et non du symbolique ou du renvoi imaginaire. Si on combine cette propriété qui est celle d'une donnée (le tout juste passé est « réellement donné ») et le caractère intentionnel au sens husserlien du terme (c'est-à-dire déterminant d'une référence objective, à remplir) du rapport au tout juste passé, cela conduit de toute évidence (en vertu de cette « évidence » même qui est celle de la rétention) à reconnaître la *réalité du temps*, c'est-à-dire sa pertinence dans la donation d'objets, et de « contenus » en général.

De ce point de vue, il est probable que, dans l'histoire du détachement progressif de Husserl du modèle brentanien (du « réalisme » qui sépare sévèrement les actes des objets), les *Leçons sur le temps* qui, pour la première fois, nous confrontent à quelque chose comme une objectivité gagnée dans la subjectivité même, au niveau de la structuration immanente de l'apparaître, constituent un jalon essentiel[2]. Un pas décisif sur la route

1. Brentano, *Psychologie vom empirischen Standpunkt*, Bd. II, Appendice III, p. 143.

2. De ce point de vue, si je souscris au jugement de Jean-François Lavigne (*Husserl et la naissance de la phénoménologie (1900-1913)*, Paris, P.U.F., 2005, p. 381 *sq.*) quant au

qui conduit d'une conception réaliste critique à une conception idéaliste transcendantale de l'intentionalité. On peut tout au moins penser que, de ce point de vue, les découvertes des *Leçons* ont constitué, pour Husserl, une *motivation* essentielle.

Jocelyn BENOIST
Université Paris-I Panthéon-Sorbonne
Institut Universitaire de France
Archives Husserl de Paris

caractère non encore transcendantal de la perspective des *Leçons* de 1905 (la « réduction » qui y est opérée n'est certainement pas la réduction transcendantale, mais ce que Lavigne appellerait, justement je crois, « réduction immanentiste »), je pense néanmoins qu'il sous-estime le rôle joué par le problème *spécifique* de la constitution du temps dans la conversion de Husserl à l'idéalisme transcendantal.

CHAPITRE II

L'IMPRESSION ORIGINAIRE ET LE REMPLISSEMENT DES PROTENTIONS CHEZ HUSSERL

Le texte des *Leçons sur la phénoménologie de la conscience intime du temps*[1], qui est décrit par Michel Henry comme « le plus beau de la phénoménologie »[2], contient au moins quatre idées qui appartiennent aux acquis durables de la pensée husserlienne.

Au premier chef, on peut évoquer, avec Ricœur, « l'inestimable découverte de la rétention »[3], qui s'inscrit dans le prolongement des considérations augustiniennes sur le temps. Il s'agit pour Husserl, comme pour Augustin, d'« étend[re] la conscience du maintenant »[4]. Le résultat est, dans les deux cas, ce qui peut être nommé le « présent élargi »[5]. Mais la distinction husserlienne entre la *rétention* et le *ressouvenir*, ainsi que la dissociation parallèle de la *protention* et de *l'attente*, apporte à cette notion une précision qui n'a jamais été atteinte dans la tradition antérieure.

1. *Edmund Husserls Vorlesungen zur Phänomenologie des inneren Zeitbewußtseins*, éd. par E. Stein et M. Heidegger, *Jahrbuch für Philosophie und phänomenologische Forschung*, vol. IX, Halle a. d. S., Niemeyer, 1928 (désormais cité *ZB*). Une nouvelle édition de ce texte a été publiée par R. Boehm dans la série *Hua X*; la numérotation des pages de la première édition est indiquée sur la marge de cette nouvelle édition. *Leçons pour une phénoménologie de la conscience intime du temps*, trad. H. Dussort, Paris, P.U.F., 1964 (désormais cité *LPT*).

2. M. Henry, *Phénoménologie matérielle*, Paris, P.U.F., 1990, p. 33.

3. P. Ricœur, *Temps et récit* (désormais cité *TR*), 3 tomes, Paris, Seuil, 1983-1985, t. III, p. 45.

4. *ZB*, p. 404; trad. fr., p. 63.

5. *TR* III, p. 48.

Deuxièmement, Husserl transforme pourtant l'héritage augustinien en se refusant d'adopter une conception unilatéralement psychologique ou subjective du temps. En effet, l'idée de l'intentionnalité ne se prête à aucune tentative de séparer le temps subjectif du temps objectif[1]. La tâche propre des considérations phénoménologiques sur le temps consiste bien plutôt à *combler l'abîme entre l'interprétation cosmologique et psychologique du temps* par une analyse de la *constitution* du temps de la nature ou du monde dans le temps vécu.

Troisièmement, l'idée d'une *conscience préréflexive* est bien évidemment d'origine brentanienne, mais elle est reprise et approfondie par Husserl, qui soutient que toute réflexion sur soi est précédée par une conscience irréfléchie de soi. Cette auto-manifestation originaire prend la forme d'une intentionnalité aussi bien affective que représentative. Husserl décrit la conscience interne du temps comme une sensation (accompagnée, tout comme chez Brentano, par un sentiment affectif), et il la distingue de la perception interne (au sens d'un acte de réflexion)[2]. C'est pourquoi la conscience interne du temps peut être qualifiée par Husserl aussi comme « absolue ». Cet attribut ne renvoie qu'au simple fait que la conscience interne du temps « n'est pas un "vécu" dans le même sens » que le vécu qu'elle accompagne[3] : elle n'est à son tour accompagnée par aucune autre conscience[4].

1. *Cf.* R. Bernet, « Einleitung » dans Husserl, *Texte zur Phänomenologie des inneren Zeitbewußtseins (1893-1917)*, éd. par R. Bernet, Hamburg, Felix Meiner, 1985, p. XIV : « Eine Analyse der Zeit, die im Rahmen der Phänomenologie des intentionalen Bewußtseins ausgebildet wird, überwindet den Zwiespalt zwischen "psychologischer" und "physikalischer" Zeitanalyse [...]. » Il est significatif à cet égard que Husserl ne tient pas pour une tâche de la phénoménologie d'étudier les particularités subjectives du temps vécu au sens d'« essayer de savoir si les appréciations des intervalles de temps correspondent aux intervalles de temps objectivement réels, ou bien comment ils s'en écartent. » (*ZB*, p. 369; trad. fr., p. 6).

2. *ZB*, p. 481 *sq.*; trad. fr. p. 172 *sq.* (Supplément XII) : « Tout vécu est "senti", est perçu dans l'immanence (conscience interne), même si, naturellement, tout vécu n'est pas posé, visé (percevoir ne signifie pas ici être-tourné-vers en visant, et appréhender). [...] Ceci semble à vrai dire ramener à une régression à l'infini. [...] On peut répondre : tout "vécu", au sens prégnant, est perçu intérieurement. Mais la perception interne n'est pas un "vécu" dans le même sens. Elle n'est pas elle-même perçue à son tour intérieurement. [...] "Percevoir", ce n'est ici rien d'autre que la conscience constituant le temps [...] ».

3. Voir la note précédente.

4. R. Bernet, « Einleitung », Husserl, *Texte zur Phänomenologie des inneren Zeitbewußtseins (1893-1917)*, *op. cit.*, p. XXXVII.

Quatrièmement, Husserl parvient à surmonter la difficulté menaçante d'une régression à l'infini sans recourir à la distinction brentanienne entre un « objet primaire » et un « objet secondaire » de la conscience intentionnelle[1]. Il caractérise la conscience absolue par deux intentionnalités, dont seulement l'une (l'intentionnalité « transversale ») vise un objet ; l'autre (l'intentionnalité « longitudinale ») est, au contraire, une intentionnalité sans objet. Nous lisons en effet que, dans le flux de la conscience absolue du temps, « la phase rétentionnelle a conscience de la précédente, sans en faire un objet »[2].

Ces quatre notions – le présent muni d'un halo de rétentions et de protentions, la constitution du temps mondain dans le temps vécu, la conscience interne, irréfléchie, absolue du temps et la double intentionnalité de cette conscience – détermineront encore les méditations plus tardives de Husserl sur le temps.

On doit se demander pourtant s'il en est de même pour une cinquième notion, qui joue un rôle non moins essentiel dans les *Leçons*. Il s'agit de la notion d'une « impression originaire [*Urimpression*] ». Husserl entend par ce terme l'impression qui marque la phase initiale de l'écoulement temporel d'une expérience vécue. Bien évidemment, tout instant peut être considéré comme porteur d'une impression originaire. C'est autour d'une impression originaire que se constitue tout présent muni d'un halo de rétentions et de protentions. L'impression originaire est souvent anticipée avant de s'engendrer, et, en s'enlisant déjà dans le passé, elle est encore retenue, quoique dans une forme continûment modifiée. Sans doute, cette description de l'impression originaire appartient, elle aussi, aux acquis durables des *Leçons*. Pourtant, l'idée supplémentaire que le présent élargi *emprunte à l'impression originaire tout son contenu* soulève déjà une difficulté : il ne va nullement de soi comment on doit concevoir le rapport de ce contenu à la forme temporelle de la conscience absolue. C'est précisément à ce point que les *Manuscrits de Bernau* semblent s'écarter des *Leçons*. Je m'attache à examiner cet écart afin de décider s'il s'agit d'une différence réelle ou apparente.

À cette fin, je considérerai d'abord deux interprétations des *Leçons* qui m'aideront à déterminer la fonction remplie par la notion d'une impression

1. F. Brentano, *Psychologie vom empirischen Standpunkt*, Hamburg, Felix Meiner, 1973[2] (1924[1]), t. I, p. 180.

2. *ZB*, p. 472 ; trad. fr. p. 160, (Supplément IX).

originaire dans ce texte. Ensuite, je me pencherai sur les *Manuscrits de Bernau* et quelques textes encore plus tardifs pour en apprécier la divergence par rapport à la conception des *Leçons*.

L'IMPRESSION ORIGINAIRE ET LE POIDS DU PRÉSENT

Si l'on fait abstraction de la première réception des *Leçons* chez Heidegger, Merleau-Ponty et d'autres, qui s'étaient plutôt contentés d'en intégrer quelques idées dans leur propre philosophie du temps, on peut dire que, jusqu'ici, deux interprétations majeures en ont été proposées et élaborées en détail.

1. La première de ces deux interprétations se base sur l'idée que la phénoménologie de la conscience interne du temps reste à un certain degré captive d'une « métaphysique de la présence », mais elle indique en même temps la possibilité d'éviter, voire de déconstruire, cette métaphysique. Dans le chapitre v de son ouvrage *La voix et le phénomène,* Derrida a entrevu ce chemin. Il pouvait d'ailleurs s'inspirer d'une étude de Levinas sur « Intentionnalité et sensation », qui peut être considérée comme l'esquisse d'une déconstruction *avant la lettre*[1]. Rudolf Bernet a poursuivi ce chemin d'interprétation pendant plus d'une décennie (entre 1983 et 1994). Il a montré comment la doctrine des deux intentionnalités de la conscience absolue remettait en question le privilège accordé par Husserl lui-même à la présence. Les deux intentionnalités sont, en effet, inséparables l'une de l'autre : c'est l'intentionnalité longitudinale par laquelle la conscience absolue saisit une phase précédente d'elle-même *sans en faire un objet*, alors qu'elle *appréhende des objets* par l'intentionnalité transversale. Ainsi les deux intentionnalités forment-elles une unité. Bernet en tire une conclusion majeure : « la conscience absolue se trouve à la source de la différence entre sujet et objet »[2]. « Mais », ajoute-t-il, « ce sujet est une spontanéité qui n'est jamais en pleine possession d'elle-même, puisqu'elle ne s'appréhende qu'après coup [...]. La présence de la conscience à elle-

1. Voir E. Levinas, *En découvrant l'existence avec Husserl et Heidegger*, Paris, Vrin, 1974, p. 145-164. *Cf.* L. Tengelyi, *Der Zwitterbegriff Lebensgeschichte*, W. Fink, München 1998, p. 84-86 ; R. Bernet, *Conscience et existence. Perspectives phénoménologiques*, Paris, P.U.F., 2004, p. 257-259.

2. R. Bernet, « La présence du passé (Husserl) », *La vie du sujet*, Paris, P.U.F., 1994, p. 235.

même se fait donc sur fond d'absence [...] »[1]. Finalement, il forge une formule paradoxale : « [...] le "présent" est rencontre ou différence entre le "présent" et le "passé" »[2].

Dans son grand ouvrage sur *Temps et récit*, Ricœur s'est attaqué à cette interprétation en lui opposant la thèse selon laquelle, chez Husserl, *la modification précède la différence*[3]. La portée de cette thèse devient claire si l'on comprend que, dans un certain sens, *le temps change tout*, mais, dans un autre sens, *il ne change rien*. En utilisant une expression empruntée à Levinas, on pourrait dire que le temps *modifie sans changer*. C'est cette modification sans altération que Husserl s'attache à mettre en évidence dans ces analyses consacrées au phénomène de la modification rétentionnelle. Ricœur fait ressortir la signification de cette idée en soulignant que « l'implication la plus importante en est que les notions de différence, d'altérité, de négativité exprimées par "ne ... plus", ne sont pas premières, mais dérivent de l'abstraction opérée sur la continuité par un regard qui s'arrête sur l'instant et le convertit de point-source en point-limite. »[4] Ricœur s'appuie sur des observations linguistiques pour confirmer cette vue : « [...] il est possible en effet de conjuguer le verbe être à un temps passé (et futur) sans introduire de négation : "est", "était", "sera" sont des expressions entièrement positives qui marquent dans le langage l*a prior*ité de l'idée de modification sur celle de négation [...][5]. » En résumant les arguments apportés par Ricœur, on pourrait dire que nous nous en remettons entièrement à la continuité entre le présent et le passé, lorsque nous sommes en pleine activité, et que ce n'est que la réflexion sur le temps qui rompt la continuité entre le présent et le passé en engendrant le « ne plus » au lieu de l'« était ».

1. *Ibid.*
2. *Ibid.*, p. 236.
3. Il importe de mentionner que Ricœur, qui s'appuie largement sur l'étude de Bernet sur « La présence du passé », la prend pour la traduction de l'étude allemande « Ungegenwärtige Gegenwart. Anwesenheit und Abwesenheit in Husserls Analyse des Zeitbewußtseins », qui a paru dans le volume 14 des *Phänomenologische Forschungen* (K. Alber, Freiburg-München 1983, p. 16-57). (*Cf.* P. Ricœur, *TR* III, p. 48, n. 2.) Pourtant, il s'agit de deux écrits différents, quoique complémentaires. (Voir R. Bernet, « La présence du passé », *La vie du sujet*, *op. cit.*, p. 217, n. 1.) L'étude allemande n'a pas été traduite en français, mais un bref résumé en a été inséré dans une étude sur Derrida intégrée dans l'ouvrage *La vie du sujet*. (Voir R. Bernet, « La voix de son maître [Husserl et Derrida], *La vie du sujet*, *op. cit.*, p. 282-290.)
4. *TR* III, p. 50.
5. *TR* III, p. 50. Cf. *ibid.*, p. 51 : « La théorie de la rétention tend à montrer que le "ne plus" procède du "était" et non l'inverse, et que la modification précède la différence ».

Cette controverse avec Derrida et Bernet ne doit pourtant pas occulter le fait que Ricœur ne sortait pas entièrement du cadre de l'interprétation qu'il combattait. Son intention n'était nullement de restituer au présent le poids que Husserl semblait lui avoir assigné. C'est pourquoi la position qu'il adoptait ne constituait qu'une version particulière de la première interprétation que nous considérons. Ce sont deux autres penseurs, Michel Henry et Emmanuel Levinas, qui ont rendu visible la possibilité d'une interprétation différente de la phénoménologie de la conscience intime du temps. Il s'agit d'une interprétation qui ne va certes pas à l'encontre de la première, mais qui la complète et rectifie – sans pour autant la démentir.

2. Ce n'est que cette deuxième interprétation qui essaie de rendre compte de la fonction remplie par la notion d'une impression originaire dans les *Leçons*. Qu'il s'agisse d'une fonction fondamentale devient clair aussitôt que l'on considère un passage extrêmement riche du Supplément I attaché aux *Leçons*. Ici, Husserl caractérise l'impression originaire comme « le commencement absolu », la « source originaire », voire comme une « *genesis spontanea* », une « génération originaire », une « création originaire[1] ». Encore plus, il l'oppose en tant que « le produit originaire, la “nouveauté”, ce qui s'est formé de façon étrangère à la conscience (*bewußtseinsfremd Gewordenes*), ce qui est reçu », à la « spontanéité propre de la conscience », qui, elle, « ne fait qu'accroître, que développer le produit originaire, mais ne crée rien de “nouveau”[2] ». En effet, cette spontanéité propre de la conscience ne produit rien d'autre que la modification continue de l'impression originaire, qui est « ce à partir de quoi se produit continûment tout le reste », mais qui, elle, « n'est pas elle-même produite » (en cette manière) : c'est pourquoi on doit dire que « la conscience n'est rien sans impression[3] ».

Ces mots donnent à l'expression husserlienne d'une « hylétique de la conscience » sa signification la plus profonde : il appartient à cette hylétique de rendre compte de l'émergence de la *nouveauté*, qui se forme, comme Husserl a justement dit, *de façon étrangère à la conscience*. C'est cette signification que Michel Henry essaie de faire ressortir dans sa *Phénoménologie matérielle*. Mais Henry va beaucoup plus loin que Husserl : il croit pouvoir découvrir dans l'impression originaire l'indice

1. *ZB*, p. 451 ; trad. fr. p. 131.
2. *Ibid*.
3. *Ibid*.

d'une auto-manifestation de la vie qui se soustrait à toute intentionnalité tout en lui servant de fondement.

Levinas s'inspire non moins de la caractérisation husserlienne d'une impression originaire que Michel Henry. Il fait remarquer que l'impression originaire, en tant que source de la nouveauté, « tend à rendre intelligible la notion de l'origine et de la création [...] »[1]. Pour montrer cela, Levinas élabore une conception inédite du présent. Il pose la question : « "Non modifiée", identique à soi, mais sans rétention, l'originaire impression ne devance-t-elle pas toute pro-tention et ainsi sa propre *possibilité* ? » Il y répond par une formule qui ne s'oublie pas : « Le "réel" précédant et surprenant le possible – ne serait-ce pas la définition même du *présent* [...] ? »[2]

Sans doute, Levinas va lui aussi plus loin que Husserl. D'une autre manière que Michel Henry, mais il oppose également l'impression originaire à toute intentionnalité. Il ne se contente pas de désigner la conscience du présent comme une conscience non-objectivante ; il parle même de la « non-intentionnalité de la proto-impression »[3]. Il me semble pourtant que, en dépit de quelques exagérations, cette interprétation a un mérite incontestable : elle donne au présent tout le poids que Husserl lui semble avoir assigné dans les *Leçons*.

Si l'on considère pourtant les *Manuscrits de Bernau*, on est frappé par l'impression que c'est précisément cette idée d'un poids exceptionnel du présent qui y est remise en question. On pourrait même évoquer une victoire de l'idée d'une modification continue. Tout mon propos consiste à décider si cette impression est bien fondée, ou s'il ne s'agit que d'un faux-semblant.

L'IMPRESSION ORIGINAIRE ET LA DÉFINITION DU PRÉSENT COMME REMPLISSEMENT DES PROTENTIONS

Dans les *Manuscrits de Bernau*, Husserl ne cesse pas d'insister sur ce qu'il n'y a pas de « maintenant dans le temps orienté immanent sans l'impression originaire hylétique »[4]. Mais le rapport entre cette impression

1. E. Levinas, *Autrement qu'être ou au-delà de l'essence*, Paris, LGF, 1990 ; Dordrecht-Boston-London, Kluwer, 1990 (désormais cité *AE*), p. 59.

2. *Ibid.*

3. *AE*, p. 58 *sq.*

4. Husserl, *Die Bernauer Manuskripte über das Zeitbewußtsein 1917-1918*, éd. R. Bernet et D. Lohmar, *Hua XXXIII*, Dordrecht-Boston-London, Kluwer, 2001, p. 282.

originaire et l'intentionnalité de la conscience intime du temps semble avoir changé. Husserl s'efforce de préciser le rôle de la couche hylétique dans la temporalisation. Tout le texte n° 1 du volume XXXIII de la série *Husserliana* est consacré à ce propos. Ce n'est plus par l'irruption d'une nouvelle impression originaire dans la conscience que Husserl définit ici le présent. Ce qu'il essaie de faire remarquer est plutôt que les « présences originaires », qui entrent dans la conscience, exercent la fonction d'un « remplissement des intentions d'attente [*Erfüllung von Erwartungsintentionen*] »[1]. Il n'est donc plus question ici de ce que l'impression originaire puisse, en termes de Levinas, « devancer toute pro-tention ». Dans les *Manuscrits de Bernau*, le présent est conçu comme le lieu d'une synthèse intentionnelle. L'impression originaire est censée faire partie d'une représentation intuitive qui remplit des intentions anticipatrices en elles-mêmes plus ou moins vides.

À première vue, il ne s'agit ici que de rétablir l'équilibre entre la rétention et la protention. Alors que la rétention jouait un rôle majeur dans les *Leçons*, la protention n'y était pas traitée en détail ; c'est pourquoi cette dimension négligée doit être mise au centre des considérations nouvelles sur le temps. Cette description reste pourtant plutôt superficielle. En réalité, une conception se dessine sous nos yeux qui se distingue de celle des *Leçons*. Dans les *Manuscrits de Bernau*, le modèle d'une modification continue l'emporte apparemment sur la rupture et la différence. En effet, selon la conception nouvelle, c'est la modification continue des protentions qui rend possible l'entrée d'une impression originaire dans la conscience temporelle. *La modification précède la différence* : cette thèse tirée du texte des *Leçons* par Ricœur obtient une validité incontestable, si on la rapporte aux *Manuscrits de Bernau*. Ici, le présent semble perdre tout son poids. *Attente remplie* : c'est la formule qui lui est désormais appliquée[2]. Il en résulte une notion nouvelle de la réalité. Nous lisons en effet dans le texte n° 2 des *Manuscrits de Bernau* : « [...] la réalité (*Wirklichkeit*) est la réalisation (*Verwirklichung*) d'une conscience anticipatrice »[3]. Rien ne pourrait aller plus directement à l'encontre de l'idée principale des *Leçons*, selon laquelle c'est « de façon étrangère à la conscience » que se forme l'impression originaire. Maintenant, c'est bien plutôt la « conscience anticipatrice »

1. *Ibid.*, p. 4 (lignes 29-33).

2. *Ibid.*, p. 7 : « Urpräsentation ist also erfüllte Erwartung ».

3. *Ibid.*, p. 46 : « [...] die Wirklichkeit ist Verwirklichung eines antizipierenden Bewusstseins ».

qui prépare la place à l'impression originaire dans le processus de temporalisation. Nous sommes ici sans doute témoins d'un changement majeur. Mais comment doit-on comprendre ce changement? Nous pouvons en envisager deux interprétations possibles.

1. La première de ces deux interprétations consiste à dire que Husserl tente, pour ainsi dire, à « domestiquer » l'impression originaire en la réduisant au jeu des intentionnalités de la conscience constituant du temps. C'est ainsi, peut-on ajouter, qu'il essaie d'éliminer une instance qui dérange, voire menace sa confiance au monde, son *Weltvertrauen.* Kant déjà a assigné à l'expérience une unité complète et une harmonie idéale. Nous lisons dans un passage célèbre de la *Critique de la raison pure* : « Il n'y a qu'*une* expérience, où toutes les perceptions sont représentées comme dans un enchaînement complet et soumis à des lois [...]. Quand on parle de différentes expériences, il ne s'agit alors que d'autant de perceptions, en tant qu'elles appartiennent à une seule et même expérience générale »[1]. Husserl se rallie à cette conception en soulignant que tout conflit entre des expériences divergentes ou même contradictoires « présuppose un certain sol d'accord »[2]. C'est pourquoi aucune « expérience de déception [*Enttäuschungserlebnis*] » n'ébranle ce qui a été nommé par Kant l'« expérience générale ». Selon la conviction de Husserl, l'expérience est capable de corriger les erreurs et de rectifier les illusions qu'elle engendre. Par conséquent, toute rupture de l'expérience semble être remédiée par l'expérience elle-même.

Apparemment, c'est cette conception de l'expérience qui sert de modèle à l'analyse de la temporalisation dans les *Manuscrits de Bernau.* Bien évidemment, Husserl voit clairement que, dans certains cas, sa nouvelle définition du présent comme remplissement des protentions soulève une difficulté majeure. Il fait remarquer que « l'événement peut "faire son apparition" sans aucune anticipation préalable, sans aucune attente spécifique [...] »[3]. On se voit alors confronté à l'impossibilité

1. Kant, *Kritik der reinen Vernunft*, A 110; *Critique de la raison pure*, trad. fr., A. J.-L. Delamarre et F. Marty à partir de la traduction de J. Barni, Paris, Gallimard, 1980 (la pagination de la première et la deuxième édition de l'ouvrage – « A » et « B » – est indiquée dans le texte de cette traduction).

2. Husserl, *Logische Untersuchungen*, Tübingen, Niemeyer, 1980, tome II/2, p. 42; *cf.* Husserl, *Ding und Raum*, éd. U. Claesges, *Hua XVI*, Den Haag, Nijhoff, 1973, p. 97.

3. Husserl, *Die Bernauer Manuskripte über das Zeitbewußtsein 1917-1918*, éd. R. Bernet et D. Lohmar, *Hua XXXIII*, *op. cit.*, p. 11.

apparente de définir un événement, qui s'établit *sans aucune attente spécifique*, comme un *remplissement des intentions d'attente*. Husserl ne recule pourtant pas devant cette difficulté. C'est en ayant recours à une espèce de *rétroactivité* qu'il essaie de la surmonter. Il montre comment un événement originellement inattendu est en un certain moment « capté par la protention » et comment la phase antérieure à ce moment vient à être reconstituée « rétroactivement (*rückwirkend*) » à partir des protentions qui se remettent en jeu en se dirigeant vers les phases ultérieures de l'événement[1]. Si cette idée de rétroactivité est soutenable, alors même les événements les moins prévisibles et, par conséquent, les plus surprenants se révèlent être inefficaces contre la confiance ferme et stable au monde.

En outre, dans les *Manuscrits de Bernau*, la rétroactivité particulière, qui a été justement décrite, se relie à un enchevêtrement total de rétentions et de protentions. Husserl fait voir que les rétentions sont aussi des rétentions des protentions passées et que les protentions sont aussi des protentions des rétentions futures. C'est cet entretissement de rétentions et de protentions qui rend possible la reconstitution rétroactive de la phase initiale d'un événement inattendu. Les protentions déficientes sont en effet suppléées par leurs propres rétentions, qui à leur tour ne s'engendrent qu'après coup.

L'enchevêtrement total de rétentions et de protentions a pour conséquence que l'impression originaire semble perdre son caractère irruptif et subversif dans les *Manuscrits de Bernau*. Elle s'insère, pour ainsi dire, dans des horizons toujours déjà préparés. Husserl évoque une image emblématique pour caractériser cette nouvelle conception du présent : il dit que c'est « à bras ouverts » qu'on accueille ce qui survient[2].

Cependant, c'est précisément cette image qui témoigne d'une certaine hésitation de Husserl dans les *Manuscrits de Bernau*. Dans une note ajoutée au texte n° 2, il est dit : « Un commencement inattendu ne peut pas être accueilli à bras ouverts »[3]. Il s'agit d'un signe qui indique que notre première interprétation du changement apporté par les *Manuscrits de Bernau* n'est peut-être pas sans faille. Ce n'est pas le seul signe d'un tel

1. *Ibid.*, p. 13.

2. *Ibid.*, p. 4 : « Dem-Wahrnehmungsobjekt-zugewendet-Sein ist mit offenen Armen das Herankommende auffangen [...] ».

3. *Ibid.*, p. 37, n. : « Ein unerwarteter Anfang kann nicht mit offenen Armen empfangen werden. »

genre dans le texte[1]. En outre, on peut apporter un argument général contre l'interprétation considérée jusqu'ici. C'est que Husserl, en dépit de sa confiance en l'harmonie de l'expérience, considère le monde comme essentiellement contingent. On connaît le passage un peu ambigu dans les *Idées I* qui insiste sur la possibilité d'une annihilation du monde. Dans ses leçons sur la *Philosophie première*, Husserl exprime la même pensée d'une façon moins équivoque : « Pendant que je perçois le monde et en fais l'expérience en général [...], pendant qu'il m'est conscient avec une irréfutable certitude comme donné en personne, comme un monde dont je ne peux tout simplement pas mettre en doute l'existence, il a pourtant une constante contingence de connaissance [*Erkenntniskontingenz*], et ceci au sens où cette donation de soi en chair n'exclut par principe jamais son non-être. »[2] En interprétant cette remarque, Jean-Luc Marion souligne que tout ce qui, selon l'expérience, m'arrive peut « encore arriver autrement qu'il n'est jusqu'ici arrivé, [peut] ne plus arriver ou arriver en contredisant l'arrivage antérieur »[3]. Pourtant, s'il en est ainsi, alors on a tout à fait le droit de contester que, chez Husserl, la confiance au monde soit irréconciliable avec ce dérangement que représente, pour lui, l'impression originaire. Au contraire, selon la vue de Husserl, l'expérience du monde est toujours exposée au danger d'être, non seulement dérangée, mais véritablement bouleversée.

C'est pourquoi on doit envisager une autre interprétation du changement que la définition du présent comme remplissement des protentions apporte dans les *Manuscrits de Bernau*. Que Husserl poursuive ici la fin de « domestiquer » l'impression originaire, ne semble pas être une formulation adéquate ou même une affirmation soutenable.

2. *Regagner le terrain pour l'analyse intentionnelle* : c'est sans doute l'aspiration majeure de Husserl dans les *Manuscrits de Bernau*. C'est pourquoi il ne se contente plus ici de traiter l'impression originaire comme une notion inanalysable. Mais cela ne signifie pas qu'il veuille en émousser l'acuité. Une interprétation différente se présente ici comme possible, qui consiste à dire qu'il s'agit dans les *Manuscrits de Bernau* de pénétrer dans l'intérieur de l'impression originaire pour en dégager, bien évidemment, les structures internes, mais non pas pour la réduire au jeu des intentionnalités de la conscience constituante du temps. Selon cette interprétation,

1. Cf. *ibid.*, p. 28, n.

2. Husserl, *Erste Philosophie*, § 33, *Hua VIII*, éd. R. Boehm, Den Haag, Nijhoff, 1959, p. 54 ; trad. fr., A. Kelkel, Paris, P.U.F., 1972, p. 69 (modifiée par J.-L. Marion).

3. J.-L. Marion, *Étant donné*, Paris, P.U.F., 1997, p. 193.

Husserl s'engage ici dans une voie qui, au milieu des années vingt, l'amènera à faire voir comment, à chaque instant, « les diverses impressions originaires se réunissent dans une impression originaire », qui les englobe toutes[1].

Cette deuxième interprétation que nous envisageons met l'emphase, parmi les textes élaborés en 1917 et 1918, sur ceux qui marquent les débuts d'une phénoménologie génétique. C'est surtout « la réduction à une "sensibilité originaire" » qui mérite d'être considérée à cet égard[2]. Le texte n° 14 des *Manuscrits de Bernau* ouvre pour la première fois une perspective, non seulement sur les « affections de l'ego », mais aussi sur « les tendances sensibles de l'association et de la reproduction » qui ne touchent même pas l'ego, mais restent « entièrement non-egologiques »[3]. C'est cette découverte d'une « passivité de la sensibilité originaire »[4] qui permet de mettre en évidence les structures internes de l'impression originaire.

Pourtant, dans les *Manuscrits de Bernau*, ces structures ne deviennent pas encore manifestes. C'est seulement dans les *Analyses sur la synthèse passive* qu'elles seront mises à nu. Ici, les recherches sur les structures temporelles de la conscience sont complétées par des investigations qui portent sur l'association et l'affection. Husserl ne laisse aucun doute quant au fait que ce n'est pas une relation causale, mais bien plutôt un *rapport intentionnel*, qu'il entend par « association »[5]. C'est pour une démarche *transcendantale* qu'il revendique cet ancien thème de l'empirisme britannique. Ce qu'il vise n'est en effet rien de moins que de faire ressortir

1. Husserl, *Analysen zur passiven Synthesis*, *Hua XI*, éd. M. Fleischer, Den Haag, Nijhoff, 1966, p. 127.

2. Husserl, *Die Bernauer Manuskripte über das Zeitbewußtsein 1917-1918*, éd. R. Bernet et D. Lohmar, *Hua XXXIII*, *op. cit.*, p. 275 *sq.*

3. *Ibid.*, p. 276.

4. *Ibid.*

5. Husserl, *Analysen zur passiven Synthesis,* éd. M. Fleischer, *Hua XI*, *op. cit.*, p. 117 : « Uns bezeichnet der Titel Assoziation eine zum Bewußtsein überhaupt beständig gehörende Form und Gesetzmäßigkeit der immanenten Genesis, nicht aber, wie den Psychologen, eine Form objektiver, psychophysischer Kausalität [...]. Wir bewegen uns ja im Rahmen der phänomenologischen Reduktion [...]. » *Cf.* Husserl, *Cartesianische Meditationen*, éd. E. Ströker, Hamburg, Felix Meiner, 1987, p. 83 : « Der alte Begriff der Assoziation und der von Assoziationsgesetzen, obschon auch er seit Hume in der Regel auf die Zusammenhänge des reinen Seelenlebens bezogen gedacht war, ist nur eine naturalistische Verzerrung der entsprechenden intentionalen Begriffe. Durch die Phänomenologie, die sehr spät Zugänge zur Erforschung der Assoziation gefunden hat, erhält dieser Begriff ein völlig neues Gesicht [...]. »

« les conditions essentielles de la possibilité d'une subjectivité en général »[1]. En particulier, il s'agit de montrer comment, d'une part, le rapport du sujet à son passé se constitue dans ses ressouvenirs et comment, d'autre part, son rapport à son avenir se constitue dans ses attentes. Husserl évoque, d'une part, une association *reproductive* et, d'autre part, une association *inductive* pour donner une réponse à cette double question[2].

Pourtant, la constitution de la subjectivité – et, en particulier, celle « du flux d'expériences du sujet »[3] – ne peut pas être complètement éclairée sans que « la structure d'un présent vivant immanent »[4] ne soit également mise en évidence. Le présent vivant n'est rien d'autre qu'une impression originaire globale munie d'un halo de rétentions et de protentions actuelles et vivantes. Husserl découvre pourtant qu'un « relief affectif » appartient aussi à tout présent vivant[5]. Tout ce qui s'étale devant moi en un certain moment m'affecte en en appelant à mon intérêt et attention. Cet appel n'est pas de même force affective dans le cas des différentes impressions originaires qui sont réunies, à chaque moment, dans une impression originaire globale. Le relief affectif évoqué par Husserl n'est rien d'autre que la distribution des forces affectives propres aux impressions originaires singulières. On peut dire qu'« aucun objet et aucun présent objectivement articulé » ne peut se constituer sans affection[6]. C'est pourquoi non seulement la constitution de la subjectivité, mais aussi celle d'un monde objectif exige un recours à la sphère passive de l'association et de l'affection[7].

Les analyses husserliennes sur la synthèse passive n'ont en effet aucune autre tâche que de tirer au jour un processus d'expérience affectivement nuancé, qui précède et engendre la différence entre le sujet et l'objet. C'est au milieu de ces analyses profondes que le problème de l'impression originaire se pose à nouveau. Ce problème prend maintenant une forme particulière. D'où vient et en quoi consiste la « première affection », l'« affection originaire », c'est-à-dire cette affection qui ne se déduit de la transmission

1. Husserl, *Analysen zur passiven Synthesis*, éd. M. Fleischer, *Hua XI*, *op. cit.*, p. 124.
2. *Ibid.*, p. 119 *sq.*
3. *Ibid.*, p. 126.
4. *Ibid.*, p. 137.
5. *Ibid.*, p. 164.
6. *Ibid.*
7. *Ibid.*, p. 162 : « Affektive Einheiten müssen sich konstituieren, damit sich in der Subjektivität überhaupt eine Gegenstandswelt konstituieren kann ».

d'aucune affection préalable? C'est la question que Husserl se pose dans les *Analyses sur la synthèse passive*[1]. Il adopte une stratégie ingénieuse pour résoudre ce problème. Il prend pour le point de départ de ses recherches l'observation qu'il y a un trait commun à l'affection et à l'association. Il désigne ce trait en allemand comme *Weckung*; en français, on doit dire tantôt «éveil», tantôt «réveil». Alors que l'association reproductive se fonde sur le réveil d'un souvenir, l'association inductive est le résultat de l'éveil d'une attente. Pourtant, la première affection peut elle-même être conçue et décrite comme un éveil de l'intérêt et de l'attention. C'est cette analogie entre l'affection et l'association qui sert de fil conducteur aux considérations de Husserl dans les *Analyses sur la synthèse passive*. C'est pourquoi la première affection est désignée ici comme «association originaire» (*Urassoziation*)[2]. Husserl ajoute que l'analogie peut être développée davantage. Parfois, dit-il, l'association originaire «rayonne en arrière dans les rétentions»[3]. C'est le cas qui a été déjà décrit dans les *Manuscrits de Bernau* : les protentions déficientes sont suppléées par leurs propres rétentions, qui à leur tour ne s'engendrent qu'après coup. Plus souvent pourtant, l'association originaire s'étend vers l'avenir[4]. Il s'ensuit que l'association originaire prend les mêmes directions que, d'une part, l'association reproductive et, d'autre part, l'association inductive[5].

Cette analogie entre l'affection et l'association pourrait aisément nous induire à penser que Husserl essaie ici de ramener l'impression originaire à cette intentionnalité particulière qu'il a caractérisée, déjà dans les *Manuscrits de Bernau*, comme «passive»[6]. Il n'en est pourtant rien. Dans les *Analyses sur la synthèse passive*, il adhère bien plutôt à ceci : «La source primitive de toute affection réside dans l'impression originaire, et elle ne peut résider dans rien d'autre [...].»[7] L'analogie entre l'affection et l'association n'est donc nullement destinée à diminuer le rôle de l'impression originaire. Il ne s'agit pas non plus de réduire l'impression originaire à cette intentionnalité passive qui porte ici le nom d'association. La première

1. Husserl, *Analysen zur passiven Synthesis*, éd. M. Fleischer, *Hua XI*, *op. cit.*, p. 151.
2. *Ibid.*
3. *Ibid.*, p. 155.
4. *Ibid.*, p. 156.
5. *Ibid.*, p. 157 *sq*.
6. Husserl, *Die Bernauer Manuskripte über das Zeitbewußtsein 1917–1918*, éd. R. Bernet et D. Lohmar, *Hua XXXIII*, *op. cit.*, p. 276.
7. Husserl, *Analysen zur passiven Synthesis*, éd. M. Fleischer, *Hua XI*, *op. cit.*, p. 168.

affection par un objet est définie comme « l'éveil d'une intention qui se dirige vers cet objet »[1]; il s'ensuit que l'affection elle-même est antérieure à cette intention.

En essayant de résumer les résultats de nos considérations, nous devons tout d'abord constater que, dans les *Manuscrits de Bernau* et surtout dans les *Analyses sur la synthèse passive*, l'impression originaire est décrite d'une façon beaucoup plus différenciée qu'auparavant. C'est surtout l'analogie entre l'affection et l'association, poursuivie dans le dernier texte, qui permet d'en dégager les principales structures internes. Mais que l'impression originaire ne perde pour autant pas son caractère irruptif, ni sa capacité de surprendre, appert sans équivoque de nos réflexions. Cela ne deviendra que plus clair encore si, pour terminer notre parcours, nous jetons un coup d'œil sur le contexte plus large des investigations menées sur l'affection et l'association dans les *Analyses sur la synthèse passive*.

Husserl montre ici que même un processus de perception qui ne fait que confirmer le résultat des connaissances préalables produit « toujours un sens renouvelé et de plus en plus enrichi »[2]. Pourtant, il arrive que l'expérience ne confirme pas nos connaissances préalables; elle nous contraint souvent de modifier nos convictions. C'est ce que Husserl désigne comme « modalisation » de l'expérience. Il y a bien des cas où l'expérience « biffe », « raye » ou « déçoit » une attente préalable. Dans les *Analyses sur la synthèse passive*, tout aussi bien que dans *Expérience et jugement*, cette « expérience de déception [*Enttäuschungserlebnis*] » est décrite comme un « redoublement dans la teneur de sens »[3]. Un sens « se superpose » à un autre en le « refoulant »[4]; il « désarçonne, pour ainsi dire, son adversaire »[5]. (Le phénomène d'un redoublement de sens, ainsi que celui d'une superposition de l'un des deux sens à l'autre, reste caractéristique également d'autres modalisations comme le doute ou la question, même si, dans ces cas, il ne s'agit pas de « refoulement » et de « désarçonnement ».) Ce n'est que tirer la leçon de ces considérations sur la modalisation de l'expérience si Husserl affirme que la susceptibilité à être déçue est incluse dans toute attente comme un moment essentiel. Il dit : « La perception apporte quelque

1. *Ibid.*, p. 151.
2. *Ibid.* p. 12.
3. *Ibid.*, p. 30 : « Verdoppelung im Sinngehalt ».
4. *Ibid..*, p. 31 : « ein in Verdrängung Sich-überlagern ».
5. *Ibid.*, p. 30 : « Der neue Sinn in seiner Leibhaftigkeit wirft seinen Gegner gleichsam aus dem Sattel ».

chose de neuf, c'est son essence. [...] Mais il est évident que [...] ce qui est neuf peut frapper au visage toute attente. »[1]

Le caractère irruptif et inattendu de l'impression originaire ne va nullement à l'encontre de cette vue de l'expérience ; il en est bien plutôt un élément indispensable et inaliénable. Encore plus : cette vue de l'expérience n'est à son tour pas arbitraire ; elle est bien plutôt l'expression adéquate de la conviction husserlienne que le monde est invinciblement contingent.

László TENGELYI
Université de Wuppertal

1. Husserl, *Analysen zur passiven Synthesis*, éd. M. Fleischer, *Hua XI*, *op. cit.*, p. 211 : « Die Wahrnehmung bringt ein Neues, das ist ihr Wesen. [...] Aber evident ist es doch, daß [...] das Neue aller Erwartung ins Gesicht schlagen kann ».

CHAPITRE III

LE TEMPS OBJECTIF ET LA *DEIXIS* TEMPORELLE

1. Dans un passage des *Vorlesungen über das innere Zeitbewusstsein* nous tombons sur une proposition qui nous laisse perplexes : le temps – écrit Husserl – est *rigide* et pourtant le temps *s'écoule*[1]. Il s'agit d'une proposition paradoxale, sans doute, mais il est des philosophes qui aiment s'exprimer à travers des paradoxes – mais pas Husserl justement. Je crois que cette affirmation doit être prise au sérieux, car elle nous invite à réfléchir sur une question centrale dans le débat contemporain sur le temps et à la fois suggère une lecture particulière des pages husserliennes.

Husserl affirme, en premier lieu, que le temps est *rigide*, que le temps dont nous avons l'expérience a une structure objective et qu'il constitue *une forme stable d'organisation* dans laquelle chaque position temporelle occupe un lieu qui a été défini une fois pour toutes ; car il n'est pas possible, en principe, que les instants du temps objectif modifient les relations qu'ils entretiennent les uns aux autres, que ce qui s'est passé après un certain événement puisse par la suite se présenter comme ce qui l'a précédé, son antécédent. Maintenant, si les instants temporels ont une position définie et ne changent pas leurs relations réciproques, il s'ensuit que, parler, dans ce domaine, d'un *écoulement* du temps n'a pas de sens. À proprement parler, le temps objectif ne s'écoule pas du tout, car cela impliquerait un écoulement du temps dans le temps ; les événements, et non les positions

1. « Die Zeit ist starr, und doch fliesst die Zeit. Im Zeitfluss, im stetigen Herabsinken in die Vergangenheit konstituiert sich eine nichtfliessende, absolut feste, identische, objektive Zeit » in Husserl, *Zur Phänomenologie des inneren Zeitbewusstseins* (1893-1917), *Hua X*, Den Haag, Nijhoff, 1966, p. 64.

temporelles, peuvent s'écouler dans le temps, de la même manière que dans l'espace les corps, et non les lieux, peuvent se déplacer. Qu'il y ait un espace qui se meut dans l'espace ou un temps qui s'écoule dans le temps me semble une hypothèse à la limite de la contradiction.

Toutefois le temps n'est pas seulement rigide, il *s'écoule* aussi, et même si nous venons d'affirmer qu'un propos pareil ne peut pas être interprété au pied de la lettre, il n'est pas difficile de comprendre ce que Husserl a à l'esprit. Le temps est une forme objective d'organisation, mais il est aussi l'expérience des instants *se succédant*, de leur éloignement-rapprochement à la fois de la présence, dans un flux qui, à partir du futur, à travers le présent, nous mène au passé. Il existe donc une dialectique de la présence et, si l'on se place dans cette perspective, le temps semble être caractérisé comme un ensemble de prédicats qui *changent*; bientôt l'instant futur sera *présent* et le présent deviendra *passé*, dans un mouvement, semble-t-il, qui nous interdit de fixer la propriété de ces instants de temps. C'est parce qu'ils ne sont que *devenir,* et qu'ils ne possèdent pas de réalité stable, que ces instants semblent justement temporels.

Nous parlons du temps d'après deux acceptions différentes : nous parlons, d'une part, du temps rigide, et, de l'autre, de l'écoulement du temps. Mais quelle relation lie ces deux moments l'un à l'autre ? Comment pouvons-nous résoudre la contradiction qui semble se nicher dans cette double façon d'entendre le temps ?

Dans de telles considérations et de tels questionnements, on peut aisément apercevoir une distinction qui a fait école; elle s'exprime dans un article rédigé quelques années après les leçons husserliennes : *The Unreality of Time* de McTaggart (1908). McTaggart distingue deux façons différentes de parler de la temporalité.

> Les positions dans le temps, tel qu'il nous apparaît *prima facie*, se distinguent de deux façons. Chaque position est antérieure (*earlier*) à une certaine et ultérieure (*later*) à une certaine parmi les autres positions. Et chaque position est soit passée, soit présente, soit future. Les distinctions de la première classe sont permanentes, tandis que celles de la seconde ne le sont pas. Si M est une fois antérieure à N, alors elle l'est toujours. Mais un événement qui est présent maintenant était futur et sera passé [...]. Pour abréger, je parlerai de la série des positions courant du passé [...] jusqu'au présent, puis du présent vers le futur [...], comme de la "série A". La série

> des positions qui court de l'antérieur vers le postérieur, je l'appellerai la "série B"[1].

Une fois cette distinction établie, McTaggart tente de se libérer du concept du temps. Le temps implique le devenir : c'est la série A. Les prédicats de la série A – présent, passé et futur, hier, demain, aujourd'hui, etc. – n'ont cependant pas une signification réelle, exactement comme leurs équivalents spatiaux – ici, là, celui-ci, celui-là, etc. – ne disent pas quelque chose d'un lieu spatial ou temporel quel qu'il soit, ils se limitent à l'indiquer. D'où la conclusion de McTaggart : le temps n'est que la façon d'après laquelle apparaît faussement à nos yeux une forme d'organisation (la série C, précisément) qui, en soi, est non temporelle.

Le texte de McTaggart devait faire école, mais dans une forme moins paradoxale : McTaggart – dit-on – avait raison lorsqu'il affirmait que les prédicats de la série A n'ont qu'une signification psychologique ; de cette affirmation l'on déduit le caractère unique de la série B, celle du temps sans présent. À mon sens, cette réponse n'est pas tout à fait satisfaisante. Il est indéniable que si nous nous plaçons sur le versant des conditions de vérité des propositions temporelles, il semble possible de se passer entièrement de la série A, car chaque proposition contenant des mots tels que « à présent », « demain », « hier », etc. est avérée ou infirmée par les faits totalement formulables dans le langage de la série B. Cela équivaut à dire que si nous nous soucions de la vérité des énoncés temporels, nous pouvons nous passer des termes de la série A – thèse, incidemment, à laquelle Husserl même semble souscrire lorsque, dans un passage des *Recherches Logiques*, il écrit :

> En effet il est clair que, quand nous affirmons que toute expression subjective peut être remplacée par une expression objective, nous ne faisons, au fond, qu'énoncer ainsi *l'absence de limites de la raison objective*. Tout ce qui est est connaissable "en soi" et son être est un être déterminé quant à son contenu, un être qui s'appuie sur telles et telles "vérités en soi"[2].

Reconnaître que des mots tels qu'« ici », « maintenant », « ceci », demain », « présent », n'ont pas de signification objective – ils ne sont que

1. J. Ellis McTaggart, « The Unreality of Time », *Mind*, 68, 1908, p. 458.

2. Husserl, *Logische Untersuchungen*, (1900-1901), *Hua XIX/1*, Den Haag-London-Lancaster, Nijhoff, 1984, p. 95, trad. fr. t. II/1, p. 105.

des aiguilles indiquant des points objectifs de l'espace et du temps – n'équivaut pas cependant à affirmer que les propositions de la série A peuvent tout simplement être oubliées, ni qu'il est possible de les traduire dans des énoncés de la série B sans qu'une partie de leur signification ne soit perdue. Nier qu'il existe des *faits* qui contiennent en soi le devenir du temps et la dialectique de la présence, n'équivaut pas à affirmer que les propositions du type A sont, par rapport à leur sens, *entièrement réductibles* à des propositions de type B [1]. Si je te dis qu'aujourd'hui il y a du soleil, j'énonce une proposition qui n'est vraie que si je l'ai prononcée le 24 juin – et seulement ce jour –, et si ledit jour il y a du soleil. Autant dire qu'aux mêmes conditions de vérité ne correspondent pas les mêmes sens, qu'à l'identité des unes ne fait pas pendant l'identité des autres.

On peut me dire que le 24 juin il y a du soleil, et je peux néanmoins sortir avec un parapluie, en effet, je peux comprendre ce qu'on me dit mais en même temps ignorer qu'aujourd'hui c'est le 24 juin. Cela revient à dire que les énoncés qui renvoient à la série A disent quelque chose de plus des *faits* qui les vérifient, ils disent précisément quelle est ma *position subjective* par rapport à un certain moment du temps.

De ce qui précède, nous pouvons tirer une première conclusion : lorsque je me sers des déictiques temporels je ne veux pas me limiter tout simplement à indiquer – faute d'une meilleure formulation – un point du temps, *j'entends aussi ancrer ma présence à l'instant où je vis et à la série objective à laquelle il appartient*. De même, lorsque, par un signe, nous indiquons sur une carte de géographie le lieu où nous sommes, il ne s'agit pas pour nous de soutenir une proposition vérifiée par le fait que le signe susdit se trouve juste dans le lieu indiqué par la carte, mais plutôt de constater que ce trait du stylo nous permet *d'utiliser* cette carte, d'abord, pour nous orienter, puis pour décider le chemin que nous avons à suivre. Pour dire les choses autrement, en bref, si nous nous servons des concepts de la série A, c'est parce qu'ils nous disent précisément *ce qu'il nous faut pour agir*, c'est parce qu'à travers ces concepts prend forme notre relation avec l'espace et avec le temps objectif.

De cela, nous pouvons tirer une deuxième conclusion. Nous parlons d'instants dans le temps et leur donnons un nom qui est déterminé par un certain système de notation temporelle, nous mesurons le temps à partir

1. Voir, sur ce point, le beau livre de D. H. Mellor, *Real Time II*, London, Routledge, 1998.

d'un événement précis (la nouvelle lune, le solstice d'été) et nous le scandons en choisissant un module – par exemple, le jour astronomique ou les phases de la lune – qui, égal à lui-même, n'a de cesse de se répéter. À partir de ces données, nous procédons en attribuant à chaque fraction de temps une valeur – un numéro – qui l'organise en une série dans laquelle existent des relations objectives, à savoir les relations d'antécédence et de succession temporelle. Il est clair aussi que la possibilité d'indiquer un point de la série nous reconduit à une *deixis temporelle*; pour que la carte que nous avons esquissée puisse parler du temps, il faut – ce sera notre tâche – qu'elle coïncide, en un point précis, avec la réalité. C'est seulement par la superposition de la ligne du calendrier avec la ligne du temps que nous pouvons attribuer les noms de l'un aux lieux temporels de l'autre. Disons qu'il y a un temps (le 21 juin, par exemple) qui doit valoir comme ce point zéro à partir duquel nous comptons les jours, d'où nous procédons pour assigner un numéro croissant à chaque jour nouveau. Seule la *deixis* originaire de la présence nous permet cependant de faire de chacun de ces numéros, le *nom* d'un jour ou d'un mois, d'attribuer à chaque jour nouveau, à chaque mois nouveau une série déterminée d'événements, car c'est seulement dans la coïncidence vécue entre l'heure dans laquelle je suis et l'instant objective-ment donné, qu'il sera concrètement possible d'appliquer le calendrier comme système de dénotation à la ligne du temps.

Nous avons dit que le présent détermine le point nous permettant non seulement de nous orienter dans le temps, mais aussi de le reconstruire dans sa connexion complexe. Dans ce cas aussi est valable l'analogie avec la dimension spatiale. Une fois tracés les axes cartésiens et fixée leur origine, je peux déterminer la position d'un point dans l'espace à condition de l'identifier avec un ensemble de trois numéros réels. Le point qui fonctionne comme l'origine des axes cartésiens possède néanmoins une nature double. Puisque je peux le fixer en me servant d'un ensemble de trois zéros, il est saisi comme un point objectif de l'espace. Ce que j'indique, cependant, est déjà un point du diagramme, et non le point pour lequel je décide de tracer les axes cartésiens; pour fixer le point d'intersection de l'axe des « x », des « y » et des « z », je ne peux rien faire sinon me fier à la pointe de mon crayon qui indique un point sans pour autant le dénoter. Cela est tout aussi vrai pour le temps. Je peux construire la trame des relations temporelles fixant, comme point de repère, un point du temps objectif pour le marquer; néanmoins, je ne peux pas me servir des relations objectives le caractérisant dans la série B, je dois, par contre, me confier à la *deixis* du présent.

Les analogies sont utiles, mais elles sont parfois boiteuses. Lorsque j'ai affaire à l'espace, je peux indiquer le point d'origine en toute liberté ; un point en vaut un autre. À la liberté de la *deixis* spatiale répond la *non sélectivité* de la *deixis* temporelle. L'aiguille qui s'éloigne de mon expérience fixe de façon exclusive et perpétuelle le présent qui se donne comme l'unique temps dans lequel je suis. Certes, *je peux choisir* le point à partir duquel faire diverger les coordonnées spatiales, par contre *je dois accepter* que l'on me *donne* cette origine temporelle. Dans le présent, chaque instant s'impose *à la subjectivité comme le point zéro du temps.* Avant la série B et le processus ordonné de sa construction comme cette ossature du monde tel que nous le connaissons, il y a la relation nous liant à cet instant qui se donne, et auquel nous nous adressons ; ainsi la *deixis* du présent assume-t-elle la forme d'une *deixis originaire*, dans laquelle se manifeste un aspect fondamental de la forme de l'expérience, à savoir sa structure intentionnelle.

2. Dans la première partie de cet essai, j'ai affirmé qu'il n'est pas possible de se débarrasser de la dualité à laquelle Husserl fait allusion lorsqu'il (nous) dit que le temps est rigide et que pourtant le temps s'écoule. J'ai essayé de démontrer dans quel sens McTaggart nous place devant un problème identique sans toutefois éclairer la relation qui lie la série B à la série A. Cette relation peut être comprise à condition que l'on saisisse comment le temps objectif est d'abord quelque chose dont nous avons *l'expérience* et que nous pouvons expérimenter seulement grâce à une structure de cours perceptifs. D'où la possibilité de tirer *librement* profit de ces pages husserliennes nous montrant quelle est la forme que la conscience intérieure doit assumer pour être conscience du temps.

De s'en servir librement : il n'y a pas de doute qu'en suivant cet ordre de considérations nous nous éloignons de manière significative du fil qui conduit les pages husserliennes et qui se révèle avec une extrême clarté dans la troisième partie des *Leçons*, consacrées au fondement du temps avec ses diverses manifestations dans le flux transcendantal de la conscience. Il s'agit d'un chemin qui, à mon avis, ne peut pas être parcouru et qui se perd en contradictions qui me semblent insolubles – ces contradictions auxquelles nous avons fait allusion lorsque nous avons remarqué qu'il n'est pas possible de parler du temps comme d'un fleuve ou d'un écoulement. Le temps ne s'écoule pas, parce que tout écoulement est déjà dans le temps et une thèse similaire doit être soutenue aussi bien pour ce flux de la conscience qui n'est pas moins flux seulement parce qu'on lui attribue un sens transcendantal. Bref, au lieu de suivre Husserl dans son essai de montrer la genèse idéale du temps dans la conscience, je voudrais essayer de montrer comme le renvoi husserlien à la description de notre expérience du temps peut nous permettre de mieux comprendre la grammaire des concepts par lesquels nous exprimons le temps et notre relation avec celui-ci.

Dans ses *Leçons,* Husserl part d'une thèse que nous pourrions formuler de la façon suivante : le temps dont nous discourons est un temps objectif dans lequel chaque instant a son lieu temporel, qui a été défini une fois pour toutes. Le temps, en soi, est rigide, il a la forme d'une série dans laquelle les événements sont ordonnés d'après la règle de l'avant et de l'après.

Pourtant nous pouvons parler de ce temps seulement parce que, d'une part, nous en avons l'expérience, de l'autre, parce que nous ne pouvons en avoir l'expérience qu'en une forme nous permettant de saisir le rapport qui lie les instants objectifs du temps à l'« ici » et au « maintenant » de la perception qui les saisit. Ainsi, les analyses husserliennes ont-elles à nos yeux le sens d'une réflexion tendant à montrer la façon dont le langage de la série A décrivait les *conditions de possibilité de la manifestation phénoménologique du temps objectif* de la série B.

Je voudrais montrer la cohérence de cette lecture, en rappelant brièvement le sens des descriptions phénoménologiques qui servent d'introduction au schéma de la temporalité. À présent, une note résonne et nous devons décrire cet événement de façon à pouvoir montrer quelle est la forme propre à l'expérience d'un tel événement. La note résonne, elle se donne comme cet objet qui dure et remplit de soi une fraction donnée de temps. Le son est *dans* le temps, il s'étale *sur* le temps dans une relation qui lie, une fois pour toutes, les différentes phases de sa durée à un segment temporel objectif délimité par le point initial et le point final du son. Si cela était la chose que nous devions schématiser, nous aurions à notre disposition une solution aussi évidente que simple : sur la ligne du temps, nous devrions marquer un segment – ce bout de temps qui est aussi un bout de son. Il s'agit d'un schéma évident/logique, qui néanmoins contient ce qui est nécessaire pour rendre compte du caractère inhérent d'un objet à un segment temporel (t_i–t_n) ordonné selon la règle de l'avant et de l'après. Toujours est-il que si on lui demande de rendre compte de notre expérience du temps, ce schéma est insuffisant. Si telle est la tâche que nous voulons lui attribuer – si, autrement dit, nous voulons dessiner un schéma capable de rendre intuitive la grammaire de la série A – alors le dessin que nous avons proposé se révèle lacunaire, car il n'est pas de point, dans ce segment, qui soit présent en soi, et d'ailleurs rien ne parle de la position particulière que le point « à présent » revêt pour notre expérience du temps.

Cette conclusion est en accord avec la thèse de McTaggart : passé, présent, et futur ne sont pas des propriétés objectives de l'instant, elles ne peuvent pas non plus se donner en une représentation du temps prétendant mettre en lumière la composante objective. N'empêche que dans notre expérience nous sommes toujours « à présent », même si ce mot indique l'instant toujours différent à partir duquel se donne notre expérience. Il s'ensuit qu'un schéma qui rend compte de notre expérience du temps doit, d'une part, exprimer *le mouvement de la présence* et, de l'autre, construire le temps comme le fruit d'une *relation perspective* centrée dans le maintenant, qui toutefois engendre une série où chaque élément est saisi exclusivement grâce à la position stable qu'il occupe dans la succession temporelle.

Un schéma de la conscience du temps doit être dessiné à partir de ce que Husserl appelle *les modes d'orientation temporelle* : une succession ordonnée d'instants devrait alors nous apparaître comme le résultat auquel on aboutit partant de la structure perspective de l'expérience – c'est-à-dire *de la conscience toujours changeante du maintenant* et des dimensions qui dépendent de lui, de la rétention et de la protention – car c'est seulement à partir d'ici qu'il est possible de saisir la succession objective du temps se manifestant dans l'identité des instants et dans le rapport variable, que d'une fois à l'autre, ils partagent avec le point présent.

Je crois qu'un premier pas dans cette direction consiste à se demander ce que signifie fixer un point dans le temps et *l'entendre* comme présent. Apparemment il n'y a rien de plus simple : lorsque je dis : « à présent il est dix heures » j'indique un point de temps objectif tout en le posant comme présent – rien que cela. Il suffit cependant de réfléchir un peu pour se rendre compte que le problème est en effet plus complexe, car la signification du terme « présent » inclut un renvoi à la dimension de la temporalité dans son ensemble. Lorsqu'en parlant d'un instant je dis qu'il est « à présent » j'attribue à mon acte linguistique la fonction de *discriminer* le moment présent à la fois des instants qui viendront et qui viennent de s'écouler. Il s'ensuit que pour entendre un instant comme *un* point du temps, et pour comprendre la signification du mot « à présent » il ne suffit pas que je sois conscient de mon expérience, il faut aussi que me soit donné l'*espace logique de ce concept* – son avènement nécessaire à se poser comme limite à la fois du passé et du futur, de ce qui vient d'être et de ce qui sera.

L'expérience d'un instant *en tant qu'instant de temps* implique donc le système complexe des rétentions et des abandons qui seuls situent la dimension ponctuelle de l'expérience dans l'espace logique de la temporalité. Les aiguilles de la montre marquent le temps car chaque point du cadran est donné comme la valeur d'une variable : si nous ignorons que le sens du cadran réside précisément en cela, la montre serait un mécanisme muet. Il en découle que la dialectique de la temporalité, qui contraint le futur à se faire progressivement présent et qui n'a pas de cesse de ruiner le présent en le transformant en ce qui vient d'être, ne doit pas nous sembler uniquement être pli subjectif duquel le philosophe est appelé à se congédier, mais aussi nous apparaître comme la nécessaire manifestation phénoménologique de la grammaire du temps objectif, du positionnement de chaque instant en tant que valeur d'une variable. Loin d'être une forme exclusivement psychologique qui projette sa fausse lumière sur la nature des choses, le processus de modification – qui caractérise la conscience du temps dans son adhésion à un présent éternellement nouveau – est ce moyen qui nous permet, d'un côté, de maintenir l'identité d'un référent qui, même dans la variation des conditions phénoménologiques de sa manifestation, demeure temporellement objectif, de l'autre, de saisir la succession des instants comme une succession temporelle.

D'où le schéma que Husserl trace ; il nous permet d'indiquer la *forme* d'apprentissage de la série temporelle B. La forme du temps possède une spécificité évidente qui lui est propre sur laquelle il est pourtant nécessaire de réfléchir. Le temps se compose d'instants, et ces instants sont égaux, ils se ressemblent trait pour trait, exactement comme les deux gouttes d'eau du célèbre proverbe. Mais si les gouttes d'eau, une fois placées les unes à côté des autres, se perdent dans une unité indiscernable, les instants du temps, par contre, doivent garder leur individualité, plus, ils doivent pouvoir s'attribuer un *nom* nous permettant de parler d'eux, de les fixer une fois pour toutes. Or, pour attribuer un nom aux instants du temps, je dois nécessairement les *identifier*, cela signifie qu'il doit être possible aussi de les *indiquer*. La possibilité de construire la série du temps implique la possibilité de la *deixis*. Indiquer un instant signifie prononcer le mot « à présent », cet instant – l'instant présent – est l'instant que j'appelle d'après le nom que me suggèrent la montre ou le calendrier. Mais ce même instant, pour être concrètement posé comme *cet* instant objectif, exige que la *deixis* puisse se répéter, puis qu'elle se dispose dans un *système de variation* capable de l'accorder à une perspective déterminée par notre avancement/

progression dans le temps. « À présent, il est dix heures justes », mais bientôt, il sera vrai aussi « *qu'il y a peu de temps,* il était dix heures justes ». En effet, la possibilité d'apercevoir un objet temporel quelconque implique non seulement qu'il y a une unité de conscience qui dure dans le temps, mais aussi que chaque phase objectale est assignée à un instant de temps.

Rappelons-nous, encore une fois, de l'exemple qui a été notre point de départ. Un son commence et moi je le saisis comme ce son qui *à présent* se donne à moi, toutefois dès que ma perception est appelée comme témoin d'un autre instant du temps, la *deixis* de la présence ne peut plus être maintenue; ce qui, en t_1, était présent, en t_2, doit être indiqué différemment; la *variation,* d'une part, de la conscience "impressionnelle" en conscience "rétentionnelle" et, de l'autre, des rétentions en rétentions de rétentions, n'est que *la structure formelle et a priori permettant à la fois le maintien, en une forme nouvelle, de la deixis* et la détermination de l'identité de chaque instant particulier et du lieu temporel absolu qui lui revient. Ainsi, la variation que la perspective temporelle projette sur la conscience de chaque point du temps devient-elle la forme qui permet de *distinguer* ce qui dans le simple mot « à présent » tient ensemble en un seul nœud, c'est-à-dire le fait d'indiquer *cet* instant de temps dans le lieu où seul il peut venir en contact avec la subjectivité, et aussi le fait de le saisir comme un instant qui est *ici*, près de moi. Ce nœud se délie dans le devenir passé du présent, l'instant qui est ici, pour moi, devient vieux; et *la particularité* de l'instant qui reste dans son avancement dans le passé me permet de lire sa variation comme un signe nous parlant exclusivement de sa *position* temporelle. En tant qu'opérateur qui modifie et s'ajoute à la conscience du présent, la rétention indique dans le *quantum* de ses itérations, le lieu qui revient à chaque instant dans la série du temps.

Une fois de plus, l'analogie avec l'espace peut nous aider à comprendre ce qu'il en est véritablement. Lorsque je marche dans une pièce, l'*ici* dans lequel je me trouve change en permanence. C'est dans le changement de la perspective à travers laquelle les lieux se donnent dans l'espace, que la perception apprend à reconnaître l'identité de la variation, à la lire comme un signe nous parlant de la relation différente qui lie une même position spatiale (ou une même configuration objective) à un point de l'espace toujours différent – celui justement que j'occupe à présent. Cela se passe aussi dans la conscience du temps; la forme mutante des orientations temporelles de la conscience délie à nouveau le nœud auquel, dans chaque instant particulier, tient à la fois l'être *cet* instant et l'être *à présent*. Un tel propos équivaut à dire que l'organisation stable et rigide du temps – c'est-à-dire l'organisation des instants de la série B – se donne à travers les formes changeantes de la série A. C'est dans la mesure où la conscience interne du temps coule qu'un temps rigide peut se construire pour nous, un temps dans lequel chaque instant possède une place absolue, c'est-à-dire déterminée une fois pour toutes. La conscience du temps est donc une structure de la *deixis*; pour là-même, elle rend possible l'expérience du temps comme cette forme objective d'organisation.

3. Nous pouvons à présent tenter de tirer quelques conclusions rapides.

I. Reconnaître que la série objective du temps se constitue à travers l'expérience, dans l'identité de ses lieux et à travers la règle de la perspective temporelle signifie, *d'abord*, affirmer qu'il existe une relation nécessaire entre le mouvement de la conscience comme système de la *deixis* temporelle et le temps objectif: loin d'être deux images différentes de la temporalité, la série A et B sont, l'une, la forme nécessaire de manifestation de l'autre.

II. Cela équivaut aussi à reconnaître (avec McTaggart) – c'est notre *deuxième point* – que les modes de l'organisation temporelle – présent, passé et futur – ne sont pas des propriétés réelles revenant aux instants de temps considérés en soi: par contre, ils sont des *modalités formelles* de l'entendement. Le temps objectif se compose d'une succession d'instants qui marquent les lieux où le réel s'organise: cela n'empêche pas, toutefois, que la structure perspective de la temporalité soit la forme nous permettant de faire l'expérience des instants du temps dans leur succession ordonnée.

III. L'on doit alors affirmer – *troisième point* – que des expressions tel « à présent », « vient d'être », « (à) tout à l'heure » ne revoient pas à des propriétés qui reviennent à un instant en tant que tel, elles n'expriment pas non plus des inclinations psychologiques ou subjectives: elles sont les formes dans lesquelles il est généralement possible de faire l'expérience du temps. Le système des organisations temporelles qui dicte la structure du flux de conscience n'est pas un accident psychologique, il ne m'appartient pas comme les vécus m'appartiennent, ce à quoi nous avons affaire, c'est le système organisé de la *deixis*, lequel doit être présupposé si il y a, en général, une expérience quelconque du temps objectif. Il s'ensuit qu'« à présent », « vient d'être », « (à) tout à l'heure » etc., ne sont pas des termes ayant un sens plus subjectif que « ceci », « cela », « ici », ou « là », dans l'un comme dans l'autre cas, ces mots expriment des rapports de type formel qui, loin d'être liés à l'individualité toute particulière de notre moi, nous permettent au contraire d'indiquer le lieu que nous occupons à l'intérieur d'une grille intersubjective, d'un réseau de positions auquel le temps, d'une part, et, l'espace, de l'autre, consentent. Ce réseau doit être explicité si nous voulons trouver un accord aussi bien qu'un ensemble commun de coordonnées.

IV. D'où notre *quatrième* conclusion. Jusqu'ici, nous avons observé de quelle manière passé, présent et futur ne sont pas des termes nous reconduisant à un vécu subjectif, nous avons remarqué qu'ils sont au contraire ces *formes* qui nous permettent de repérer les instants de temps dont la signification est intersubjective ; le réseau qu'ils dessinent dans le temps est en effet universellement praticable, à condition, bien sûr, de s'être préalablement accordés sur un point zéro du présent. Reste que les considérations ici exposées sont grosses d'autre chose. La *deixis* du présent n'est pas seulement un indicateur fixé sur cet instant objectif dans lequel nous sommes, elle est aussi une façon déterminée de l'entendre. Lorsque je prononce le mot « à présent » je ne me limite pas à « toucher » avec les antennes du langage le seul instant du temps par moi indiqué alors même que je lui appartiens, je dis aussi la *proximité* de cet instant par rapport à mon existence. Le mot « présent » n'est pas seulement une aiguille qui indique le nom d'une heure et d'un jour précis de l'année, il est aussi une manière de rappeler dans cet instant précis que nous sommes. Un discours entièrement analogue à celui qui précède vaut aussi pour les mots du passé et du futur : ici encore, ce sont tous des mots qui *disent du monde,* même s'ils nous en parlent exclusivement en tant qu'objet de notre rapport à lui. En conclusion, la *deixis* temporelle n'est pas seulement indication, elle est aussi une manière d'entendre les choses et les événements, une façon d'en motiver l'urgence ou d'en sanctionner l'indifférence. Certes, cela revient à dire que le vocabulaire de la série A possède un pli pragmatique qui oriente nos actions car il nous parle du lieu dans lequel nous sommes. Nous pourrions insister longuement sur ce dernier point, nous pourrions rappeler la métaphorique du temps, et aussi la trame épaisse des valeurs imaginaires qui font corps avec les distinctions temporelles. Notre objectif, néanmoins, est tout autre : qu'il nous suffise de rappeler cette possibilité pour pouvoir saisir avec plus de clarté les raisons qui nous empêchent de dire que passé, présent et futur sont des nuances psychologiques attribuées par nous aux événements. Car de ces notions affleure précisément une manière de faire l'expérience du monde, de l'entendre et de l'organiser – une façon qui n'a pas de signification objective, car en elle l'on n'entrevoit pas l'objet tel qu'il est en soi, mais l'objet tel qu'il est pour nous. Ainsi, si nous devons embrasser le langage de Husserl, nous pourrions dire que ce dont le présent et ses variations nous parlent, ce ne sont pas les instants de temps objectif. C'est l'instant *dans sa façon*.

Paolo SPINICCI
Université d'État de Milan
Traduit par Lina Franco

CHAPITRE IV

LES DIFFÉRENTS NIVEAUX CONSTITUTIFS DU TEMPS CHEZ HUSSERL ET HEIDEGGER

On présente toujours les *Leçons* de février 1905 comme le moment de « percée » de la phénoménologie husserlienne du temps. Or, à la lumière des textes sur le temps entre 1906 et 1911 rassemblés dans la section B de *Husserliana X*, des *Manuscrits de Bernau* de 1917/18 et, bien sûr, des *Leçons* publiées par E. Stein et M. Heidegger en 1928, un tel enthousiasme doit pour le moins être relativisé. En 1905, Husserl n'était pas encore parvenu aux conceptions (ni même aux concepts) déterminants de sa phénoménologie du temps : il appliquait encore le schéma appréhension/contenu d'appréhension à la constitution de la durée d'un objet immanent (analyses que les *Leçons* de 1928 n'ont pas reprises); ses descriptions *définitives* relatives à la *rétention* (et *a fortiori* à la protention) n'y figuraient pas; son célèbre « diagramme du temps » avait certes été introduit en 1905 mais il a connu des modifications décisives en 1911 (et puis en 1917/18) et, enfin, Husserl n'avait point encore l'idée d'une « conscience absolue » et de la nécessité de descendre dans la sphère « pré-immanente » de la conscience – bref, les élaborations importantes qu'a retenues la tradition philosophique de la phénoménologie husserlienne du temps n'ont été réalisées qu'*après* ces *Leçons* de 1905.

Aussi nous intéresserons-nous dans ce qui suit à une question qui nous semble être centrale dans une phénoménologie du temps *en général*, mais qui s'est posée à Husserl seulement *après* le célèbre commencement de 1905 – celle des *différents niveaux constitutifs* du temps. Ce qui est tout à fait frappant, en effet, quand on regarde l'*ensemble* des élaborations des trois représentants les plus éminents en matière de phénoménologie du temps – à savoir 1) le Husserl des *trois* phases d'élaboration de la phénoménologie du temps (de 1905 à 1911, en 1917/18 et à l'époque de la rédaction des textes rassemblés dans le groupe « C » (fin des années 1920 – début des années 1930)), 2) Heidegger et 3) Fink –, c'est qu'à chaque fois (sauf au tout début, en 1905, justement!) il est question, outre le temps objectif, mesuré par les horloges, et le temps « apparaissant » au sens strict (que ce soit le temps de la conscience immanente ou la temporalité dont nous nous « préoccupons »), d'un temps ou d'une temporalité « *originaire* », « *authentique* », qui se situe « en deçà » de cette conscience immanente ou en deçà de toute préoccupation quotidienne.

Nous aimerions d'abord essayer, dans un premier moment, de reconstituer *chez Husserl* les raisons qui l'ont amené à introduire un *troisième* niveau de constitution – en dehors du temps « objectif » (des astres et des horloges) et en dehors du temps « subjectif » de la conscience (dénomination qui induit en réalité en erreur). Il apparaîtra alors – et c'est la raison pour laquelle toute considération relative à la *phénoménologie* du temps a tout intérêt de ne pas simplement *juxtaposer* les élaborations husserliennes et heideggeriennes – que Husserl use (à vrai dire *à son insu*) d'un « concept opératoire » *implicite*[1] rendu *explicite* par Heidegger (et réintroduit dans le champ de la pensée husserlienne à travers Fink). Nous nous proposerons alors de clarifier ce concept opératoire implicite que nous nommons (en suivant très fidèlement Heidegger et Fink) la « construction phénoménologique ». Cela nous conduira ensuite, dans un second moment, à analyser le problème des différents niveaux temporels selon Heidegger dans *Sein und Zeit* et à nous intéresser au lien entre cette élaboration et celle de Husserl. Et nous conclurons sur la différence – qui demeure malgré tout irréductible, nous semble-t-il – entre les concepts de la « phénoménologie » se dégageant de chacune des élaborations de la phénoménologie du temps analysées dans la présente étude.

*

Tout d'abord, quels sont les différents niveaux temporels chez Husserl ? Et quelles sont les raisons qui l'ont amené à introduire une telle pluralité de

1. Pour cette notion de « concept opératoire implicite », nous nous permettons de renvoyer à notre ouvrage *Temps et phénomène. La phénoménologie husserlienne du temps (1893-1918)*, « Europaea Memoria », Hildesheim, Olms, 2004, p. 255.

niveaux temporels? On connaît le célèbre passage du début du § 1 des *Leçons* où Husserl prône la mise hors circuit du temps objectif[1]. Cette mise hors circuit n'est évidemment pas sans rappeler l'*épochè*, du sens de laquelle Husserl a pleinement pris conscience en 1905 – du moins d'après son célèbre témoignage dans la *Krisis*. Cela nous réconforte de penser que c'est un peu étonnant de dater ce texte en 1905, car rien ne signale en celui-ci qu'il s'agirait d'une découverte récente. Quoi qu'il en soit, il s'agit pour Husserl de mettre hors circuit toute « hypothèse » (*Annahme*), toute « fixation » (*Festsetzung*), toute « conviction » (*Überzeugung*) *eu égard au temps objectif*. Cela ne veut pas dire que le temps lui-même serait mis hors circuit, mais que le regard phénoménologisant est porté sur le temps *apparaissant* (dénué de tout sens d'être objectif). Il semblerait que nous avons donc deux « temporalités » différentes ici : le temps objectif (ou empirique) et le temps immanent ou pré-empirique (*Leçons*, § 34). Or, en toute rigueur, il vaut mieux ne pas parler de deux temporalités différentes ni de deux « sphères » ou « niveaux » de temporalité, mais il faut s'en tenir strictement au lexique husserlien : ce sont là deux *niveaux constitutifs* ou *niveaux de constitution* (*Konstitutionsstufen*) différents – terminologie qui permet de respecter la différence quant au *sens d'être* de ces niveaux.

Qu'est-ce alors que ce temps « apparaissant », cette temporalité immanente? C'est le temps propre aux composantes de la sphère immanente de la conscience : des objectités apparaissantes, d'abord, (donc de ce que Husserl appellera plus tard les *noèmes*), mais aussi des « ingrédients » noétiques et hylétiques de cette sphère : les rétentions, les protentions, les « *data* hylétiques », etc. Or, il faut ici être très précautionneux : le statut des rétentions (et des protentions) change entre la première introduction de ces termes (en 1904), la conception de la rétention de 1908 ou 1909[2] et l'idée

1. Boehm et, tout récemment, Jean-François Lavigne affirment que ce passage serait tiré des premiers feuillets des *Leçons* de 1905. Cela reste à vérifier parce que Husserl s'en justifie dans les mêmes termes dans un texte datant de 1908 ou 1909 (*Hua X*, texte n° 47, p. 314 *sq.*; les textes de la section B de *Hua X* ont été traduits en français dans Husserl, *Sur la phénoménologie de la conscience intime du temps*, trad. fr., J.-F. Pestureau, revue par M. Richir, « Krisis », Grenoble, Millon, 2003, p. 198). Et comme on sait que Husserl n'a jamais repris un texte pour des élaborations nouvelles mais qu'il a directement accompli à neuf de telles élaborations, on peut supposer que c'est plutôt ce texte qui a dû servir de support au § 1 des *Leçons* de 1928.

2. *Hua X*, texte n° 50.

que les rétentions seraient des moments du flux[1]. Dans l'acception de 1904-1905 (la rétention comme «auto-différenciation» d'un acte de perception) et dans l'acception de 1908-1909 (la rétention comme intentionnalité très spécifique qui ne se réduit pas à une intentionnalité d'acte), la rétention et la protention font partie des composantes de la sphère réelle (*reell*) ou immanente de la conscience.

Qu'est-ce qui a alors amené Husserl à changer de conception (après 1908) et à faire de cette rétention un moment du flux ? Ce n'est évidemment que la compréhension du statut de ce flux qui va nous permettre de répondre à ce problème. D'où la nouvelle question qui se pose : qu'est-ce que ce flux et pourquoi Husserl l'a-t-il introduit dans sa phénoménologie du temps ?

Les analyses relatives au temps des années 1906-1911, qui se proposent de rendre compte de la constitution de la temporalité immanente, aboutissent par divers biais à la nécessité d'admettre que la temporalité immanente est à son tour constituée dans une forme de «conscience» plus «originaire» – une conscience dont il faut déterminer exactement le statut *temporel*. Faisons maintenant l'inventaire des arguments qui parlent en faveur de ce qui aboutira effectivement à l'hypothèse de ce que Husserl appelle une «conscience absolue» et à la nécessité d'admettre une temporalité «pré-immanente».

A. On trouve la première mention explicite de la «conscience absolue» dans le § 42 de la troisième section intitulée «Les formes d'objectivation» dans un *Cours* professé par Husserl dans le semestre d'hiver 1906/07[2]. Le problème qui s'y posait était celui de la conscience des contenus d'appréhension, d'un côté, et des appréhensions, de l'autre. La perception, l'appréhension, est vécue, le contenu est conscient mais pas vécu.

Husserl appelle «préphénoménal[3]» l'être du vécu qui ne peut être donné qu'en vertu d'une analyse *réflexive* – à savoir, en l'occurrence, celui des contenus sensibles. Dans le cas d'une perception adéquate (se rapportant à l'écoulement des contenus dans le flux du temps phénoménologique actuel), les «objets» perçus sont en même temps des vécus. Or, il y a un vécu d'un *datum* étendu dans une temporalité phénoménologique

1. *Ibid.*, texte n° 54, p. 371 ; trad. fr. p. 241. Nous avons approfondi ces aspects dans le chapitre II de la section B de notre ouvrage *Temps et phénomène*, *op. cit.*

2. «Introduction à la logique et à la théorie de la connaissance» (*Einleitung in die Logik und Erkenntnistheorie*), texte édité par U. Melle et publié dans *Hua XXIV*.

3. *Hua XXIV*, § 42, p. 244.

« avant » son objectivation transcendante. Et la conscience d'un tel *datum*, Husserl l'appelle précisément « conscience absolue [1] ».

Il faut souligner que cette conscience absolue n'est pas du tout encore celle à laquelle il accédera à partir de 1909 ; en 1906/07, Husserl s'est restreint à la seule sphère immanente (avec les *modes de conscience qui lui correspondent*), et n'a pas encore établi la *tripartition* en trois niveaux constitutifs distincts de la conscience.

B. Une autre mention de la conscience absolue est faite dans le texte n° 39 de *Husserliana X* qui date de 1909 et qui est une reprise de ce même *Cours* de 1906/07. Husserl y met en œuvre l'analyse du flux absolu comme « flux phansiologique ».

Cette analyse, qui est menée en trois temps, propose un développement qui se place d'abord au niveau de la sphère immanente avant d'ouvrir, en anticipant, au niveau de la sphère pré-immanente.

1) Dans la première partie de l'analyse, Husserl s'interroge d'abord sur différentes acceptions de la perception. Il distingue entre la perception présentante (*darstellende*) et la perception non présentante (*nicht darstellende*).

Le point commun de toute perception c'est qu'elle se rapporte à quelque chose d'*individuel*. Qu'est-ce qui fait l'unité de l'individu ? Ce qui fait qu'un individu est un individu, c'est qu'il est une *unité temporelle*. En découle la distinction fondamentale entre l'unité de la chose (*Ding*) et la multiplicité des phases de temps (*zeitliche Dingphasen*) constitutives du *procédé* (*Vorgang*) temporel de la chose. Ainsi, il y a deux sortes d'unités :

– l'identité de la chose (la chose est *identique* dans chaque point de la durée ; un point de la durée n'entre pas de façon constitutive dans la chose) ;

– l'unité de la continuité de phases (*Einheit der Phasenkontinuität*) qui revient à la *durée* de la chose : c'est le temps concrètement rempli en tant qu'unité du procédé. (Le procédé *change* au cours de la durée, c'est une *durée remplie* ; chaque point constitue (*baut auf*) le procédé lui-même.)

Cette distinction est valable tant sur le plan d'une perception *transcendante* que sur celui de la sphère *immanente* de la conscience.

2) Un autre point crucial du texte n° 39 concerne la mise en évidence d'une « nouvelle continuité » qui n'est pas celle des points temporels qui constituent la *durée* de l'objet, mais des *adombrations temporelles du son* [2].

1. *Ibid.*, p. 246.
2. *Hua X*, p. 275 ; trad. fr. p. 167.

Il s'agit là d'une forme de *conscience* que Husserl appellera plus tard l'*intentionnalité transversale* qui concerne la conscience, dans le maintenant, des phases passées du son. Husserl découvre ici l'intentionnalité rétentionnelle en tant que dimension ou « moment » du flux absolu. En 1909[1], Husserl voit dans la conscience – dans laquelle « se profilent » (*sich abschatten*), dans le maintenant, les multiplicités temporelles passées – le « flux ultime du temps » « dans lequel réside l'absolu auquel reconduit toute analyse phénoménologique ». Husserl parle à ce propos du *flux de temps phansiologique absolu* (*absoluter phansiologischer Zeitfluss*) dans lequel se constituent toutes les unités.

Nous avons donc ici trois aspects :

– le niveau de l'objet transcendant (chose)

– le niveau du procédé temporel (procédé)

– la continuité des adombrations temporelles = flux phansiologique absolu.

3) Dans sa « récapitulation », que nous trouvons dans ce même texte, Husserl précisera la nature du troisième aspect évoqué, à savoir du flux phansiologique absolu. Contrairement à ce que laissaient entendre les premiers développements du texte n° 39, Husserl affirme maintenant explicitement[2] que la conscience de donation de l'être temporel n'est ni immanente (au sens où elle serait une composante réelle immanente à la conscience), ni non plus, bien entendu, transcendante au sens où le *Ding* est transcendant. L'unité temporelle – *pré-immanente* – se « constitue » dans la conscience absolue, c'est-à-dire dans un « flux de conscience spécifiquement formé et lié[3] ». L'unité temporelle n'est que dans la mesure où le flux de conscience est[4]. Le point essentiel ici c'est que les objectités de la sphère immanente sont des objectités *constituées* alors que la conscience absolue

1. *Hua X*, p. 277, n. 1 ; trad. fr. p. 169.

2. *Ibid.*, p. 283 *sq.* ; trad. fr. p. 174.

3. *Ibid.*, p. 284, l. 17-18 ; trad. fr. p. 174.

4. « L'*esse* de la chose-son immanente s'absorbe d'une certaine façon dans son *percipi*. Ce *percipi* n'est pas lui-même une chose et a un autre type d'être, mais l'un est *a priori* donné avec l'autre. Le *percipi* au sens dudit *flux de conscience* et [au sens] de la perception-unité qui y est donnée comme possibilité "crée" la chose, en ce sens que l'être absolu de ce flux de conscience est l'avoir et saisir possibles du son, possibilité sans laquelle le son ne serait rien. L'objet (*Objekt*) lui-même n'est ce qu'il est que comme [objet] intentionnel de la perception adéquate, c'est-à-dire comme un certain flux d'une conscience absolue qui rend possible une telle perception adéquate », *Hua X*, p. 284 ; trad. fr. p. 174 *sq.*

est la sphère de « l'objectivation *non objectivée*[1] ». Le lien entre les processus temporels immanents et le flux absolu de la conscience est un lien d'objectivé à objectivant. Et la conscience absolue est *en amont de* toute objectivation : « l'unité est unité de l'objectivation, et l'objectivation est précisément objectivante, mais pas objectivée[2]. »

C. Jusqu'ici nous avons vu que la notion de « conscience absolue » a été introduite par Husserl pour rendre compte du flux phansiologique absolu, c'est-à-dire du versant « transversal » de ce qui sera, à partir de 1911, la double intentionnalité rétentionnelle. Or, il y a, *avant* 1911, une préfiguration aussi de ce qui sera le versant « longitudinal » et ce, à partir du moment où Husserl passe d'une compréhension de la *rétention d'un objet* à celle d'une rétention comme *moment du flux!* Cela nécessite, là encore, le passage – d'abord accompli d'une manière seulement *implicite* – d'une phénoménologie de la temporalité *immanente* à une phénoménologie de la temporalité *pré-immanente*. Autrement dit, l'introduction de la conscience absolue est justifiée également par la nécessité de répondre au problème de la possibilité d'une « conscience de soi » du flux. Une telle conscience de soi est-elle concevable sans qu'elle n'exige à son tour un flux conscientiel dans laquelle elle se constitue, et ainsi de suite ? Le spectre d'une *régression à l'infini* plane sur toutes les élaborations husserliennes relatives à la constitution de la conscience du temps, y compris, d'ailleurs, ultérieurement dans les *Manuscrits de Bernau*.

D. Un autre aspect décisif justifiant l'introduction de la notion de « conscience absolue » consiste dans la nécessité de rendre compte de la distinction entre perception et ressouvenir (qui servira de modèle à celle entre la perception et la *phantasía*). Elle permet de comprendre une fois de plus en quoi la conscience ultime est conscience du *temps*, en quoi la temporalité joue effectivement un rôle fondamental dans la compréhension de la structure de l'intentionnalité.

Comme l'a très bien montré R. Bernet dans son dernier recueil[3], un double problème s'est posé à Husserl :

– comment une appréhension *présente* d'un contenu d'appréhension *présent* peut-elle présentifier un objet non présent ?

1. *Hua X*, p. 286 ; trad. fr. p. 176.

2. *Hua X*, p. 286, l. 27-30 ; trad. fr. p. 176.

3. R. Bernet, *Conscience et existence. Perspectives phénoménologiques*, Paris, P.U.F., 2004, voir le chap. III de la première partie.

– comment une appréhension *présente* d'un contenu d'appréhension *présent* peut-elle présentifier l'objet non présent comme ayant appartenu à une expérience effective du passé ?

Réponse : le caractère « passé » n'est un moment ni de l'appréhension, ni du contenu d'appréhension, il relève donc d'une conscience du temps plus originaire, plus primitive, que l'acte même du ressouvenir. Or, cette « proto-conscience », en deçà du schéma appréhension/contenu d'appréhension, constitutive de la différence entre présentation et présentification, est *temporelle*, et elle est introduite en 1906-1907, nous l'avons vu, en termes de « conscience absolue ». Pourquoi cette conscience est-elle appelée « absolue » ? Parce qu'il s'agit là de la strate la plus primitive de la conscience dont le rôle fondamental consiste dans la constitution transcendantale de la temporalité des actes intentionnels et de leurs corrélats noématiques[1]. C'est dans le texte n° 54 de *Husserliana X* que Husserl se livrera à l'analyse précise de cette « conscience absolue »[2].

E. La dernière raison, enfin, pour laquelle il est nécessaire d'introduire un troisième niveau constitutif du temps, c'est d'éviter un cercle vicieux : si le temps empirique, ou le temps « objectif », est constitué dans les phénomènes constitutifs de la temporalité immanente (à savoir les rétentions, les protentions, etc.), quels phénomènes répondent alors de la constitution de la temporalité *de ces mêmes entités immanentes*? Certainement pas des phénomènes « objectifs », car, d'une part, quels seraient-ils ? et, d'autre part, cela signifierait de *présupposer* une temporalité objective, geste que Husserl veut à tout prix éviter – précisément parce que cela constituerait un cercle. La temporalité objective est constituée dans la temporalité immanente, par conséquent, la temporalité objective ne saurait constituer la temporalité des composantes de la sphère immanente de la conscience. Quelle sera alors la solution proposée par Husserl ? Encore une fois : il s'agit de rendre compte de la constitution de la temporalité immanente, sachant que la temporalité objective est, quant à elle, constituée *dans* des phénomènes relevant de la sphère immanente. La seule issue – si l'on veut éviter le cercle vicieux – c'est de descendre dans une sphère *en deçà* de la temporalité immanente – sphère d'une temporalité que Husserl appelle en

1. R. Bernet, *Conscience et existence. Perspectives phénoménologiques*, *op. cit.*, p. 97.

2. Pour une analyse plus approfondie des précédents arguments (dont la liste n'est pas ici exhaustive), *cf.* notre ouvrage *Temps et phénomène*, *op. cit.*, p. 146-153.

1911 « pré-phénoménale », « pré-immanente »[1] en tant qu'elle se constitue comme forme de la conscience constitutive du temps.

Cette solution, seulement esquissée sur quelques pages en 1911, est reprise et fondamentalement approfondie en 1917/1918 dans les manuscrits dits « de Bernau ». Dans les analyses, assez hétérogènes du reste, qu'on trouve dans ces *Manuscrits*, Husserl redéploie son analyse du flux originaire de la conscience absolue en termes de « processus originaire ». Cette analyse profite d'une reconsidération, datant de la même époque, de l'intentionnalité *protentionnelle* qui permet du même coup d'éviter le sensorialisme des « impressions originaires » tel qu'il prévalut encore dans les analyses antérieures. Ce « processus originaire » est doté d'une structure en « phases », constituant un champ intentionnel au sein duquel ce processus prend conscience de lui-même sans que cela nécessiterait un écart de la conscience d'avec elle-même (invalidant par là même toutes les critiques qui ont pu être adressées à Husserl à ce sujet ultérieurement).

Or, quel est le statut de cette analyse du processus originaire? Est-ce une description comme l'a été l'analyse des phénomènes constitutifs de la temporalité immanente? Il nous semble que ce n'est pas le cas. Et c'est sans doute en cela que consiste entre autres la *nouveauté* des *Manuscrits de Bernau*: l'analyse du processus originaire s'opère moyennant une *construction phénoménologique*, concept opératoire implicite de la phénoménologie husserlienne du temps. Mais qu'est-ce qu'une construction en phénoménologie?

*

Ce qui caractérise proprement la construction phénoménologique, c'est qu'elle ne construit pas, d'une manière spéculative, un *constructum* (par exemple en vue d'exhiber un principe d'un système métaphysique), mais qu'elle s'en tient strictement aux contraintes mêmes des phénomènes. La construction phénoménologique est un « pro-jet[2] » dans la mesure où elle construit les conditions transcendantales (au sens phénoménologique) de ce qui est exigé et imposé par les phénomènes eux-mêmes. Et, ce faisant,

1. *Hua X*, texte n° 54, p. 381 ; trad. fr. p. 249.

2. *Cf.* notre ouvrage *La genèse de l'apparaître. Études phénoménologiques sur le statut de l'intentionnalité*, Mémoires des Annales de Phénoménologie, Beauvais, 2004, p. 34.

elle n'obéit pas à une nécessité transcendante, mais c'est *en construisant* qu'elle exhibe la nécessité et la régularité présidant à cette construction.

La construction phénoménologique n'est donc pas une construction spéculative « par simples concepts », le « retour aux choses mêmes » préconisé par Husserl l'interdit d'emblée. Elle est caractérisée avant tout par deux choses : 1) Elle ne construit pas quelque chose *ex nihilo*, ni ne *re*construit quelque chose de donné à l'avance, mais, en construisant, elle découvre la *nécessité* de ce qui est à construire et des lois présidant à cette construction[1]. 2) La construction phénoménologique n'impose donc rien à ce qui est, mais elle est *commandée*, *exigée* par les phénomènes eux-mêmes. Ce qui exige en l'occurrence cette construction c'est la nécessité de rendre compte, nous l'avons vu, de la constitution de la temporalité non seulement de l'expérience objective, mais encore – et surtout – des ingrédients de la sphère immanente de la conscience elle-même. C'est le propre de la phénoménologie génétique – en tout cas selon la lecture que nous en proposons – que de livrer la *genèse* d'une factualité, ici : la genèse de ce que Husserl a toujours appelé, depuis le début, la temporalité *apparaissante* (c'est-à-dire phénoménale ou immanente).

Or, nous le disions, cette démarche « constructive » n'est pas annoncée ou développée telle quelle par Husserl – et on ne trouve chez lui la notion de « construction phénoménologique » que dans des textes des années 1930, directement inspirés par des entretiens qu'il a eus avec Fink. À notre connaissance, cette notion est utilisée pour la première fois par Heidegger dans *Sein und Zeit*[2]. On en trouve un développement plus approfondi dans le cours du semestre d'été de 1929 où Heidegger a développé sa conception d'une « construction » sur la base de la *Grundlage der gesammten Wissenschaftslehre* (1794/95) de Fichte[3].

*

Il nous semble donc qu'on peut mettre en évidence le caractère fructueux des *Manuscrits de Bernau* si l'on parvient à montrer que la phénoménologie husserlienne du temps s'effectue moyennant un concept

1. *Cf.* le § 63 de Husserl, *Logique formelle et logique transcendantale*.

2. Cf. *Être et temps*, Tübingen, Niemeyer, § 63, p. 310 *sq*. et § 72, p. 375 *sq*.

3. Voir Heidegger, *Der deutsche Idealismus (Fichte, Schelling, Hegel) und die philosophische Problemlage der Gegenwart*, Gesamtausgabe t. 28 (désormais cité GA), Francfort s/Main, Klostermann, 1997.

opératoire *implicite* (la « construction phénoménologique ») dont le sens et la teneur sont thématisés explicitement par Heidegger (et, il faut l'ajouter, par Fink par la suite). Demandons-nous alors maintenant ce qu'il en est chez Heidegger lui-même. Il est tout à fait remarquable que la phénoménologie *heideggerienne* du temps dans *Sein und Zeit*, elle, quoiqu'elle introduise ce concept, ne l'utilise pas de part en part. Dans *Sein und Zeit*, Heidegger se sert d'une construction phénoménologique pour rendre compte de l'*historialité*, mode d'être qui n'est pas accessible moyennant une simple description (phénoménologique). Bien entendu, cela ne signifie pas pour autant que, conformément aux principes méthodologiques d'*Être et temps*, l'analyse heideggerienne ne s'oriente pas par rapport à la compréhension « vulgaire » de l'histoire. Il suffit pour notre propos de retenir que l'analyse de l'historialité relève d'une construction phénoménologique conduite à partir de la temporalité originaire de l'être-là.

Il n'empêche que Heidegger distingue à son tour entre trois niveaux du temps : la temporalité originaire, la temporalité pré-occupée (*besorgte Zeitlichkeit*) et la temporalité « vulgaire ». Peut-on dire que ces trois niveaux se recouvrent avec la temporalité pré-immanente, la temporalité immanente et la temporalité objective husserliennes telles qu'on les trouve dans les *Leçons pour une phénoménologie de la conscience intime du temps* (1928) et dans les *Manuscrits de Bernau* (1917/18) ?

Les analyses husserliennes se rapportent à une certaine compréhension de la transcendance et de l'immanence : la temporalité objective est celle des objets *transcendants*, la temporalité immanente est celle des composants de la sphère « réelle (*reell*) » (donc *immanente* à la conscience) et la temporalité pré-immanente est celle des phénomènes ultimement constitutifs de *tous* les composants immanents – que ceux-ci soient noématiques (« objectifs ») ou noétiques (« subjectifs »). Les trois modes heideggeriens du temps, en revanche, s'orientent par rapport à trois statuts différents du « soi (*Selbst*) » :

Première caractéristique du soi : la « stance étendue » (*erstreckte Ständigkeit*) caractérisant l'*exister de l'être-là* en son *authenticité*.

Deuxième caractéristique : l'explicitation de soi ou le « s'expliciter » (*Sich-Auslegung*) (dont le mode d'être est celui de l'être-là en tant qu'il se préoccupe de l'étant *maniable*).

Troisième caractéristique : le nivellement de cette compréhension originaire du soi en un étant *présent* (au double sens du *Vorhandenes*, d'un côté, et de ce qui forme la série des « maintenant », de l'autre) (dont le mode d'être est bien sûr celui de la *présenteté*).

Qu'est-ce que le temps pour Heidegger ? Ce n'est certes pas facile d'y répondre en quelques mots[1]. Essayons de fixer ce qui semble acquis. Heidegger met effectivement en évidence trois niveaux du temps (nous « montons » du niveau le plus fondamental au niveau le plus dérivé) :

1) La temporalité *originaire* que Heidegger appelle aussi la « temporalité s'explicitant (*sich auslegende Zeitlichkeit*) » qui contient :

– l'extaticité horizontale
– l'historialité (*Geschichtlichkeit*)
– la répétabilité (*Wiederholbarkeit*)

2) La temporalité préoccupée (*besorgte Zeitlichkeit*)[2] comme « indication la plus originaire » de la temporalité s'explicitant. Cette temporalité préoccupée renferme :

– la databilité (*Datierbarkeit*)
– la publicité (*Öffentlichkeit*)
– l'é-tendue (*Gespanntheit*)
– la mondanéité (*Weltlichkeit*)

3) La temporalité « *vulgaire* » caractérisée essentiellement par un comportement *présentant* insigne, d'un côté, et par un *nivellement* de la temporalité préoccupée, de l'autre. À partir des tout derniers paragraphes qui posent en particulier le problème du rapport entre temporalité et mondanéité on peut considérer comme acquis également que

– le temps n'est pas quelque chose de « privé », mais il n'y a de temps que « public » ;

– l'*intra*-temporalité est une condition nécessaire pour qu'on puisse attribuer le temps aux étants intra-mondains ;

1. Pour un traitement plus approfondi de cette question, nous nous permettons de renvoyer au chapitre III de notre ouvrage *De l'existence ouverte au monde fini. Heidegger 1925-1930*, Paris, Vrin, 2005 ainsi qu'à notre étude « La temporalité de l'être dans les *Problèmes fondamentaux de la phénoménologie* de M. Heidegger » dans *Recherches phénoménologiques actuelles en Roumanie et en France*, I. Copoeru, A. Schnell (ed.), « Europaea Memoria », Hildesheim, Olms, 2006, p. 107-130.

2. En réalité, on trouve dans *Sein und Zeit* deux élaborations d'une triple temporalité : l'une est explicite (il s'agit là des temporalités des étants présents, des étants maniables et de l'être-là), l'autre implicite (c'est la triade de la temporalité objective ou « vulgaire », de la temporalité « préoccupée » et de la temporalité originaire qui n'est autre que celle de l'être-là lui-même). Même si Heidegger ne s'est pas expliqué sur l'articulation entre ces deux triades, on ne saurait nier qu'il y a un certain parallélisme entre ces deux triades (sauf peut-être en ce qui concerne le rapport entre la temporalité « préoccupée » et la temporalité des étants maniables).

– le temps mondain n'est ni objectif, ni subjectif, parce qu'il est « plus objectif » que tout objet et « plus subjectif » que tout sujet possible. Qu'est-ce qui justifie cette affirmation ? C'est que le temps est la condition de possibilité *et* de l'étant intra-mondain[1] *et* de l'être du soi factuellement existant (= le souci)[2].

Heidegger précise (dans le § 80) : « "Le temps" n'est présent ni dans le "sujet", ni dans l'"objet", ni "à l'intérieur", ni "à l'extérieur", et il "est" "*antérieur*" à toute subjectivité et à toute objectivité, parce qu'il présente (*darstellt*) la condition de possibilité même de cette "antériorité"[3]. » Que faut-il en déduire pour l'« être » du temps ? Le propos de Heidegger reste ici ambigu. De façon plus générale, on constate que trois difficultés fondamentales demeurent à la fin d'*Être et temps*. Nous les formulons sous la forme de trois questions :

1) La première question concerne le rapport entre le temps *préoccupé* et le temps « *vulgaire* ». D'un côté, la mesurabilité du temps semble concerner la temporalité préoccupée dans la mesure où elle permet de caractériser la *publicité* du temps qui constitue, nous l'avons vu, l'un des quatre caractères du temps préoccupé. Mais, d'un autre côté, la mesurabilité du temps le fait apparaître comme « multiplicité de "maintenant" » – caractéristique évidente du temps vulgaire. La différence entre ces deux « modes » de la temporalité reste donc équivoque.

2) Heidegger n'établit pas de façon suffisamment claire *quel* temps est antérieur à toute subjectivité et à toute objectivité. Le contexte semble signifier qu'il s'agit du temps mondain (donc du temps *préoccupé*). Mais ne serait-il pas plus conséquent d'attribuer cette caractéristique à la *temporalité originaire* ?

3) Quel est, enfin, le statut de cette temporalité originaire ? Si la publication (*Veröffentlichung*) du temps rend d'abord connu (*bekannt*) ce que nous appelons d'habitude le temps[4], en quoi la temporalité *originaire* (qui est « en deçà » d'une telle publication) peut-elle encore à bon droit être appelée « temps » ? Mais l'attribut « originaire » ne désigne-t-il pas un caractère temporel *par excellence* ? Sur ce point-là encore, le propos de

1. L'ouverture au monde (*Erschlossenheit von Welt*) « ob-jecte (*objiciert*) » le temps de façon extatique et horizontale, *SuZ*, p. 419.

2. *Ibid*.

3. *SuZ*, p. 419.

4. *Ibid*.

Heidegger demeure quelque peu elliptique – une difficulté qu'on trouve certes dans *tous* les textes fondamentaux relatifs au problème du temps. On pourrait avoir l'impression que Heidegger se contente d'un simple renversement verbal en affirmant que seul l'être-là est temporel et que, *stricto sensu*, l'étant maniable et présent intra-temporel ne saurait être appelé « temporel »[1].

*

Quoi qu'il en soit de ces difficultés, nous aimerions montrer, pour conclure, en quoi cette différence concernant la mise en évidence des différents niveaux constitutifs du temps chez Husserl et Heidegger nous renseigne sur la manière dont ces deux penseurs conçoivent, chacun à sa façon, la phénoménologie.

L'outil méthodologique fondamental de la phénoménologie *husserlienne*, c'est l'*épochè* phénoménologique. Or, contrairement à ce qui a souvent été affirmé, la mise en suspens ici en jeu n'a pas un caractère simplement « provisoire », de manière à ce que cette mise entre parenthèses du sens d'être du phénomène pourrait être supprimée à un stade ultérieur des analyses. Au contraire, l'originalité de la phénoménologie husserlienne consiste précisément dans la découverte de ce que les phénomènes phénoménologiques *ne possèdent pas de soubassement ontologique* – et l'*épochè* en est précisément l'expression explicite. L'entrée dans la « sphère » phénoménologique signifie dès lors de se placer à la fois dans le monde et en dehors du monde : *dans* le monde, car tout phénomène est phénomène *du* monde (avec l'*épochè*, « nous ne perdons rien » du monde) ; et *en dehors* du monde, car ces phénomènes eux-mêmes n'ont pas de caractère mondain, mais ouvrent à ce que Husserl appelle, en un sens, on le voit, tout à fait nouveau, la « subjectivité transcendantale ». Celle-ci n'a rien d'une « substance pensante » ni d'un « sujet absolu » situé au sommet d'un « idéalisme de production », mais est le « sol », passif et actif, de toute genèse et de toute constitution, en deçà de toute scission entre un pôle sujet et un pôle objet hypostasiés.

Heidegger se revendique lui aussi phénoménologue, on le sait, et ce, explicitement, jusqu'au début des années 1930. La phénoménologie est une philosophie rassemblant des penseurs qui utilisent une certaine *méthode* commune. Si Husserl et Heidegger ne partagent certes pas le même point de

1. *SuZ*, p. 420.

vue concernant l'*épochè* et la réduction phénoménologique[1], ils s'accordent néanmoins sur le caractère décisif de l'« attestation (*Ausweisung*) » phénoménologique : toute prétention à la vérité passe par l'absence et l'exclusion de présupposés de toute sorte (qu'ils soient métaphysiques, scientifiques ou autres) en faveur d'une « donation de soi (*Selbstgegebenheit*) » de ce que le philosophe se propose d'analyser. Ainsi, le philosophe phénoménologue se propose d'analyser son objet sans recourir à des dispositifs théoriques préconçus et en le laissant se déployer à partir de lui-même.

Deux différences fondamentales séparent alors les compréhensions husserlienne et heideggerienne de la phénoménologie : A) Alors que Husserl reconduit toute donation aux opérations ou fonctionnements de la subjectivité transcendantale à laquelle on ne peut pas accorder d'« être » parce qu'elle est justement *à l'origine* de toute position d'être, Heidegger conduit d'emblée son analyse en vue de la (re)fondation d'une *ontologie*. B) Pour Husserl, la nécessité pour tout un chacun de pouvoir *refaire l'expérience* du philosophe – ce qui ne correspond à rien d'autre qu'à cette prescription d'« absence de tout présupposé » dont nous parlions à l'instant – est un point de départ « *absolu* » de toute analyse phénoménologique. En revanche, pour Heidegger, *il y a* un « présupposé » incontournable pour toute philosophie et pour la phénoménologie en particulier – c'est le rapport du « sujet » philosophant à l'être[2]. Sans le dire explicitement, il inscrit tout acte philosophant dans un horizon ontologique qui se présente comme une désoccultation occultante ou une occultation désoccultante. L'absence de tout présupposé métaphysique ne signifie pas pour autant pour Heidegger que l'on puisse faire abstraction d'un *factum* fondamental – « subjectivement » notre ouverture à l'être ou, « objectivement », le fait que l'être lui-même s'ouvre, se manifeste, se donne. Cette ouverture (dans ce double sens) précède toute compréhension subjective et toute objectivation. Or, ce qui est décisif, c'est que cette ouverture est caractérisée *double-*

1. Sur ce point, voir notre ouvrage *De l'existence ouverte au monde fini*, *op. cit.*, p. 19 *sq*.

2. En ce qui concerne le problème fondamental du *rapport* du sujet à l'objet, Heidegger dit par exemple dans un *Cours* de 1928 : « On croit qu'on pose le problème avec un minimum de préjugés possibles lorsqu'on laisse indifférent l'*être* du rapport ainsi que le genre d'*être* du sujet et de l'objet. C'est le contraire qui est vrai [...]. » (*Man glaubt dadurch, dass man das Sein der Beziehung wie die Seinsart von Subjekt und Objekt indifferent lässt, das Problem möglichst vorurteilslos zu stellen. Das Gegenteil trifft zu* [...]), GA 26, p. 164 (c'est nous qui soulignons.)

ment : en se donnant, l'être se retire. Cette ouverture n'est pas une présence ou plutôt : une présentation nue, elle est autant manifestation que retrait. En termes kantiens : elle est autant une « condition de possibilité » *de* quelque chose qu'il est impossible d'en avoir une expérience. En effet, pour Kant, les conditions transcendantales de possibilité de l'expérience n'admettent pas à leur tour une expérience au même titre que ce dont elles sont les conditions. Le transcendantal se dérobe à la connaissance, et le retrait de l'être n'est que la répétition – sur un plan *ontologique* – du fait que, dans une perspective criticiste, le transcendantal se retirait à son tour. L'idée du retrait de l'être est une radicalisation ontologique du transcendantalisme kantien. Ce retrait est au cœur de la phénoménologie heideggerienne du temps.

Mais qu'est-ce que cette perspective a de phénoménologique ? Pour Heidegger, la phénoménologie ne s'occupe pas d'abord et surtout de ce qui apparaît, mais de ce qui, en se dérobant, rend l'apparition possible. Et cette affirmation n'est pas étrangère à la position husserlienne. Mais ce sur quoi Heidegger et Husserl ne sauraient s'entendre, c'est que le phénomène par excellence, pour Heidegger, c'est l'être ! Ce qui pour l'un – à savoir pour Heidegger – est le fait incontournable de toute philosophie en tant qu'elle traite de l'être, c'est pour l'autre – à savoir pour Husserl – un présupposé inadmissible. C'est bien sur le problème du rapport entre l'être et le phénomène[1] que se séparent, probablement d'une manière définitive, les « phénoménologies » de Husserl et de Heidegger – ou, du moins, sur ce que chacun conçoit comme étant un présupposé chez l'autre.

Alexander SCHNELL
Université Paris IV-Sorbonne

1. Cf. *De l'existence ouverte au monde fini*, *op. cit.*, p. 22-29.

CHAPITRE V

TEMPS DE LA CONSCIENCE ET TEMPS DE L'ÊTRE : DE HUSSERL À HEIDEGGER

Husserl et celui qu'il nommait, au moins jusqu'en 1929, son « élève favori » *(Lieblingsschüler)*[1], à savoir Heidegger, ont tous deux vu dans le temps le problème fondamental de la philosophie. Pour Husserl, qui fait de l'analyse de la conscience du temps le thème de ses *Leçons* à partir de février 1905, soit en cette même année qui verra la découverte du concept de la réduction phénoménologique[2], le temps constitue, affirme-t-il dès l'introduction, « une croix séculaire de la psychologie descriptive et de la théorie de la connaissance »[3]. Quant à Heidegger, qui consacre déjà en 1915 sa leçon d'habilitation au « Concept de temps dans la science historique », il cherche à « comprendre le temps à partir du temps » et non plus à partir de l'éternité, comme il l'explique aux théologiens de Marbourg en 1924[4], ce qui selon lui signifie qu'il est nécessaire de transformer la question : *qu'est-ce* que le temps ? en cette autre : *qui* est le temps ?, c'est-à-dire de se demander si nous ne sommes pas *nous-mêmes* le temps.

On voit donc qu'il n'est question ni pour l'un ni pour l'autre de partir du temps objectif, du temps de la nature, mais bien au contraire de l'*expérience*

1. *Cf.* K. Schuhman, *Husserl-Chronik, Denk und Lebensweg Edmund Husserls,* Den Haag, Nijhoff, 1977, p. 303.

2. *Ibid.* p. 92. Husserl a noté de sa main, sur les pages écrites pendant les vacances de l'été 1905 qu'il avait passées à Seefeld, qu'il avait déjà alors découvert le concept et l'usage correct de la « réduction phénoménologique ».

3. *Leçons pour une phénoménologie de la conscience intime du temps*, Paris, P.U.F., 1964, introduction, p. 3 ; noté par la suite *LTP*.

4. « Le concept de temps », *Martin Heidegger*, Paris, L'Herne, 1983, p. 27.

que le sujet ou l'existant fait du temps, et l'on serait donc tenté, d'entrée de jeu, de considérer que les conceptions husserlienne et heideggérienne du temps, bien que différentes, sont dans le prolongement l'une de l'autre. Ce fut sans doute ce que Husserl imaginait plus ou moins, lorsque le 8 avril 1926, jour de son soixante-septième anniversaire, il reçut des mains de Heidegger le manuscrit à lui dédié de *Être et temps,* alors sous presse[1]. On peut en effet à bon droit le présupposer, puisque Husserl proposa immédiatement en retour à Heidegger de s'occuper de la publication de ses propres recherches sur la phénoménologie de la conscience intime du temps que son assistante Edith Stein avait réélaborées en vue de leur parution[2]. On sait que Heidegger accepta, à la condition de les publier sans changement et après la parution de *Être et temps*[3], ce qui eut lieu en 1928, quelque temps après que Heidegger ait succédé à Husserl dans sa chaire de philosophie de l'Université de Fribourg.

La préface de Heidegger à ces *Leçons*, datée d'avril 1928, est fort brève et se borne à souligner que « ce qui est décisif dans ce travail, c'est la mise en relief du caractère intentionnel de la conscience, et d'une façon générale, la clarté croissante que reçoit l'*intentionnalité* dans son principe »[4]. On peut penser, mais il ne s'agit là que d'une conjecture, qu'il est fait ici allusion au § 12, dans lequel Husserl montre que la rétention est une intentionnalité spécifique, distincte de l'intentionnalité d'objet, seule considérée dans les *Recherches logiques*. Le fait que Heidegger ajoute que « aujourd'hui encore, cette expression [l'intentionnalité] n'est pas un mot de passe, mais le titre d'un problème central » montre assez la distance qu'il a prise depuis longtemps par rapport à l'analyse intentionnelle, qu'il explicitera dans « De l'essence du fondement », paru dans le volume d'hommages qui sera offert à Husserl en 1929 pour son soixante-dixième anniversaire, où il affirme que l'intentionnalité, comprise comme rapport du sujet à l'étant, n'est possible que sur le fondement de la transcendance du *Dasein*, qui est d'emblée ouvert à un monde, à l'intérieur duquel il peut alors rencontrer les étants[5]. Il semble que ces profondes divergences de vue sur la méthode phénoménologique et son concept directeur, bien que non

1. *Husserl-Chronik, op. cit.*, p. 303.

2. *Ibid.*, p. 304.

3. E. Husserl, *Zur Phänomenologie des inneren Zeitbewusstseins* (1905-1917), hrsg. von R. Böhm, *Hua X*, Den Haag, Nijhoff, 1966, Einleitung des Herausgebers, p. XXIV.

4. *LTP,* p. XII.

5. M. Heidegger, *Questions I,* Paris, Gallimard, 1968, p. 101 et 107.

ignorées de Husserl[1], ne lui soient apparues en pleine lumière que grâce à la lecture approfondie qu'il fit pendant l'été 1929 de *Être et temps*, qu'il n'avait fait que parcourir au moment où il le publia dans le tome 8 du *Jahrbuch für Philosophie und phänomenologische Forschung*. Il écrit en effet à son élève polonais Roman Ingarden en décembre 1929 que son étude du livre de Heidegger l'a amené à considérer qu'il ne peut pas « insérer cette œuvre dans le cadre de sa phénoménologie » et qu'il doit « malheureusement la rejeter totalement du point de vue méthodique et pour l'essentiel aussi du point de vue du contenu »[2].

Du côté de Heidegger, la publication, non seulement de ses cours de Marbourg, contemporains de la rédaction de *Être et temps*, mais aussi de ses premiers cours de Fribourg, nous a appris que la distance prise par l'élève à l'égard du maître est allée croissant et a commencé très tôt à se creuser. C'est en effet dès 1919 que Heidegger entreprend de transformer la phénoménologie husserlienne en art herméneutique[3], ce qui le conduira dans son cours de 1925 à une critique de la réduction phénoménologique telle qu'elle est présentée dans les *Idées directrices* de 1913, critique qui ne vise pourtant pas à un rejet pur et simple de la démarche réductive, mais seulement à souligner les « omissions » qu'elle comporte et qu'elle partage d'ailleurs avec l'ensemble de la tradition philosophique, à savoir l'omission de la question de l'être de l'étant intentionnel, c'est-à-dire du « sujet », en même temps que celle de la question de l'être lui-même. Mais ce sont surtout les textes les plus tardifs, comme par exemple le séminaire de Zähringen de 1973, consacré à la notion d'intuition catégoriale, qui apportent une lumière rétrospective sur la différence de leurs problématiques respectives. Le témoignage le plus significatif à cet égard est l'intervention prononcée par Heidegger au Congrès organisé en 1969 à Fribourg pour la commémoration du trentième anniversaire de la mort de Husserl, où il déclare : « Ma question du temps a été déterminée à partir de la question

1. Voir par exemple la lettre de Husserl à Ingarden du 26 décembre 1927 où il déclare, à propos de la rédaction entreprise avec Heidegger de l'article « Phenomenology » pour l'*Encyclopaedia Britannica*, que ce dernier n'a pas saisi sa démarche de pensée ni par suite le sens plein de la réduction phénoménologique. *Cf.* E. Husserl, *Briefe an Roman Ingarden*, herausgegeben von R. Ingarden, Den Haag, Nijhoff, 1968, p. 43.

2. *Ibid.*, p. 56.

3. *Cf.* M. Heidegger, *Grundprobleme der Phänomenologie [1919/1920]*, Gesamtausgabe, Band 58, Frankfurt am Main, Klostermann, 1993, p. 240, où il explique que la compréhension ne s'oppose pas à l'intuition, mais qu'elle s'effectue au contraire en elle et que le travail descriptif de la phénoménologie doit être « guidé par la visée de la compréhension ».

de l'être. Elle s'avançait dans une direction qui est toujours demeurée étrangère aux recherches de Husserl sur la conscience interne du temps »[1].

Y a-t-il donc un tel abîme entre la phénoménologie de la conscience du temps de Husserl et l'ontologie phénoménologique de la temporalité de Heidegger ? Ne peut-on, au lieu d'interpréter *Être et temps* dans une perspective radicalement anti-husserlienne[2], considérer au contraire, comme le fit déjà Merleau-Ponty, et par la suite aussi Gérard Granel, que « l'univers de Husserl conduit à une certaine constellation des questions, telle que l'univers suivant, celui qu'elles "appellent", est nécessairement celui de Heidegger »[3] et qu'il y a par conséquent une possibilité de montrer en quel sens cette question ultime qui est pour Husserl celle du temps devait être reposée par Heidegger d'une tout autre manière ? Ce fut là en effet ce qui a guidé Gérard Granel dans l'interprétation qu'il a donnée en 1968 des *Leçons* de 1905 dans *Le sens du temps et de la perception chez E. Husserl*. C'est donc de cette interprétation qu'il s'agira de partir pour tenter de jeter un pont entre Husserl et Heidegger, entre temps de la conscience et temps de l'être.

*

Ce qui guide en effet Granel dans la lecture qu'il propose des *Leçons* de 1905, retravaillées par Husserl jusqu'en 1911, et mises en forme par Edith Stein en 1917, c'est « la façon dont Husserl conquiert une *notion phénoménologique du temps* » à travers l'élaboration de l'idée de « tempo-objets » dans laquelle il voit la base « sur laquelle Husserl établit ce qui, pour tout l'ouvrage, restera de façon décisive la structure fondamentale du temps »[4]. C'est ce qui explique l'importance donnée aux 11 premiers paragraphes des *Leçons,* qui seront seuls l'objet de l'exégèse minutieuse qu'il entreprend du texte de Husserl. Tout se joue en effet dès le § 1, par la mise hors circuit du temps objectif qui dégage le terrain de ce qui n'est ni

1. M. Heidegger, *Questions IV,* Paris, Gallimard, p. 194.

2. C'est le point de vue de D. Souche-Dagues qui, dans « La lecture husserlienne de *Sein und Zeit* », n'hésite pas à affirmer qu'est « frappée de nullité la double tentative d'une lecture heideggérienne de la phénoménologie husserlienne, comme celle d'une lecture phénoménologique du corpus heideggérien ». *Cf.* E. Husserl, *Notes sur Heidegger*, Paris, Minuit, 1993, p. 120.

3. G. Granel, *Le sens du temps et de la perception chez E. Husserl,* Paris, Gallimard, 1968, p. 113.

4. *Ibid.*, p. 13.

psychologie descriptive, ni théorie de la connaissance, mais bien « phénoménologie ». Car il ne suffit pas d'affirmer, contre tout psychologisme, que le *datum* phénoménologique n'est pas le temps du monde, mais le temps apparaissant, c'est-à-dire le temps immanent du cours de la conscience (§ 1), il faut encore montrer que la question de la possibilité de l'expérience telle que la pose la théorie de la connaissance exige en réalité le retour aux données phénoménologiques, de sorte que la question de l'essence du temps se ramène à celle de l'origine du temps (§ 2). Il semble donc que la spécificité de la recherche phénoménologique soit située, dès 1905, à ce niveau originaire qu'il nommera dans les *Idées directrices* de 1913 celui de l'« absolu définitif et véritable »[1], que présuppose l'absolu transcendantal auquel on accède par la réduction et qui seul forme le thème de ce qui n'est alors qu'une « introduction générale à la phénoménologie pure ». Granel en déduit que « descendre dans les profondeurs obscures de l'ultime conscience qui constitue toute la temporalité du vécu », comme le dit Husserl dans le § 85 des *Idées,* c'est « pour la phénoménologie quitter la perception »[2], qui est le niveau où s'applique le fameux schéma *Auffassung-Aufassungsinhalt* qui rend compte de la donation de sens intentionnelle ou encore de l'animation de la matière sensuelle par la forme intentionnelle. On revient ainsi au phénoménologique pur, qui n'est donc pas le perçu, niveau du paraître, du transcendant et du temps constitué, mais l'apparaissant, niveau de l'origine du temps, de l'immanent, qui lui-même « n'apparaît » pas. Ce niveau est en effet non pas celui de l'unité et de la dualité de la matière et de la forme, de l'intentionnel et du non intentionnel, mais des seuls « contenus primaires », de ce que Husserl nommera dans les *Idées* de 1913 la *hylè*. Comme Granel a raison de le souligner, ce que Husserl cherche à établir, c'est rien moins que l'identité de la sensation et de l'absolu[3].

Le point de départ de l'analyse de la conscience du temps est fourni par la critique de la conception brentanienne du temps dans laquelle pourtant Husserl découvre un « noyau phénoménologique »[4] qui n'est autre que la compréhension du temps comme *continuum.* Brentano en comprenant « l'unité de la conscience qui embrasse passé et présent » comme une

1. E. Husserl, *Idées directrices pour une phénoménologie,* Paris, Gallimard, 1950, § 81, p. 475.

2. Granel, *op. cit.,* p. 31.

3. *Ibid.*, p. 37.

4. Cf. *LPT*, § 6, p. 25.

« donnée immédiate » demeure fidèle aux phénomènes, C'est uniquement lorsqu'il « explique » que le passé immédiat est retenu dans la conscience du présent par l'intermédiaire de l'imagination qu'il retombe du niveau phénoménologique, celui de l'élucidation du sens des phénomènes, au niveau psychologique de l'explication des faits de conscience. Brentano aperçoit clairement qu'il ne peut y avoir conscience de la succession temporelle que si la sensation qui vient d'avoir lieu au présent est retenue sous forme modifiée. Car, si elle était retenue telle quelle, la succession se transformerait en coexistence d'une multiplicité de sensations présentes et il n'y aurait pas alors de conscience de temps. Mais cette modification de la sensation ne peut pas être selon lui l'affaire de la sensibilité elle-même qui ne peut fournir que du sensible présent. Il faut donc faire appel à une autre faculté, l'imagination créatrice *(die Phantasie)* qui produit des doubles de la sensation, des phantasmes ou des simulacres qui sont dotés de la détermination temporelle « passé » et qui ont en outre la capacité de se modifier eux-mêmes continûment de sorte qu'ils sont sans cesse repoussés plus loin dans le passé avec l'arrivée de nouvelles sensations présentes. Or cette explication psychologique, qui, pour rendre compte de l'origine du temps, fait appel à la faculté de l'irréel en fonction du principe selon lequel la sensibilité seule ne « produit » rien, est passivité pure et disparaît avec la présence du stimulus, a pour conséquence, comme le souligne Husserl, « la négation de l'existence de la perception de la succession et du changement »[1]. Selon Brentano en effet l'objet qui contient en lui-même une extension temporelle – et ici l'exemple invoqué est celui de la mélodie – n'est pas en réalité « perçu » comme tel, car seul l'est le maintenant à chaque fois présent. Notre perception de la mélodie comme succession temporelle n'est donc qu'une « croyance » en la réalité de la mélodie, croyance produite en nous par l'imagination qui crée de toutes pièces l'apparence d'un *continuum* parce qu'elle est capable de reproduire en phantasme la sensation vive et d'associer continûment le phantasme au donné vivant. Ce qui demeure problématique dans une telle théorie, c'est le devenir continûment irréel du présent réel, la modification continue de l'être en non-être et en fin de compte le caractère phantasmatique de la plus grande partie de ce que nous nommons réalité, de sorte que la vie paraît, si on fait exception du seul moment présent, n'être finalement qu'un songe. Une telle conception ne va de soi que si l'on considère, comme le rappelle

1. *LPT*, § 3, p. 22.

avec force Granel, que le partage de cet être fini qu'est l'homme, c'est d'être à distance de l'être qui, comme le dit Descartes dans les *Principes de la philosophie,* « ne nous affecte pas »[1].

Brentano, qui a su être fidèle aux phénomènes en reconnaissant le caractère originaire de l'extension temporelle de la conscience, donne pourtant de celle-ci une explication qui revient à nier la « réalité » de la succession et donc à réinstaller la conscience dans l'instantanéité, à refuser l'idée d'un présent « élargi » qui déborderait le maintenant ponctuel, car c'est celui-ci qui, depuis Aristote, est considéré comme seul réel. Husserl se propose au contraire de mettre fin à ce divorce classique entre temporalité et conscience, et son souci est à cet égard le même que celui de Heidegger dans *Être et temps.* De même en effet que Heidegger refuse de considérer le *Dasein* comme un être-dans-le-temps et le temps comme une dimension purement cosmologique et « objective », mais veut penser le *Dasein comme* temps, de même Husserl, dans le cadre il est vrai d'une philosophie de la conscience et non pas d'une philosophie de l'existence, veut penser le rapport *vivant* de la conscience au temps et l'unité d'un temps à la fois subi par la subjectivité et déployé par elle. Kant a certes mis le temps dans la conscience en l'ôtant des choses (contre Newton partisan du temps absolu), mais il en a fait en même temps un phénomène et non une pure apparence (contre Leibniz qui concevait le temps comme une pure relation, un être de pensée) : le temps est à la fois une dimension réelle du monde phénoménal et un « rien » ou une « fiction » à l'égard des choses en soi, il y a une réalité empirique et une idéalité transcendantale du temps. Mais pour Husserl qui refuse la distinction kantienne de deux modes d'intuition et par conséquent l'opposition phénomène-chose en soi, toute conscience est conscience de réalité, c'est-à-dire des choses en tant que telles et il n'est pas d'autre monde que celui qui apparaît. Il s'agit donc moins pour Husserl de localiser le temps « dans » la conscience que de montrer que la temporalité des choses est corrélative de celle plus fondamentale et plus cachée de la conscience. C'est pourquoi il importe de conquérir avant tout ce que la tradition philosophique n'a pas élaboré – sauf peut-être, pourrait-on objecter, avec Hegel qui refuse lui aussi, contre Kant, l'opposition être-apparaître et avec lequel l'idéalisme husserlien demeurera dans une secrète complicité, savoir une conception *temporelle* de la conscience.

1. Descartes, *Principes,* Première partie, 52. Comme le fait remarquer G. Granel (*op. cit.*, p. 73), ce passage n'a pas été exactement traduit par l'abbé Picot.

C'est ainsi, explique Granel, que s'éclaire le sens profond du titre de l'œuvre de Husserl, qui se trouve renforcé en français par la traduction, proposée par Dussort, de l'épithète *inneren* par « intime » et non, comme on aurait pu l'attendre, par « interne ». Car il s'agit de ne pas confondre ici le phénoménologique et le psychologique, et de se souvenir, comme le souligne Granel, que « l'intimité dont il s'agit ici est l'intimité de l'absolu », un absolu que Husserl, à la différence de Hegel, conçoit comme immanence et non-manifestation. Il faut par conséquent reconnaître que la phénoménologie husserlienne, au contraire de celle de Hegel, est paradoxalement « une phénoménologie sans phénomène »[1] qu'on pourrait sans doute mettre en regard de cette « phénoménologie de l'inapparent » dont parle Heidegger dans son séminaire de 1973 et qui renvoie précisément au caractère inapparent de l'*Anwesung* des *Anwesenden*, de l'entrée en présence de ce qui entre en présence[2]. Si donc nous voulons comprendre le phénomène de la temporalité, il nous faut, comme Husserl le souligne, « entreprendre une analyse plus profonde »[3], ce qui veut dire se situer au niveau de la pure donnée hylétique, et pour cela effectuer l'*epokhè* du transcendant, c'est-à-dire du perçu comme tel, comme Gérard Granel, l'exprime en une formule frappante : « Le perçu est caractérisé par l'identité de l'objet, derrière laquelle disparaît la temporalité de la perception. Pour retrouver la seconde, il faut donc réduire la première »[4]. Ce que confondent les « explications » psychologiques, c'est la durée de la perception et la perception de la durée, et c'est pourquoi elles expliquent la perception du temps en faisant appel à un acte synthétique et atemporel de la conscience. Ce que propose au contraire Husserl, c'est à cet égard une sorte de « révolution copernicienne » qui consiste moins à mettre le temps « dans » la conscience (ce que fait encore Saint Augustin en définissant le temps comme *distensio animi,* extension de l'esprit[5]) qu'à penser l'intimité de la conscience et de la temporalité. Il s'agit donc pour lui de se situer en deçà de la scission sujet-objet afin de penser ainsi l'inséparabilité du pôle subjectif et du pôle objectif. C'est pourquoi nous rencontrons ici la notion fondamentale de *Zeitobjekte,* ou « tempo-objets » selon la traduction de Granel, qui veut ainsi mettre l'accent sur « l'équivoque » de cette notion qui

1. Granel, *op. cit.*, p. 47.
2. *Questions IV*, *op. cit.*, p. 339.
3. *LPT*, § 7, p. 37.
4. Granel, *op. cit.*, p. 52.
5. Augustin, *Confessions,* livre XI, XXVI, 33.

désigne, comme le souligne Husserl, « des objets qui ne sont pas seulement des unités dans le temps, mais qui également contiennent en eux-mêmes l'extension temporelle »[1]. Pour rencontrer de tels « objets » qui ne sont pas « dans » le temps, mais qui sont faits de temps et dont le temps est l'étoffe même, il faut se situer dans l'immanence de la conscience et non pas dans le monde, il faut se situer à la « naissance » de l'objet et non pas du côté de l'objet déjà tout constitué qui se donne sous la figure de l'identité. Car, comme le dit bien Granel, « les tempo-objets ne sont donc pas les objets paraissants, mais le mode inapparaissant de leur entrée en apparition »[2]. Ils sont en effet « la pure identité et la pure différence du sensuel et de l'intentionnel, simplement considérée *plutôt* du côté hylétique »[3]. Or la multiplicité hylétique ne peut être un « objet » *in statu nascendi* pour moi que parce que l'identité du perçu est sans cesse présupposée au moment même où je la suspends dans l'*epokhè*. L'*epokhè* est requise parce que l'objet spatial mondain se donne comme sans origine et d'un seul coup comme le même. L'attitude naturelle est ainsi expérience de la mêmeté de l'objet, mais cette identité a une histoire, une genèse, elle est un aboutissement et la chose qui se donne à ma perception « en chair et en os » et qui paraît ainsi être un absolu commencement, un « originaire », est pourtant déjà une résultante : là aussi comme chez Hegel le commencement est résultat, et c'est pour faire apparaître la genèse cachée du perçu, la temporalité de la chose, l'autre du même, qu'il faut une *epokhè*.

Mais celle-ci ne livre pas la pure diversité du sensible – on pourrait en effet penser que la mise entre parenthèses du perçu nous renverrait à la dispersion de la pure sensation – mais une continuité des contenus sensibles et celle-ci ne peut venir que de l'unité intentionnelle objective elle-même. Car le problème à résoudre est celui de la survie des contenus sensibles au delà de leur existence ponctuelle évanescente. Brentano appelait ici à l'aide les cohortes de simulacres pour assurer la survivance de la sensation et ainsi construire la continuité avec du discontinu. Et ce que Husserl reprochait à Brentano, c'est de n'avoir pas compris que le temps est une forme et non pas un contenu[4]. Le passé ne peut pas « s'ajouter » au présent, car seul du présent s'ajoute à du présent, le passé ne peut donc être qu'une modification intentionnelle du présent lui-même : la "solution" husserlienne au

1. *LPT*, § 7, p. 36
2. Granel, *op. cit.*, p. 53.
3. *Ibid.*, p. 54.
4. *LPT*, § 6, p. 30.

problème du temps consiste, comme le souligne Granel, *à faire passer la forme dans les contenus*[1], c'est-à-dire à cesser de poser ces derniers comme une diversité abstraite et amorphe et à révéler la vie qui les anime. C'est ici que l'exemple de tempo-objet pris par Husserl, celui de la mélodie, prend tout son sens, car comme le souligne Granel, il n'y a pas là de recouvrement de la multiplicité temporelle par le moment de l'identité, mais au contraire « match nul dans la musique entre le même et l'autre », l'oreille ayant « moins de monde que l'œil » : la mélodie est ainsi « l'échantillon mondain du phénoménologique comme tel », c'est-à-dire de cette immanence de la conscience dans la temporalité et de la temporalité dans la conscience[2] qui constitue cette « vie de l'absolu » qui ne peut apparaître dans le monde que sous l'aspect de la mort, le monde paraissant n'étant jamais que « la fontaine éternellement gelée d'une constitution éternellement fluide et murmurante »[3].

Il faut donc penser une intentionnalité inhérente au niveau hylétique lui-même, ce qui semble paradoxal puisque, comme nous l'avons vu, l'intentionnel-formel s'appuie justement sur le réel-matériel, sur l'hylétique, qu'il « anime » ou auquel il « donne sens ». Sous l'intentionnalité objectivante donatrice de sens, il y a donc une intentionnalité cachée qui est interne à la *hylé* elle-même et par laquelle celle-ci déploie sa propre continuité. Cette intentionnalité que Husserl nomme « longitudinale » pour la distinguer de celle, transversale, qui est visée objective, est génératrice de continuité puisqu'elle assure la continuation du présent ponctuel dans le présent élargi de la durée. Comment est-ce donc possible ? C'est ce que Husserl expose dans le § 10 en posant d'emblée la continuité de principe du phénomène d'écoulement *(Ablaufsphänomen)*, c'est-à-dire de la multiplicité des modes d'apparition de l'objet, de la multiplicité hylétique[4]. Pourtant Husserl lui-même continue de parler de phases au pluriel, car c'est une nécessité du langage : on ne peut exprimer le continu que par l'intermédiaire du discontinu. L'essentiel ici consiste à ne pas accorder d'être séparé à ce dont on parle. Pour Husserl, note avec justesse Granel[5], il est tout à fait possible de parler de phases à condition qu'on ne les considère que dans leur solidarité incessante entre elles. Il faut donc penser la

1. Granel, *op. cit., p.* 58.
2. *Ibid.,* p. 57.
3. *Ibid.*, p. 58.
4. *LPT*, § 10, p. 41-42.
5. Granel, *op. cit.*, p. 65, note 2.

continuité du discontinu, ce qui est rendu possible par la notion de mode et de modification. Qu'est-ce en effet qu'une modification ? Rien d'autre que le devenir-autre du même, l'altération *(allôiosis)* dont Aristote nous dit que c'est un genre du mouvement. Car il ne suffit pas d'affirmer le caractère qualitatif de la série temporelle, de noter que « chaque instant (et chaque laps de temps) est distinct pour ainsi dire "individuellement" de chaque autre et qu'aucun ne peut avoir lieu deux fois », car cela ne nous fait pas sortir de la discontinuité. Il faut « procéder ici à des distinctions plus fines » [1], c'est-à-dire poser le phénomène d'écoulement comme constituant la modification continue d'un même instant initial. On ne peut donc, pour penser le flux, en rester à la simple catégorie de qualité qui reste abstraite, il est nécessaire de se poser la question de la modalité, du *comment* de l'« être » du flux. Ce qui nécessite de passer aux phénomènes concrets qui sont toujours des phénomènes finis : l'écoulement a un commencement et une fin, il a ce que Husserl nomme un point-source *(Quellpunkt)* [2] qui en est le maintenant initial. Or les maintenants suivants ne s'ajoutent pas extérieurement à ce premier maintenant comme on a coutume de le représenter sur la « ligne du temps », cette ligne que tire Kant dans l'esthétique transcendantale. C'est la raison pour laquelle le diagramme du temps que Husserl trace dans le § 10 doit faire apparaître ce qui se passe « en dessous » de la ligne, ce qui exige néanmoins que celle-ci soit d'abord tracée. On ne peut en effet se représenter la continuité du temps à partir de l'image de la succession des points sur la ligne ou de celle des maillons d'une chaîne. Car chaque phase du processus est un « moment » structural et non pas une « partie » du tout, ce qui implique que la totalité du processus fini d'écoulement ne peut pas être pensée comme un *totum syntheticum,* comme la somme de ses parties, mais que chacun de ses moments est une figure particulière du tout. C'est cela que Husserl caractérise comme *das Merkwürdige,* le fait à la fois remarquable et étonnant [3]. Car l'appartenance de chaque instant au processus total implique que le nouvel instant, comme l'explique Granel, « ne s'ajoute pas à une structure morte, mais bouscule tout le passé, le re-structure entièrement chaque fois en l'enfonçant d'un cran dans le passé que le présent vivant "retient", et ainsi lui donne son épaisseur » [4]. C'est ce que Husserl explicite au début du § 11 en faisant

1. *LPT*, § 10, p. 42.
2. *Ibid.*
3. *Ibid.*
4. Granel, *op. cit., p.* 66.

intervenir la notion d'impression originaire[1], qui ne représente donc pas un simple « reste » de sensualisme classique à l'intérieur de l'analyse intentionnelle puisque ce moment initial n'est pas seulement principe, premier instant, mais aussi l'« origine » du processus total et la première figure de cette « totalité ». Car le maintenant A est retenu en B, B est retenu en C, etc., ce qui suppose que chacun des maintenants « retient » de proche en proche l'impression originelle A, ce qui veut dire qu'« en elle commence la chose *même* », comme le note Granel[2]. La rétention est donc cette intentionnalité longitudinale qui vise en chaque « moment » le point-source. Mais celui-ci est le moment où se donne déjà l'intentionnalité transversale du perçu, c'est-à-dire le moment de l'identité de l'objet. Car ce qui impressionne la conscience, ce n'est pas, comme chez Kant, la donnée sensorielle dans sa pure diversité, mais le *moment de l'un lui-même*, l'objectivité de l'objet qui n'a nul besoin d'être « pensée » par un intellect distinct de la sensibilité. Cette impression est donc impression *de* l'originel ou comme le souligne Granel, l'Originel lui-même en tant qu'impression[3].

*

Quels sont donc maintenant les résultats que l'on peut tirer de cette interprétation? Tout d'abord, que la conscience du passé n'est pas représentation, mais dimension immédiate et originaire, ce qui veut dire qu'il y a donc une présence originaire de l'absence. Ensuite, du fait que chaque phase ayant en elle toutes les rétentions précédentes dont elle est elle-même rétention, qu'elle est donc le dernier moment de l'éloignement du point initial à l'égard de lui-même, ce qui implique qu'il y a une solidarité vivante des phases différentes les unes à l'égard des autres parce qu'elles sont toutes en tant que phases rétentionnelles les ombres portées du renouvellement incessant du même point initial, les différentielles d'une identité temporelle, celle d'un « maintenant » étendu qui comprend *en lui-même* son propre éloignement *à l'égard de lui-même*. La solution husserlienne consiste donc en cette métaphysique du présent vivant dans laquelle, dit Granel, « le *Jetzt* organise son intimité *comme* son éloignement (c'est-à-dire *en tant que* son éloignement) ou encore *est* l'Immobile comme

1. *LPT*, § 11, p. 44.
2. Granel, *op. cit.*, p. 67.
3. *Ibid.*, p. 73.

Flux », solution « d'une certaine manière simple comme le baron de Crac qui s'empoigne aux cheveux pour se tirer de l'eau »[1], le maintenant pouvant être compris comme « l'être comme Mort-et-Transfiguration », comme ce « qui est sur le mode de l'annulation d'une différence sans cesse renaissante »[2]. On comprend alors pourquoi Husserl utilise ici l'image de la « queue de comète » : chaque nouvelle phase temporelle provenant de la fuite en avant du « maintenant », ce mouvement crée en soi une sorte de sillage, « une queue de comète de rétentions ». C'est donc parce que cette fuite en avant est la vie même du présent, sa futurition incessante, qu'il est aussi capable d'être à la traîne de lui-même, c'est-à-dire d'être originairement au passé. En d'autres termes, c'est parce que le maintenant se précède constamment lui-même qu'il ouvre derrière lui la dimension de sa retenue. La structure temporelle fondamentale, telle que Husserl la comprend, implique donc, comme Granel l'a mis en évidence, un primat du futur comme dimension originelle à partir de laquelle s'ouvre le passé, ce qui est, notons-le, précisément ce que Heidegger se proposera de montrer sous le titre de « *eigentliche Zeit* », temps « authentique » ou « en propre », ou encore comme « *ursprüngliche Zeit* », temps originaire, qui se temporalise à partir de l'avenir, le *Gewesensein,* l'être-été, jaillissant lui-même de l'avenir[3]. Mais, ajoute Granel, ce primat du futur chez Husserl est d'autant plus difficile à interpréter qu'il a lieu à l'intérieur de la domination du présent dans l'analyse phénoménologique de la temporalité et qu'en outre l'intuition du futur est présentée par Husserl comme l'inverse de celle du passé, à laquelle est donc ainsi explicitement reconnu un primat. Il n'y a en effet dans les *Leçons* qu'un seul paragraphe, le § 26, qui traite du futur.

Pour y voir clair, il faut déterminer, selon Granel, la « constellation ontologique à laquelle obéit la phénoménologie husserlienne »[4], laquelle est pour lui « l'indifférence ontologique ». On retrouve ici la question que posait Beaufret à Heidegger en 1973 : « Dans quelle mesure peut-on dire qu'il n'y a pas chez Husserl de question de l'être en tant que telle ? »[5] On connaît la réponse de Heidegger : il n'a pu lui-même déployer la question

1. *Ibid.,* p. 83.
2. *Ibid.,* p. 84.
3. *Cf.* M. Heidegger, *Sein und Zeit,* Tübingen, Niemeyer, 1963, (désormais cité *SuZ*), § 65, p. 326 : « *Eigentlich zukünftig, ist das Dasein eigentlich gewesen* ». (Le *Dasein* ne peut *être* été en propre que pour autant qu'il est en propre à venir »).
4. *Ibid.,* p. 95.
5. *Questions IV, op. cit.,* p. 311.

de l'être qu'à partir de la lecture qu'il fit de la sixième *Recherche logique*, dans laquelle l'être se voit libéré de sa fixation à titre de copule dans le jugement, et est donné à voir dans ce que Husserl nomme vision catégoriale. Mais, si le « tour de force de Husserl » a bien consisté dans « cette mise en présence de l'être », il ne s'est pas interrogé sur son sens, étant donné que pour lui il « va de soi qu'être veut dire : être-objet »[1]. On retrouve donc ici ce qui constitue pour Heidegger la limite de la phénoménologie husserlienne, à savoir qu'elle demeure une théorie de la conscience et de la subjectivité. Heidegger peut ainsi affirmer que « malgré l'intentionnalité, Husserl reste bloqué dans l'immanence »[2]. Nous avons pourtant vu, à travers la lecture des *Leçons* de 1905, que l'immanence est pensée chez Husserl comme déploiement temporel, qu'elle sort ainsi d'elle-même de sorte qu'elle présente une structure fondamentale analogue à celle de la temporalité ekstatique heideggérienne. Et Granel a raison de souligner à cet égard que la structure fondamentale de la temporalité chez Husserl doit être comprise à partir de la différence de l'impression et de la rétention que le maintenant prend sur soi[3]. Il y a donc bien chez Husserl une conception de l'absolu comme différence. Mais s'il est nécessaire pour toute rétention d'être précédée d'une impression, comme l'affirme le titre du § 13, cela ne veut pas dire que l'impression précède la rétention au sens d'un événement qui en précèderait un autre, mais au sens où, par la rétention, elle s'anticipe elle-même et procède ainsi vers elle-même : la différence ontologique en question a donc le sens d'une « précession de l'identité »[4]. Granel en conclut que chez Husserl, « l'être se construit comme identité de l'être et du non-être désormais "indifférente" à leur différence » de sorte que « en se construisant comme "Indifférence ontologique", la Différence ontologique garde son identité au lieu de la perdre »[5].

Granel se demande lui-même alors si une telle lecture de Husserl rend bien compte de la vérité de la description qu'il nous livre de l'expérience temporelle : ne semble-t-il pas en effet « qu'il n'y ait aucun décalage entre ce que nous avons vécu cent fois quand nous entendions nous-même une mélodie et ce que Husserl nous en dit » ?[6] La phénoménologie n'est-elle

1. *Questions IV, op. cit.*, p. 315.
2. *Ibid.*, p. 320.
3. Granel, *op. cit.*, p. 86.
4. *Ibid.*, p. 87.
5. *Ibid.*, p. 101.
6. *Ibid.*, p. 107.

pas, ajoute Granel, « une tentative pour filmer au ralenti ce qui, par la façon même dont il a été vu à la vitesse naturelle, a été, non pas absolument non vu, mais *manqué par la vue, über-sehen* »[1] ? Mais le soupçon s'insinue précisément ici : « L'originel ne s'est-il pas replié trop vite pour que j'aie pu le voir ? »[2] ? Husserl n'est-il pas pris ici dans l'illusion d'une restauration possible de l'originel ? N'est-ce pas l'illusion phénoménologique elle-même, celle du moins de la phénoménologie de Husserl ? Granel qui voit en Merleau-Ponty celui qui au moment de sa mort était en train de commettre la mort rituelle du Père[3], a sans doute compris que l'entreprise merleau-pontienne de description d'un être brut ou sauvage n'a pas, malgré les apparences, le sens de la quête d'une intégrité ontologique qui pourrait avoir été perdue au cours du processus historique. Car une telle mythologie d'une restauration de l'origine présuppose qu'avec cette dernière une réelle fusion est possible, alors que l'expérience d'une immédiateté *re*découverte est par essence même l'expérience d'un *retour* à l'origine, d'une coïncidence seulement partielle avec elle et d'une relation demeurant nécessairement distante à un état originel qui ne peut jamais être présenté tel qu'il a été, et qui ne peut justement demeurer dans son immédiateté qu'en s'ouvrant à la dimension de son altération et de sa reprise à venir. Merleau-Ponty a en effet, dans son dernier livre inachevé, montré que l'expérience interrogative qu'a la philosophie de cet être préobjectif ne peut en aucun cas prendre la forme d'une fusion, mais seulement celle d'une « coïncidence de loin », d'un « écart » ou de « quelque chose comme une "bonne erreur" »[4].

Granel se demande donc avec raison si, dans l'analyse husserlienne de la mélodie, ce n'est pas parce que chacun des sons est, du fait même de l'analyse, mis en avant, comme quelque chose de *vorhanden,* de subsistant, qu'il est ensuite « nécessaire de compenser ce *trop-perçu* par un mode déficitaire d'existence (le rémémoré primaire) dans laquelle je la fais "sans cesse" basculer »[5]. Les sons sont donc « mis en arrière » dans la rétention parce qu'ils avaient été auparavant trop mis en avant, ce qui revient à faire ressortir, à ex-poser hors l'un de l'autre le moment de l'identité et celui de la différence et à construire ainsi la mélodie comme un « drame dialectique »,

1. *Ibid.*, p. 108.
2. *Ibid.*, p. 110.
3. *Ibid.*, p. 103.
4. M. Merleau-Ponty, *Le visible et l'invisible*, Paris, Gallimard, 1964, p. 166.
5. Granel, *op. cit.*, p. 110.

comme un spectacle que la pensée se donne à elle-même[1]. Ce faisant, Husserl n'aurait donc jamais quitté le psychologisme, si l'on entend par là ce niveau d'indifférence ontologique où « l'étant est pris lui-même comme figure de l'être », ce qui est précisément le cas ici, où la chose perçue sert à figurer ce « don primitif de la diversité », cette ouverture originelle qu'est l'être comme Monde[2]. La différence ontologique apparaît ici comme différence entre le monde et la chose, cette différence par laquelle la sphère de la conscience se voit irrémédiablement brisée et exposée à son dehors, sans possibilité de le transformer en spectacle à soi adressé. Car lorsqu'on le fait, on construit, explique Granel, « ce que la philosophie construit toujours, une maquette ontique de la vérité ontologique »[3]. Ce qui caractérise à ses yeux la phénoménologie husserlienne, c'est qu'elle a su porter à sa perfection une telle « représentation », en se montrant capable de « voler à l'être ce qu'aucune philosophie ne lui avait encore volé, sa furtivité même, son retrait, sa pudeur, sa *Gelichtetheit* »[4].

Mais la furtivité de l'être peut-elle être captée par les mots ? C'est la question qui se pose alors. Et il est significatif à cet égard que Husserl ait lui-même fini par reconnaître qu'au niveau le plus profond, celui de l'absolu lui-même, où l'on ne rencontre plus qu'un flux d'esquisses qui ne sont supportées par aucune objectivité constituée, « les noms nous font défaut », au point que nous ne pouvons ici que « désigner métaphoriquement » le constituant à partir du constitué[5]. Ce ne sont pas d'ailleurs seulement les *noms* qui manquent, mais aussi la vision elle-même, puisque, s'il y a bien autoapparition et autoconstitution du flux, il n'y a pourtant pas de possibilité pour le flux de s'apparaître à lui-même au présent, un écart structurellement incomblable séparant le constituant du constitué, lequel ne peut apparaître qu'au passé à l'égard de l'actualité du flux qui, dans son pouvoir constituant, est cette tâche aveugle, ce *punctum caecum* ou cet invisible de principe dont parle le dernier Merleau-Ponty.

1. Granel, *op. cit.*, p. 111.

2. *Ibid.*, p. 112.

3. *Ibid.*

4. *Ibid.* Il faudrait ici souligner que, bien que Husserl se soit efforcé, en particulier dans sa dernière période, de sortir des limites d'une intentionnalité non objectivante, il n'est cependant jamais parvenu à penser sous le nom d'horizon universel que le monde compris comme la totalité des objets, et non le monde en tant que ce qui précède et englobe le rapport sujet-objet.

5. *LPT*, § 36, p. 99.

Granel a donc de bonnes raisons d'affirmer que Husserl, dans les *Leçons,* est parvenu « à représenter jusqu'au silence de l'être »[1]. Mais il ne s'agit précisément toujours d'une représentation et d'une description dont le terrain demeure celui de la perception, c'est-à-dire de la présentation « en chair et en os » de l'étant, et c'est ce qui conduit Husserl à donner de cet absolu qui en est l'origine une reconstitution à partir de la dialectique de l'impression et de la rétention. C'est bien en effet parce que le terrain de la phénoménologie est celui de la perception que demeure inaperçu à Husserl lui-même le primat de l'avenir qu'implique pourtant l'usage qu'il fait, pour penser la continuité du temps, de l'image de la comète.

Suffit-il cependant de mettre l'accent sur le caractère ekstatique du temps pour que soit pleinement saisi le phénomène même de la temporalisation ? C'est ici que l'on débouche sur la tentative heideggérienne, dans la mesure où elle visait à montrer que l'être lui-même ne peut être pensé qu'à partir du temps. Il ne s'agit pas ici à proprement parler de considérer que *Être et temps* est une réponse directe aux *Leçons* de Husserl – ce qui est, du point de vue chronologique, impossible –, mais plutôt de déceler une certaine convergence de point de vue dans le chemin suivi par l'un et l'autre penseur, dans la mesure où chez Heidegger, c'est également à partir de la temporalité ekstatique-horizontale du *Dasein* que devait être montré, dans la fameuse troisième section non publiée de *Être et temps*, comment peut être déployé cet horizon de la compréhension de l'être qu'est le temps. Or c'est de manière analogue que Husserl se proposait déjà, dans la troisième section des *Leçons* de 1905, de faire apparaître que c'est bien au niveau de la subjectivité absolue que se constitue l'unité du temps immanent et du temps objectif mis préalablement hors circuit. Il y a donc au moins une analogie formelle entre les deux démarches qui consiste à penser le phénomène de la temporalisation, de la *Zeitigung,* à la lumière de l'analyse intentionnelle chez l'un et de l'analyse existentiale chez l'autre, soit dans les deux cas à partir de l'instance « constituante » ou « projetante ». Or, dans les deux cas, on aboutit à un échec : Husserl bute sur le caractère radicalement inconstituable du temps, auquel il tente d'échapper par l'idée d'une autoconstitution du flux qui répond de manière seulement formelle à l'exigence qui commande toute l'enquête inaugurée en 1905, à savoir celle de penser l'« intimité » de la conscience et du temps et d'en rendre compte par ce qu'il nommera plus tard « genèse passive ». On comprend à partir de

1. Granel, *op. cit.,* p. 120.

là qu'il ne cesse de revenir interminablement dans ses manuscrits ultérieurs sur la même question insoluble de la régression à l'infini qu'implique l'idée même de « constitution » du temps. Quant à Heidegger, qui voulait rendre compte de la temporalité de l'être à partir du projet ekstatique du *Dasein,* projet lui aussi conçu moins comme déployé par le *Dasein* lui-même que se déployant en lui du fait de son existence même, il s'apercevra, alors que *Être et temps* est déjà sous presse, du caractère intenable d'une telle entreprise, et il prendra alors la décision, en décembre 1926, de renoncer à la publication de la troisième section, déjà rédigée, de l'œuvre. Lui aussi ne cessera dans les années qui suivent de tenter de nouvelles élaborations de cette troisième section, ce qui le conduira à envisager, à partir du début des années trente, et par une rupture fondamentale avec l'ensemble de la tradition philosophique, la question de la temporalité de l'être d'une manière *non transcendantale.*

S'il faut donc chercher dans la pensée de Heidegger une réponse à cette question ultime qu'est pour Husserl la question du temps, il faut se tourner non pas vers *Être et temps,* mais vers la version finale qu'il donne en 1962 de cette troisième section, tout en précisant que sous le même titre « Temps et être », la conférence qu'il prononce alors ne peut cependant plus être mise en relation directe avec le traité de 1927. Loin d'être en effet considéré comme le lieu du déploiement de l'être et du temps, le *Dasein* est alors pensé comme celui auquel *s'adresse* la *donation* de l'être *et* du temps, ce qui implique que le déploiement de la présence auquel le *Dasein* est originellement ouvert n'est pas seulement celui d'une *présence actuelle,* mais aussi et en même temps celui de cette *absence* que sont l'être-été et l'à-venir. Ce que Heidegger cherche alors à montrer, sous le terme intraduisible de *Reichen,* qui désigne ici le propre du temps, et ce qui fait son « règne »[1], c'est cette triple donation à distance de l'être-été par l'à-venir et de l'à-venir par l'être-été qui dans leur rapport réciproque produisent le présent. Ce qui est ainsi tenté, c'est pourtant tout autre chose que cette reconstitution dialectique et rétrospective du phénomène de temporalisation dont les modèles canoniques sont la théorie augustinienne du triple présent et la métaphysique husserlienne du présent vivant. Plutôt en effet, comme c'est le cas dans toute la tradition philosophique, de s'attacher à

1. Le verbe *reichen* a à la fois le sens de « s'étendre », « atteindre » et celui de « présenter, offrir » au sens de « tendre », le substantif *Reich* signifiant règne ou pouvoir. *Cf.* « Temps et être », *Questions IV, op. cit.,* p. 30-31, et note de traduction n°7, p. 50.

assurer la perdurance de la présence, afin de donner ainsi au temps une stabilité qui lui fait pourtant cruellement défaut, il s'agit pour le dernier Heidegger de penser l'écart ou le *jeu* des dimensions du temps en tant que ce qui empêche par principe leur fusion. Loin donc de considérer que la rétention du passé ou la protention de l'avenir ont lieu *dans* le présent, il s'agit de mettre l'accent sur ce qui fait que tout ne soit pas donné d'un coup. C'est donc la retenue *du* présent *dans* l'être-été et l'à-venir qui constitue le phénomène originel de la temporalisation. Par cette tout autre pensée de la rétention comme retenue qui seule rend compte du caractère *verbal* et non *nomina*l de la temporalisation[1] est préservée ce que Granel nommait la pudeur, mais aussi la *Gelichtetheit* de l'être : car c'est par cette retenue qui maintient dans une proximité qui n'est pas fusion les dimensions du temps que s'ouvre aussi ce que Heidegger nomme *Zeitraum,* espace de temps[2], à savoir la *Lichtung*, l'éclaircie ou la clairière à l'intérieur de laquelle se tiennent les mortels que nous sommes.

Françoise DASTUR
Université de Nice

1. Déjà le jeune Heidegger affirmait que « Die *Zeit ist sinnlos. Zeit ist zeitlich* », (« *Le* temps n'a pas de sens. Temps est temporel », *Le concept de temps, op. cit.*, p. 35), mettant ainsi l'accent sur le caractère non nominal de la temporalité.

2. Cf. *Questions IV, op. cit.*, p. 32 *sq*. C'est dès le milieu des années 1930, dans les *Beiträge zur Philosophie*, (Frankfurt am Main, Klostermann, 1989) que la question de la Temporalité de l'être prend la forme de la question portant sur le *Zeit-Raum,* espace de temps. Ce que Heidegger tente de penser sous ce terme, c'est cette dimension, plus originelle qu'eux, à partir de laquelle espace et temps se séparent l'un de l'autre. Car il ne s'agit plus de rapporter, comme le fait la tradition classique, l'espace en tant que dimension « objective » aux choses et le temps en tant que dimension « subjective » au moi. Heidegger déclare en effet déjà ici qu'« il n'y a aucune raison, parce que la représentation de l'espace est une temporalisation, de ramener l'espace au "temps" » (*op. cit.*, § 241, p. 377), prenant donc ainsi de manière implicite le contre-pied du § 70 de *Être et Temps*.

CHAPITRE VI

LES *LEÇONS SUR LE TEMPS* DE HUSSERL DANS L'HISTOIRE DE LA MÉTAPHYSIQUE

En examinant ce que Husserl appelle « le plus délicat de tous les problèmes phénoménologiques, celui de l'analyse du temps »[1], je voudrais m'intéresser à ce qu'il y a de plus délicat et de plus problématique dans ce délicat problème, et qui me paraît résider dans l'affirmation de l'atemporalité (*Unzeitlichkeit*) ou de la *supra*-temporalité (*Überzeitlichkeit*), ou encore de la pré-temporalité (*Vorzeitlichkeit*) du flux de la conscience absolue en lequel réside l'ultime instance de la constitution du temps. En lui-même, ce choix n'est guère original : nombreux sont les commentateurs, en effet, de Gerd Brand à Rudolf Bernet, en passant par Gérard Granel, Klaus Held et Paul Ricœur, qui ont souligné le caractère aporétique de la troisième section des *Leçons* de 1905 où le problème de l'auto-constitution du flux absolu est posé, et qui ont montré comment les difficultés qu'on y rencontre conduisent progressivement Husserl à abandonner, dans un premier temps, le schème contenu d'appréhension/appréhension pour rendre compte de la constitution pré-objective du flux lui-même, puis à développer la problématique du présent vivant (*Lebendige Gegenwärt*), notamment dans ses derniers manuscrits de la série C. Toutefois, il arrive souvent à ces mêmes commentateurs – ainsi qu'à d'autres – de minimiser la gravité des problèmes soulevés par cette troisième section. Ils tentent alors de les résoudre par ce qu'on pourrait

1. Husserl, *Zur Phänomenologie des inneren Zeitbewusstseins (1897-1917)*, *Hua X*, Den Haag, Nijhoff, 1966, p. 276 ; trad. fr., J.-F. Pestureau, *Sur la phénoménologie de la conscience intime du temps*, Grenoble, Millon, 2003, p. 168.

appeler un travail de spéléologie, consistant à affiner la description en s'enfonçant toujours plus profondément – conduits, il est vrai, par le meilleur des guides spéléologues, Husserl lui-même – dans les couches les plus profondes et les plus obscures de la constitution temporelle. La thèse que je voudrais défendre ici, à l'opposé, est que l'aporie de la troisième section est conceptuelle, et dès lors indépassable, car elle résulte d'une formulation inadéquate du problème du temps. Si je parviens à établir ce point, je voudrais m'interroger sur ce qui a conduit Husserl à envisager le problème du temps sous cet angle, et je proposerai alors quelques réflexions sur la place des *Leçons* et de leurs annexes dans l'histoire de la métaphysique, selon une approche qui diffère assez substantiellement de l'approche heideggérienne du problème.

LES APORIES DE LA TROISIÈME SECTION

En partant de la troisième section et en proposant pour ainsi dire une lecture à rebours des *Leçons,* je prends le risque de forcer le trait, de simplifier quelque peu bon nombre des analyses husserliennes, de perdre le bénéfice de cette étourdissante virtuosité phénoménologique, de cette patience et de cette subtilité inégalées dans l'« exercice du regard » qui les caractérise. Je puis seulement espérer que cette perte sera compensée par une formulation plus claire de certains *problèmes,* fort de ma conviction que c'est d'abord l'examen des problèmes, et non celui des réponses ou des théories, qui constitue le nerf de l'activité philosophique.

La dernière section des *Leçons* constitue non seulement un approfondissement, mais une récapitulation systématique de toutes les analyses antérieures. D'où son intérêt remarquable, souligné par Paul Ricœur : « Le véritable sens de l'entreprise husserlienne, écrit-il, n'apparaît que dans la troisième section »[1]. Pour la première fois, Husserl y distingue clairement trois « degrés » ou « niveaux » de constitution du temps : « il sera bon d'établir et de parcourir systématiquement une bonne fois les divers degrés de constitution (*Konstitutionsstufen*) dans l'architecture qu'implique leur essence. Nous trouvons :

> Les choses de l'expérience dans le temps objectif [...]

1. P. Ricœur, *Temps et récit*, 3 tomes, Paris, Seuil, 1983-1985, t. III, *Le temps raconté,* Paris, Seuil, 1985, p. 62.

Les multiplicités d'apparitions constituantes, d'un degré différent, les unités immanentes dans le temps pré-empirique;
Le flux absolu de la conscience, constitutif du temps[1].

Une première remarque s'impose à propos de cette typologie. Elle n'inclut pas la distinction-*princeps* entre rétention et ressouvenir, et cela pour une raison simple qui m'autorise, moi aussi, à la laisser de côté : c'est que la possibilité même du ressouvenir se fonde dans la continuité rétentionnelle de la conscience, de sorte que, tant que le problème de la constitution de l'unité du flux des rétentions n'est pas résolu, celui du ressouvenir ne peut même pas être formulé sur des bases suffisamment solides, et par conséquent, pas non plus le problème de la constitution du temps un et objectif, puisque cette constitution fait intervenir au premier chef le souvenir secondaire (§ 32).

Le premier niveau ou degré de la constitution du temps est donc celui de l'objet temporel, avec sa durée objective propre. Un son retentit à un moment donné du temps objectif, il dure un temps déterminé, puis il disparaît de la conscience. La durée qui lui appartient est une durée objective dans le temps objectif et universel. Toutefois, pour pouvoir analyser le mode de constitution de cette durée objective, il faut commencer par la mettre hors-jeu. Il faut revenir au mode de donnée de cet objet temporel avant toute appréhension objectivante et toute position de son existence. C'est donc le son comme pure donnée hylétique dans ses modes d'apparition temporels, appelés « phases », et qui sont l'*analogon* des esquisses (*Abschattungen*) pour l'objet spatial, qu'il convient tout d'abord d'examiner et de décrire. En passant de l'objet temporel dans le temps transcendant à ses modes temporels de donnée dans l'immanence réelle de la conscience, nous accomplissons une réduction d'un type particulier – une réduction pré-transcendantale – qui nous permet, en même temps, de passer du premier degré de constitution distingué par Husserl au second.

Quelles sont donc, maintenant, plus précisément, ces « phases » d'apparition du son ressaisi dans sa pure matérialité sensible (dans sa pure *hylè*) au sein de l'immanence réelle de la conscience? Il faut souligner que ces phases ne se laissent pas dissocier de l'objet dont elles constituent le mode d'apparaître: il n'y a pas d'un côté l'objet qui apparaît, et de l'autre ses modes d'apparaître, le processus du déroulement objectif du son dans le temps objectif, d'une part, et le processus subjectif du déroulement des

1. *Hua X*, p. 73; trad. H. Dussort, *LPT*, p. 97.

vécus de conscience, de l'autre, qui courraient parallèlement. Entre le son qui dure et l'apparition de sa durée, il n'y a que la différence, dit Husserl, de deux orientations possibles du regard : tantôt, je fixe mon attention sur le son qui dure, tantôt je le reporte sur le comment (*Wie*) de sa durée, c'est-à-dire sur ses phases ou ses moments apparaissants. Mais que vois-je selon cette double orientation ? Du côté de l'objet, *une permanence* : c'est le même objet qui retentit d'abord, puis qui, tout en conservant sa situation par rapport à d'autres sons à l'intérieur d'une mélodie inchangée, s'éloigne et sombre progressivement, d'abord dans le passé proche, puis dans un passé de plus en plus éloigné. Du côté de ses modes d'apparition, au contraire, *une modification continue,* un « éternel flux héraclitéen »[1]. Comme l'écrit Husserl, « le son lui-même est le même, mais le son "dans son mode" [d'apparition] apparaît comme sans cesse autre »[2]. C'est évidemment sur ce second aspect que repose toute la difficulté de l'entreprise descriptive. Comment rendre compte, en effet, de cette modification continue ? Le concept de rétention entre en scène pour répondre à ce problème. La rétention est la modification intentionnelle que subit l'impression originaire et en vertu de laquelle, tandis que cette impression disparaît objectivement et cède la place à d'autres impressions, elle ne disparaît pas pour autant subjectivement, mais elle reste donnée de manière intuitive, c'est-à-dire présentée en personne, *bien que passée*, dans le présent élargi de la conscience. Ici, une question délicate se pose à laquelle je ne m'attarderai pas : si le son sous réduction est le son réduit à l'immanence réelle, qui seul peut constituer une donnée absolue, au sens d'absolument évidente, alors le son qui vient juste de retentir et qui est à présent retenu tombe en dehors de cette immanence réelle, il n'est plus une donnée absolue, évidente pour le phénoménologue – et dès lors, c'est toute description qui apparaît exposée au risque du scepticisme. C'est cette difficulté qui conduira Husserl à envisager progressivement l'élargissement de la sphère des données absolues au-delà de l'immanence réelle à l'immanence intentionnelle, qui va de pair avec l'élaboration de la réduction authentiquement transcendantale. C'est ce même problème qui le conduira aussi à l'abandon du schème appréhension/contenus d'appréhension, puisqu'il est impossible de rendre compte de la constitution d'un son passé, c'est-à-dire réellement transcendant, à partir de l'acte d'appréhension présent, donné dans l'immanence

1. *Hua X*, p. 349 ; trad. J.-F. Pestureau, p. 224.
2. *Hua X*, p. 25 ; trad. H. Dussort, p. 39.

réelle, d'un contenu lui aussi présent et réellement immanent. Mais ces problèmes ne constituent pas directement le thème de mes recherches.

Au second degré de la constitution du temps, celui des multiplicités d'apparitions constituantes, nous avons donc la structure suivante: à chaque nouveau maintenant du temps objectif correspond une phase de maintenant, c'est-à-dire une impression originaire, mais aussi une multiplicité de phases de passé, c'est-à-dire de rétentions d'impressions antérieures; et ainsi, dès lors qu'une nouvelle impression se produit, toutes les impressions antérieures retenues sont soumises à une nouvelle modification intentionnelle, elles subissent un « repoussement » dans le passé, elles s'enfoncent dans la profondeur de la conscience, tout en gardant leur situation respective, selon une « perspective temporelle » analogue à la perspective spatiale. Ainsi, à chaque instant, ce n'est pas seulement l'impression précédente qui est retenue, mais également la rétention précédente, et, à travers elle, tout le continuum des rétentions antérieures, toute rétention réagissant en chaîne sur la totalité des rétentions, de telle sorte que chacune d'elles « porte en soi sous forme d'une série en esquisse l'héritage de tout le développement qui a précédé »[1]. Dès lors, si l'on examine chaque phase du continuum rétentionnel, on apercevra, en quelque sorte emboîtée en elle, un continuum de phases avec, chacune, son « point-source », c'est-à-dire l'impression qu'elle a modifiée et à laquelle elle a imprimé, ce faisant, le sceau de l'intentionnalité; ou encore, toute phase du continuum rétentionnel qui se modifie sans cesse est elle-même un continuum de phases en modification continue. Le flux de la conscience, comme l'atteste le diagramme du § 10, est donc un *continuum* de *continua*. Ce n'est pas une structure inerte, une multiplicité de maintenant-gigognes emboîtés les uns dans les autres, mais une structure vivante qui, à l'image d'un fleuve, ne se conserve qu'en se renouvelant sans cesse, c'est-à-dire où chaque nouvelle impression restructure la totalité des rétentions antérieures, où la permanence d'une forme immuable n'est possible que par le surgissement sans cesse nouveau de son contenu.

Une fois décrite cette structure « mobile » qui se restructure sans cesse elle-même et, à chaque nouvelle modification, se modifie de part en part, la question qui se pose est la suivante: les modes d'écoulement d'un objet temporel permettent de constituer sa situation dans le temps objectif, son antériorité ou sa postériorité par rapport à d'autres sons, donc un ordre de

1. *Hua X*, p. 327; trad. J.-F. Pestureau, p. 208.

succession entre les sons; mais, y a-t-il un sens à dire qu'au niveau de ces modes temporels, c'est-à-dire de ces « phases » de la conscience du temps, il y a place pour des relations temporelles comme celles que l'on rencontre dans le temps objectif ? Autrement dit, peut-on affirmer d'une phase qu'elle est antérieure ou postérieure à une autre, par exemple de la phase de maintenant, l'impression originaire, qu'elle est antérieure à la phase de passé, la rétention correspondante, en tant que rétention de cette même impression ? Et c'est ici qu'apparaît l'aporie. En effet, il est impossible de ne pas envisager les phases de la durée apparaissante comme se succédant; et il est également impossible de les envisager comme ne se succédant pas. Il faut donc dire à la fois qu'elles se succèdent et qu'elles ne se succèdent pas, qu'elles sont liées les unes aux autres par des rapports temporels d'antériorité et de postériorité et qu'elles ne sont pas liées les unes aux autres par de tels rapports temporels.

Pourquoi est-il impossible de ne pas dire que les phases du temps succèdent les unes aux autres, c'est-à-dire qu'elles sont régies par des rapports temporels, qu'elles tombent elles-mêmes *dans* le temps ? Tout simplement parce que toute la conceptualité de Husserl le suppose : que voudrait dire, en effet, qu'une rétention « modifie » une impression, si cette rétention ne survenait pas *après* l'impression qu'elle modifie ? Que pourrait être une modification qui ne supposerait pas un état *antérieur* non-modifié de ce dont elle est la modification ? De même, comment chaque rétention pourrait-elle repousser d'un cran toutes les rétentions antérieures si elle ne se produisait pas *à leur suite* ou – ce qui revient au même – si celles-ci ne l'avaient pas précédée ?[1] Lisons un texte, parmi beaucoup d'autres, où Husserl décrit les transformations du flux rétentionnel : « "Pendant" tout ce flux de conscience, j'ai conscience d'un seul et même son en tant que son qui dure, qui dure maintenant. "Auparavant" (au cas où il n'était pas attendu) je n'en ai pas conscience. "Après", j'en ai "encore" conscience "un certain temps" dans la "rétention" en tant que passé, il peut être retenu et se tenir, ou demeurer, sous le regard qui le fixe »[2]. Ce texte est tout à fait remarquable non pas tant par ce qu'il dit, que par la nécessité où se

1. Non seulement il s'agit là d'une nécessité conceptuelle manifeste, mais Husserl, au § 13 des *Leçons,* met cette « précédence (*Vorangehen*) » expressément au compte des lois *a priori* du temps : « Nous professons qu'il est nécessaire *a priori* que la rétention soit précédée d'une perception, et donc d'une impression originaire, correspondante » (*Hua X*, p. 33; trad. H. Dussort, p. 48).

2. *Hua X*, p. 24; trad. H. Dussort, p. 38.

trouve Husserl, pour dire les rapports qui existent entre la protention, l'impression originaire, et la rétention, d'employer une multiplicité de locutions temporelles (*« während », « vorher », « nachher », « eine Zeitlang », « noch »)* qu'il prend soin – comme pour en neutraliser la puissance maléfique – de faire figurer entre guillemets. Mais les guillemets ne changent rien au problème conceptuel : car les concepts utilisés par Husserl pour rendre compte de l'écoulement de la conscience du son présupposent, pour avoir un sens, que les phénomènes auxquels ils s'appliquent entretiennent les uns par rapport aux autres des relations temporelles : ainsi, la rétention doit succéder à l'impression dont elle est la rétention, et l'impression succéder à la protention qu'elle vient éventuellement remplir. Et en même temps, il est bien clair dès le départ pour Husserl que de telles relations de temps ne sauraient exister entre les différents modes de la conscience du temps.

Pourquoi est-il impossible de dire que les phases de la conscience du temps se succèdent, ou sont antérieures les unes aux autres ? La réponse, là aussi, coule de source. Parce qu'une telle affirmation conduirait à un paradoxe. Les phases de la conscience du temps à travers lesquelles le temps objectif est censé se constituer seraient elles-mêmes régies par des relations de temps. Absurdité manifeste. Quand Husserl se pose la question, c'est évidemment pour répondre par la négative : « Or, la question se pose [de savoir] *s'il y a un sens* à dire, au sens effectif et spécifique, que les *apparitions constituantes de la conscience du temps* (de la conscience interne du temps) *tombent elles-mêmes dans le temps (immanent)* »[1]. Si les phases de la conscience du temps tombaient elles-mêmes dans le temps, il y aurait deux conséquences possibles, aussi absurdes l'une que l'autre, mais que Husserl ne distingue pas toujours clairement : ou bien – première possibilité – le temps dans lequel « tombent » les phases de la conscience du temps est tout simplement le temps objectif qu'il s'agissait dans un premier moment de mettre hors jeu et, dans un second moment, de constituer ; dans ce cas, cela impliquerait que ce qu'il s'agit de constituer (le temps objectif) est nécessaire à la description de ce qui permet de le constituer (la conscience du temps), donc que l'idée même d'une constitution, par définition *unilatérale,* du premier par la seconde est purement et simplement détruite ; ou bien – deuxième possibilité – le temps dans lequel « tombent » les phases de la conscience du temps est un temps lui-même

1. *Hua X*, p. 369 ; trad. J.-F. Pestureau, p. 239-240.

« immanent », comme semble le suggérer la citation que je viens de mentionner ; dans ce cas, il faut que ce temps soit constitué à son tour par une instance plus profonde ; mais alors, *comment* est-il constitué ? n'est-il pas nécessaire que l'instance constituante ultime ait à son tour des « phases » qu'il faudrait appeler par homonymie « protention », « impression », « rétention » ? et alors, bien entendu, ces phases ne peuvent être décrites sans « tomber », à leur tour, dans le temps, ce qui nous entraîne inévitablement dans une régression à l'infini.

L'aporie que rencontre Husserl peut donc être résumée de la manière suivante : il est tout aussi impossible de dire : 1) que les phases de la conscience du temps ne tombent pas dans le temps ; 2) qu'elles tombent dans le temps. Il est impossible d'affirmer (1) parce que les concepts mêmes que forge Husserl (protention, impression, rétention) s'appliquent à des phénomènes qui sont nécessairement régis par des relations temporelles déterminées : une rétention doit forcément *succéder* à l'impression dont elle est la rétention, etc. Il est impossible d'affirmer (2) parce que (2) conduit à une alternative dont chacun des membres est absurde : a) soit les phases de la conscience du temps tombent dans le temps objectif et elles ne permettent donc pas de le constituer, c'est-à-dire de montrer comment il apparaît, puisqu'elles n'apparaissent elles-mêmes que sous la condition de celui-ci ; b) soit les phases du temps subjectif tombent dans un temps lui aussi subjectif et la question se pose de savoir comment ce temps, à son tour est constitué, ce qui nous renvoie à un troisième degré de constitution, celui de la conscience absolue, qui néanmoins ne peut être décrite que comme ayant elle aussi des « phases » en écoulement continu, des modes temporels tels que la rétention ou l'impression, donc comme tombant à son tour dans le temps, et ainsi de suite à l'infini.

Il faut insister ici sur un point souvent négligé par les commentateurs. Il est parfaitement exact que Husserl a « vu » cette difficulté, car il souligne à de nombreuses reprises le danger d'une régression à l'infini. Mais qu'il ait vu la difficulté ne veut pas dire qu'il l'ait surmontée. En tout cas, qu'il l'ait surmontée autrement que *verbalement.* En effet, pas plus qu'il ne suffisait tout à l'heure de placer les locutions de temps entre guillemets pour décrire le rapport effectivement existant entre les différents modes de la conscience du temps, il ne suffit à présent de conjurer la nécessité d'une régression à l'infini en affirmant que cette régression n'a pas lieu et qu'il faut bien s'arrêter quelque part ! Il est vrai qu'il n'y a pas, aux yeux de Husserl, derrière la conscience absolue qui correspond au troisième degré de constitution, une nouvelle conscience en laquelle elle se constituerait, et ainsi de suite. Mais la question n'est pas de savoir s'il y a ou s'il n'y a pas une telle conscience aux yeux de Husserl, la question, qui est ici une question *logique* (et la phénoméno-logie ne peut guère se passer de logique) est celle de savoir si, conformément aux présupposés de la description, il *doit* ou non y en avoir une. Et pour échapper à cette question, il ne suffit pas d'affirmer que ce serait là une absurdité, car ce que demande la question, c'est si une telle absurdité n'est pas implicitement contenue dans les principes mêmes de la description qui sont ceux du phénoménologue.

Un second point mérite d'être souligné, car il donne lieu à des confusions dans les commentaires – du moins dans ceux que je connais. Entre l'absurdité (2a) et l'absurdité (2b), Husserl, en réalité, a déjà tranché. En effet, ce que veut maintenir *par-dessus tout* Husserl, c'est l'idée même d'une *constitution* du temps, autrement dit, c'est le rapport d'antériorité logique et de subordination hiérarchique entre une origine et ce qui en dérive. La question de l'essence du temps, affirme-t-il au début des *Leçons*, ne fait qu'un avec celle de l'origine du temps, ou en tout cas y reconduit nécessairement[1]. Or, l'idée de « constitution » suppose que le rapport entre l'origine et ce qui est dérivé de cette origine ne soit justement pas *réversible* : il doit être possible, idéalement, de montrer de quelle manière apparaît le temps objectif à partir d'une description du flux des phases apparaissantes de la conscience du temps, mais cette description, quant à elle, doit être parfaitement autonome, c'est-à-dire ne pas recourir déjà, pour pouvoir se formuler, au temps objectif dont elle a pour but de rendre compte. Ne pouvant admettre aucune « rétro-référence » du constitué au constituant, Husserl doit donc rejeter (2a), qui aboutirait à détruire l'idée même de constitution, et adopter implicitement (2b). Ainsi, on peut dire que Husserl a opté dès le départ pour la « solution » – si on peut appeler cela une solution – qui conduit à la régression à l'infini. « Dès le départ », cela veut dire, en l'occurrence, dès le *deuxième degré* de constitution du temps. Car, dès ce second niveau, il admet que les phases de la conscience du temps, en tant que multiplicités apparaissantes, si elles doivent posséder une fonction constituante, ne peuvent la détenir que parce qu'elles sont, à leur tour, plus profondément constituées. Ainsi, la régression à l'infini est déjà en germe dans le fait d'admettre un troisième niveau de constitution, plus profond que les deux premiers. Au moment même où Husserl rejette

1. *Hua X*, p. 9 ; trad. H. Dussort, p. 14 : « la question de l'essence du temps reconduit elle aussi à la question de *l'"origine" du temps* ».

expressément toute régression à l'infini, il faut bien comprendre que cette régression a déjà commencé.

Ce qui le montre sans ambiguïté, c'est le fait qu'au niveau des phénomènes constituants en écoulement continu, c'est-à-dire au second degré de la constitution temporelle, Husserl doit bien admettre une forme de successivité, c'est-à-dire des relations déterminées de temps : « *le flux est bien à son tour lui-même successivité, il remplit lui-même les conditions de possibilité de la* conscience *de succession* »[1]. Mais alors, il s'ensuit que le flux de la conscience du temps est bien un processus de changement – aussi subtil et complexe qu'on le voudra – et, en tant qu'un processus de changement continu, il doit bien posséder une certaine vitesse. Il est très étonnant de constater qu'alors même que Husserl refuse *en principe* de dire que les phases constituantes tombent dans le temps, il affirme qu'elles s'écoulent à une vitesse déterminée. Au lieu de soutenir qu'il n'y a absolument aucun sens à parler de vitesse à propos des phases d'apparition du temps, il leur attribue bel et bien une vitesse, mais une vitesse absolument invariable – et en ce sens, passablement « absurde », puisqu'elle ne peut être mesurée par le temps, mais (si j'ose dire) ne fait qu'un avec le rythme même du temps : « nous trouvons par principe nécessairement un flux de "changement" (*Veränderung*) continu, et ce changement présente le caractère absurde de s'écouler exactement comme il s'écoule et de ne pouvoir s'écouler ni "plus vite", ni "plus lentement" »[2]. Mais comment les modalités d'apparition du temps pourraient-elles posséder une vitesse (même constante), si la vitesse présuppose, pour pouvoir être mesurée, le facteur temps ? Si le flux des phénomènes constituants est un changement continu, il tombe dans le temps et présuppose une nouvelle conscience, un nouveau flux, une nouvelle multiplicité de phénomènes constituants pour pouvoir être constitué, et la régression à l'infini est inévitable.

Y a-t-il donc des phénomènes absurdes ? Non, il n'y a que des descriptions absurdes de phénomènes. L'absurdité n'est pas dans le phénomène, mais dans sa description. Et cette absurdité tient au fait de faire du temps lui-même un phénomène, alors qu'il est plutôt un principe de description des phénomènes. Dès lors que le temps est conçu comme un phénomène, un changement immanent aussi subtil et complexe que l'on voudra, quelque chose qui passe et se passe, quelque chose qui, à l'image du

1. *Hua X*, p. 332 ; trad. J.-F. Pestureau, p. 212.
2. *Hua X*, p. 74 ; trad. H. Dussort, p. 98.

changement, possède une direction, possède une continuité, etc., on se trouve pris dans le paradoxe selon lequel tous ces phénomènes et toutes ces déterminations phénoménales présupposent le temps, donc selon lequel *le temps est quelque chose de temporel.* Et Husserl ne peut échapper à ce paradoxe en vertu des présupposés mêmes qui commandent ses analyses.

Si j'ai raison, cela m'autorise à ne pas trop m'attarder sur le troisième degré de constitution – pourtant le plus essentiel aux yeux de Husserl, celui où l'on touche à l'« absolu phénoménologique » ultime. On connaît l'embarras du § 36 et sa conclusion désespérée, glissant vers une espèce de phénoménologie apophatique : « Pour tout cela les noms nous font défaut ». Dans ce paragraphe, Husserl s'efforce d'établir que le flux constitutif ultime n'est ni un objet ni un processus temporel, et que, par conséquent, les prédicats qui permettent de décrire les processus et les objets temporels ne peuvent lui être attribués sans contradiction. Des phénomènes du flux absolu (ou du flux lui-même en tant que phénomène) il ne saurait être question de dire, par exemple, « qu'ils sont dans le maintenant et qu'ils ont été auparavant, qu'ils sont les uns par rapport aux autres successifs ou simultanés, etc. »[1]. Husserl le redira dans de nombreux manuscrits : « c'est pour de très sérieuses raisons que nous ne parlons *pas* d'un *temps de la conscience* »[2]. Ou encore : « les phases de conscience et les continuités-de-conscience elles-mêmes n'ont pas le droit d'être à leur tour elles-mêmes conçues comme des objets temporels. Par conséquent, la *sensation* [...] et de même la *rétention,* le *ressouvenir,* la *perception,* etc. *sont atemporels (unzeitlich*), en l'occurrence *rien dans le temps immanent* »[3]. Mais il ne suffit pas d'affirmer cela pour pouvoir le *penser* effectivement. Car il est bien évident, comme j'ai essayé de le montrer, que la sensation et la rétention entretiennent des rapports temporels, que la rétention surgit *après* l'impression dont elle est la rétention, et l'impression *avant* celle-ci, sans quoi elle ne saurait être « modifiée » par elle. Husserl le reconnaît implicitement quand il distingue « l'un-après-l'autre (*Nacheinander*) » de la conscience du temps de la « succession (*Zeitfolge*) » qu'il réserve aux objets temporels[4]. Mais cette distinction, toute verbale, ne nous fait pas progresser. Si les mots nous font défaut, ce n'est pas seulement pour

1. *Hua X*, p. 75 ; trad. H. Dussort, p. 99.
2. *Hua X*, p. 375 ; trad. J.-F. Pestureau, p. 244.
3. *Hua X*, p. 333-334 ; trad. J.-F. Pestureau, p. 213.
4. *Hua X*, p. 78 ; trad. H. Dussort, p. 104.

nommer le flux absolu, à la toute fin de l'entreprise, mais c'est, pourrait-on dire, dès les premiers mots de la description.

On nous objectera peut-être que les subtiles analyses de l'intentionnalité longitudinale (§ 39) en vertu de laquelle le flux absolu se constitue lui-même et constitue sa propre unité nous font sortir de l'impasse. L'intentionnalité longitudinale se différencie de l'intentionnalité transversale en ce qu'elle retient non pas des objets temporels, mais les phases d'apparition de ces objets, elle est « rétention continue des phases qui ont précédé continûment »[1]. Mais comment le flux des phases peut-il être retenu, à son tour? La réponse ne peut être que la suivante : par un flux de phases qui possède une structure analogue, homogène au flux des phases qu'elle retient. Autrement dit, chaque phase du temps immanent, pré-empirique doit s'annoncer au travers d'une multiplicité continue de phases dans le flux de la conscience absolue. Le problème est transposé à un autre niveau, mais il n'est pas pour autant résolu. Certes, les deux intentionnalités, longitudinale et transversale, forment « une unité indissoluble »[2], elles sont entrelacées (*verflochten*) l'une à l'autre de telle manière que l'intentionnalité longitudinale ne s'accomplit pas parallèlement à l'intentionnalité transversale, donc que « l'apparition en personne du flux n'exige pas un second flux »[3]. Mais le problème, ici, n'est pas tant de savoir s'il y a un ou plusieurs flux, que de savoir s'il y a un quelconque sens à rechercher l'origine du temps dans quelque chose de tel qu'un « flux ». Car il est manifeste qu'un « flux », de quelque manière qu'on le décrive, présuppose le temps et ne saurait en être source.

Pourquoi Husserl ne peut-il sortir de ces difficultés? Parce qu'il recherche une *origine* du temps dans une subjectivité constituante. Ma thèse est que cette recherche d'une origine du temps, au sens d'une origine pour *la constitution* du temps, est purement et simplement un faux problème. Le temps n'a pas à être « constitué »; ce qui n'interdit pas qu'une phénoménologie du temps soit possible – une phénoménologie *indirecte* où le temps n'est plus envisagé comme un simple « phénomène » – mais c'est alors en dehors d'une telle problématique.

La question devient dès lors celle de savoir ce qui a pu conduire Husserl à adopter une conceptualité telle qu'elle ne pouvait qu'aboutir aux apories

1. *Hua X*, p. 81 ; trad. H. Dussort, p. 106.
2. *Hua X*, p. 83 ; trad. H. Dussort, p. 108.
3. *Hua X*, p. 83 ; trad. H. Dussort, p. 109.

mentionnées. Cette question est autant une question historique que philosophique. Si nous n'apercevons pas les raisons proprement « phénoménologiques » pour lesquelles un certain nombre de doctrines historiques ont été soutenues à propos du temps, l'histoire ne saurait guère apporter de réponse à la question qui nous occupe. Je voudrais donc proposer une lecture phénoménologique – même très superficielle – d'un certain nombre de motifs qui ont conduit des philosophes extrêmement divers, réfléchissant dans des contextes extrêmement divers, et cela, tout au long de la métaphysique, à adopter des thèses qui se situent au voisinage immédiat de celle de Husserl.

LES RACINES MÉTAPHYSIQUES DES LEÇONS DE 1905

Généralement, les apories de l'auto-constitution du flux absolu sont considérées comme n'affectant que le niveau le plus profond des analyses de Husserl. Or, elles mettent en péril – c'est du moins ce que j'ai tenté d'établir –, l'ensemble de la conceptualité des *Leçons*. Qu'est-ce qui confère à l'entreprise des *Leçons* sa cohérence et son unité ? C'est l'idée d'une constitution du temps par la conscience, non pas d'une constitution active, mais d'une constitution passive se déroulant dans les arcanes de la conscience impressionnelle, au plan d'une intentionnalité pré-égoïque et pré-objective. Dans cette mesure, les *Leçons* vont assurément plus loin que bien des entreprises métaphysiques traditionnelles, car elles vont rechercher l'origine du temps, pourrait-on dire, en deçà de la distinction ego/objet. Mais le problème principal demeure, et la plupart des lectures – celles que je connais tout au moins – n'établissent pas de lien conceptuel *nécessaire* entre les apories de la troisième section et *l'idée même d'une constitution du temps*. Or, il me semble que c'est l'idée d'une constitution du temps elle-même que ces apories doivent conduire à remettre en question.

Mon idée est la suivante : il n'y a pas de « spiritualisation » du temps sans une méconnaissance radicale de son « essence ». Pour pouvoir se demander où le temps réside à titre *originaire* (et pour pouvoir répondre : dans l'âme, l'ego, l'esprit, la conscience), il faut déjà avoir conçu implicitement le temps comme une espèce de processus – un archi-mouvement, un flux, un écoulement, un allongement, une distension – et, par suite, l'avoir compris à l'aune de déterminations qui ne peuvent échoir par principe qu'à des changements ou à des objets qui se trouvent *dans* le temps. Bref, pour concevoir le temps comme originairement subjectif, il faut concevoir le temps comme un phénomène temporel ou – mieux – intra-temporel, ce qui est évidemment une contradiction dans les termes.

Peu d'auteurs dans l'histoire de la philosophie échappent à cette difficulté. Peut-être Platon dans les passages consacrés à l'*exaiphnès* du *Parménide.* Aristote, au moins pour une large part, pour autant qu'il affirme, justement, que le temps ne saurait être pensé comme un mouvement (*kinèsis*) ou comme un changement (*métabolè*) d'aucune sorte, en vertu du fait que « tout changement est plus rapide et plus lent, mais pas le temps, car le lent et le rapide sont définis par le temps, le rapide étant ce qui est mû beaucoup en peu de temps, le lent ce qui est mû peu en beaucoup de temps; mais le temps n'est pas défini par le temps »[1]. Ce refus de faire du temps un quelconque processus a d'ailleurs pour corollaire rigoureux le refus de faire de l'âme le site originaire du temps; certes, sans l'âme qui dénombre et qui compte, le temps – le nombre du mouvement – ne serait pas; ce qui veut dire que le temps pour être, a besoin de la contribution de l'âme; mais sans l'âme, le temps n'en existerait pas moins *en puissance*, car il a son origine dans les mouvements en tant qu'ils sont *nombrables*[2]. Il est quelque chose du mouvement et non quelque chose de l'âme. Bref, l'âme est condition nécessaire, mais nullement suffisante du temps. Et si Aristote reconnaît bien l'existence de quelque chose comme un « mouvement » intérieur à l'âme[3], ce mouvement, à ses yeux, n'a rien de privilégié, il ne saurait être identifié avec le temps lui-même et encore moins conçu comme son origine, mais, comme tous les autres mouvements du monde, il se déroule *dans* le temps.

En somme, par toutes ses analyses, Aristote refuse de parler de quelque chose de tel que le déroulement du temps – ce qui deviendra au contraire la règle après lui. Il n'y a peut-être pas meilleur commentaire d'Aristote sur le temps que la proposition 6.3611 du *Tractatus* de Wittgenstein : « Nous ne pouvons comparer aucun processus au « cours du temps » – qui n'existe pas – mais seulement à un autre processus (par exemple, à la marche du chronomètre). C'est pourquoi la description du déroulement temporel n'est possible qu'en se fondant sur un autre processus »[4].

1. Aristote, *Physique,* IV, 10, 218 b 13-17 (trad. d'A. Stevens).
2. *Physique,* IV, 14, 223 a 25-29.
3. *Physique,* IV, 11, 219 a 6.
4. L. Wittgenstein, *Tractatus logico-philosophicus,* trad. fr., G.-G. Granger, Paris, Gallimard, 1993, p. 107.

C'est le refus de la définition aristotélicienne du temps par le nombre, comprise abusivement comme une réduction du temps à sa mesure, qui va ouvrir la voie, dès Plotin, à l'identification du temps avec un mouvement ou un archi-mouvement dont dépendraient tous les autres. En apparence, Plotin reprend à son compte la mise en garde d'Aristote en affirmant que « le temps ne peut être le mouvement », car « le mouvement est toujours dans le temps (*en chronôi*)[1]; mais c'est pour restreindre aussitôt la portée de cette affirmation. En effet, Plotin va considérer qu'elle ne s'applique qu'au mouvement sensible, ce qui ouvre la possibilité d'une identification du temps avec « le mouvement le plus vrai (*tès d'alèthesteras kinèseôs*) »[2], à savoir celui de l'âme, entendue comme âme du monde[3]. En identifiant les notions – bien distinctes chez Aristote – de « nombre » et de « mesure », Plotin va ainsi conclure que le temps ne peut être *essentiellement* la mesure du mouvement, mais qu'« il est d'abord autre chose et [que], par accident, il fait connaître la quantité du mouvement »[4]. Du coup, qu'est-ce que le temps ? Ce n'est rien d'autre que le mouvement de l'âme dont les actes succèdent les uns aux autres et passent les uns dans les autres, selon une succession qui ne se produit pas dans le temps, mais donne naissance au temps, l'engendre à partir de l'éternité immobile : le temps est donc quelque chose de « ce mouvement d'où proviennent primitivement l'antérieur et le postérieur; car ce mouvement est spontané; chacun de ses propres actes, il les produit l'un à la suite de l'autre et, en produisant leur succession (*to ephexès*), il engendre le passage (*tèn metabasin*) de l'un à l'autre »[5]. Quelque chose de ce mouvement privilégié, ou plus exactement, ce mouvement lui-même, car Plotin soutient, contre Aristote, que l'âme n'est pas « dans le temps », mais qu'elle « l'engendre » par son activité spontanée *sub specie aeterni* : « Ainsi l'âme est la première à aller jusqu'au temps, elle engendre le temps (*chronon eggenèse*) et le possède avec ses propres actes »[6]. Ce mouvement de l'âme qui donne naissance au temps est

1. Plotin, *Ennéades*, III, 7, 8, 3-4 (trad. Bréhier).

2. *Ennéades*, III, 7, 13, 32-33.

3. Cette compréhension psychologique du temps ne s'oppose pas chez Plotin, à sa compréhension cosmologique, puisque dire que « le temps est dans l'âme » (*chronos de peri psuchèn*) (IV, 5, 15, 2) entendue comme âme du monde, ce n'est nullement nier – bien au contraire – que le monde soit dans le temps, que tous les mouvements intramondains soient soumis au temps et s'accomplissent conformément à lui.

4. *Ibid.*, III, 7, 12, 41-42.

5. *Ibid.*, III, 7, 13, 37-40.

6. *Ibid.*, III, 7, 13, 45-47 (trad. modifiée).

un mouvement intelligible et non sensible. L'âme *temporalise* le temps – et d'ailleurs, Plotin est le premier à forger ce verbe : *chronoûn*, *temporaliser*, promis au destin que l'on sait[1]. Le temps devient ainsi chez Plotin la vie même de l'âme : « dire que le temps est la vie de l'âme consistant dans le mouvement par lequel l'âme passe d'un état de vie à un autre état de vie, ne serait-ce pas dire quelque chose ? »[2]. Ou encore, le temps est l'écartement, la distension de la vie de l'âme (*diastasis zôès*)[3].

On voit très bien sur l'exemple de Plotin – et en laissant de côté les aspects les plus originaux de sa doctrine – combien la recherche d'une origine du temps dans l'âme du monde conduit inévitablement à faire du temps un processus en quelque sorte « successif », donc temporel (un « passage » ayant son « cours », son déroulement) et pour cette raison même, engendré intemporellement ou supratemporellement : on ne peut manquer d'être frappé, en dépit des différences, par la proximité de ces analyses avec celles de Husserl. Bien sûr, l'*Überzeitlichkeit* ou l'*Unzeitlichkeit* du flux de la conscience absolue n'est pas l'éternité de Plotin, mais ce qui ressort, c'est l'analogie structurelle entre ces entreprises.

Le rapprochement est plus impressionnant encore avec Augustin, au point que Rudolf Bernet a pu écrire à juste titre qu'« on pourrait franchement parler [à propos des *Leçons*] de *notes de lecture* augustinienne »[4]. Augustin ne parle pas d'un « flux » du temps dans les *Confessions* (bien qu'il en parle ailleurs)[5] : ce n'est donc pas une *image* ou une *métaphore* qui seraient communes aux deux auteurs. Mais c'est, plus profondément, une même appréhension du temps comme processus compris et déterminé à l'aune de l'intratemporalité qui permet, chez l'un comme chez l'autre, sa reconduction aux actes de l'esprit ou de la conscience. Il suffit de partir de la formulation initiale du problème au livre XI des *Confessions*. Augustin y affirme que le temps est impensable en dehors de ce qui passe ou devient en lui (XI, XIV, 17), mais il passe aussitôt de cette thèse modérée à une thèse bien plus radicale – quoique largement implicite – celle selon laquelle les trois dimensions du temps (*futurum, praesens, praeteritum*) pourraient

1. *Cf.* W. Beierwaltes, « Kommentar », *in* Plotin, *Über Ewigkeit und Zeit,* Frankfurt am Main, Klostermann, 1981, p. 260.

2. *Ibid.*, III, 7, 11, 43-45.

3. *Ibid.*, III, 7, 11, 41.

4. R. Bernet, « Introduction », dans Husserl, *Sur la phénoménologie..., op. cit.*, p. 23.

5. Augustin, *Enarrationes in psalmos,* 38, 7 : « momentis transvolantibus omnia rapiuntur, torrens rerum fluit ».

recevoir elles-mêmes les caractères temporels des *choses* qui sont dans le temps : « Ces deux temps-là, donc, le passé et le futur, comment sont-ils puisque, s'il s'agit du passé il n'est plus, s'il s'agit du futur il n'est pas encore ? Quant au présent, s'il était toujours présent et ne s'en allait pas dans le passé (*nec in praeteritum transiret*), il ne serait pas le temps mais l'éternité » (XI, XIV, 17). Ce qui était déjà largement esquissé chez Plotin, la possibilité d'appliquer au temps lui-même les déterminations de ce qui est *dans* le temps, s'accomplit ici sans réserve : le passé est conçu comme *ce qui* est passé, et par suite, on peut dire de lui qu'il n'est déjà plus (*jam*) ; le futur s'identifie aux choses futures, et conséquemment, il n'est pas encore (*nondum*) ; quant au présent, il est compris lui-même, à l'instar des choses qui passent (*transeunt*), comme un passage, un transit continuel. Dès lors, il devient légitime, aux yeux d'Augustin, de substituer à *futurum* (le futur) *futura* (les choses futures) et à *praeteritum, praeterita,* en reformulant sa question initiale : *quomodo sunt prateritum et futurum ?* (comment sont le passé et le futur ?) sous la forme : *ubicumque sunt [futura et praterita] ?* (où sont-elles, les choses passées et futures ?) (XI, XVIII, 23). C'est seulement à la condition d'admettre ces prémisses que la subjectivation-spiritualisation du temps devient possible. En effet, il est nécessaire que le temps soit compris lui-même comme un certain passage ou un certain changement s'accomplissant de l'avenir vers le passé (le futur *devenant* présent et le présent *devenant* passé), pour que la question puisse être posée de ce qui rend possible un tel passage, de ce qui, en versant le futur dans le passé à travers le goulet du présent assure au temps sa cohésion et sa structure : et ce « quelque chose » ne pourra être que l'esprit lui-même (*ipsum animus*). Le temps est de part en part spirituel, il n'est que l'esprit lui-même dans l'unité de ses trois actes : l'attente, l'attention, la mémoire qui, en se tendant vers leur objet, provoquent dans l'esprit une distension correspondante ; le temps se définit donc comme *distensio animi.* S'il fallait d'ailleurs décrire de près cette temporalisation du temps par l'esprit, il faudrait insister sur la double dimension d'activité et de passivité de ce processus, sur la complémentarité de l'*intentio* par laquelle l'esprit se tend vers..., et de la *distensio* qui en résulte, laquelle, par bien des aspects, rappelle la « synthèse passive » husserlienne.

On pourrait retrouver chez de nombreux autres auteurs cette même *metabasis* entre le temps et ce qui est dans le temps, entre le temps et l'intratemporalité. Même chez Kant, qui pourtant refuse expressément de penser le temps en termes de passage ou de changement, une ambiguïté profonde demeure ; certes, Kant distingue le temps comme forme pure de l'intuition des contenus sensibles et des objets empiriques qui passent en lui, mais il en conclut à sa permanence : « Le temps, donc, dans lequel doit être pensé tout changement des phénomènes, demeure et ne change pas (*bleibt und wechselt nicht*); car la successivité ou la simultanéité n'y peuvent être représentées que comme ses déterminations »[1]. Kant refuse de dire que le temps passe, mais il ne refuse pas l'alternative même du changement et de la permanence, puisqu'il attribue au temps, justement, cette dernière. Au lieu de dire *qu'il n'y a pas de sens* à accorder au temps la permanence et le passage, il affirme que le temps ne passe pas, *donc* demeure. Tout en s'efforçant de distinguer la forme pure du temps de l'intratemporalité de ses contenus phénoménaux, il continue par conséquent à penser le temps dans l'horizon de l'intratemporalité : car seul peut « demeurer » ce qui est susceptible de changer, et *vice-versa*.

Bergson, lui non plus, n'échappe pas à cette difficulté de principe. Alors même qu'il oppose la durée au temps spatialisé, il continue à concevoir la première comme une espèce de flux, de changement continu et indivisible. Si « l'essence de la durée est de couler »[2], si la durée est « la mobilité en son essence »[3], comment s'étonner alors qu'il faille accorder à cette durée un rythme et une vitesse, « vitesse qui, au regard de ma conscience, est un véritable absolu »[4], et affirmer d'elle, exactement comme Husserl du flux de la conscience, qu'elle se déroule exactement au rythme où elle se déroule, à la différence du temps du mathématicien qui, lui, « pourrait s'accélérer énormément, et même infiniment »[5] ? Cette coulée de la durée, une fois de plus, ce sera l'esprit lui-même – affirmation qui ouvre sur tous les paradoxes déjà rencontrés.

Il n'est pas jusqu'à Heidegger, malgré toutes les innovations de sa phénoménologie et sa conscience aiguë des limitations intrinsèques de ce qu'il appelle « métaphysique », qui ne se soit trouvé empêtré au moins en partie dans les mêmes difficultés. En effet, à première vue, l'élaboration du

1. Kant, *Critique de la raison pure,* première analogie de l'expérience, Ak. III, 162; A 182; B 224-225; trad. fr., A. J.-L. Delamarre et F. Marty, « Bibliothèque de la Pléiade », t. I, Paris, Gallimard, p. 919. Il y a un problème interne à Kant, qui est celui de l'application de la permanence, c'est-à-dire du schème de la catégorie de la substance, à la forme même du temps ; mais ce problème n'est qu'une variante du problème plus général que nous formulons.

2. Bergson, *La pensée et le mouvant,* dans *Œuvres,* t. I, édition du centenaire, Paris, P.U.F., 1959, p. 1254.

3. *Ibid.,* p. 1257.

4. Bergson, *L'évolution créatrice, loc. cit.*, p. 782.

5. *La pensée et le mouvant, loc. cit.*, p. 1255.

concept de temporalité extatique, dans *Sein und Zeit,* exclut précisément quelque chose comme une succession des extases, une transition du futur vers le présent ou du présent vers le passé : « La temporalisation ne signifie pas une "succession" (*Nacheinander*) des extases. L'avenir *n'est pas postérieur* à l'avoir-été, et celui-ci *n'est pas antérieur* au présent. La temporalité se temporalise comme avenir ayant-été-présentifiant (*gewesende-gegenwärtigende Zukunft*) »[1]. Autrement dit « le temps ne passe ni ne demeure, mais il se temporalise »[2]. Toutefois, la constitution extatique-horizontale de la temporalité chez Heidegger ne supprime nullement la question husserlienne de l'origine du temps, elle lui donne seulement une forme différente. Ce qu'il y a de plus novateur dans la conceptualité heideggérienne, l'opposition entre la temporalité authentique et inauthentique, ne doit pas masquer ce qui demeure en elle extrêmement proche de celle de Husserl : l'opposition d'une temporalité originaire, qui appartient au *Dasein,* et d'un temps dérivé, celui des montres et des horloges. Cette temporalité originaire est enracinée dans les trois attitudes temporalisantes du *Dasein,* que sont l'attente, la présentification et la rétention : « être-en-attente, retenir et présentifier ne sont pas seulement la manière dont nous saisissons le jadis, le bientôt et le maintenant, des modes de la conscience de ceux-ci, mais *ils sont eux-mêmes leur origine* ; être-en-attente n'est pas un mode de la conscience du temps, mais le temps lui-même en son sens originaire et authentique »[3]. C'est justement dans la mesure où le temps est pensé encore par Heidegger, selon une tradition qui remonte à Augustin et qui trouve son plein épanouissement dans la phénoménologie husserlienne, comme une détermination originaire de la subjectivité (au sens de la « subjectivité » ontologiquement bien comprise, le *Dasein*) que le problème de l'origine du temps dans le *Dasein* n'est nullement écarté, mais se retrouve sous une autre forme. En effet, comme le disent *les Problèmes fondamentaux de la phénoménologie,* c'est le *Dasein* qui « donne le temps » aux montres et aux horloges[4]. Mais comment l'attente, la rétention, la présentification pourraient-elles temporaliser le temps, si ces attitudes ou

1. Heidegger, *Sein und Zeit,* Tübingen, Niemeyer, 16e éd. 1986, p. 350 ; trad. E. Martineau (modifiée), *Être et temps,* Paris, Authentica, 1985, p. 244.

2. Heidegger, *Metaphysische Anfangsgründe der Logik,* GA 26, p. 256.

3. Heidegger, GA 26, p. 263. Je souligne.

4. Heidegger, *Grundprobleme der Phänomenologie,* GA 24, p. 347-348 ; trad. J.-Fr. Courtine, *Les problèmes fondamentaux de la phénoménologie,* Paris, Gallimard, 1985, p. 296.

comportements (*Veraltungen*) du *Dasein* doivent eux-mêmes se succéder dans le temps? Cette question, qui plongeait Husserl dans une profonde perplexité, Heidegger ne la pose même pas. En outre, si, comme l'affirme *Sein und Zeit,* «le *s'attendre*-oublieux-présentifiant de l'existence inauthentique est la condition de possibilité de l'expérience vulgaire d'un passage du temps (*eines Vergehens der Zeit*)»[1], cela n'implique-t-il pas que le «passage du temps» soit une manière *légitime* – quoique dérivée – d'appréhender le phénomène temporel?

Non seulement les problèmes que rencontre ici Heidegger sont analogues à ceux de Husserl; mais sa conceptualité existentiale soulève aussi des problèmes exactement symétriques qui n'existaient pas pour son prédécesseur. Pour Husserl, il s'agissait de comprendre comment, dans une conscience en écoulement continu, dans un flux héraclitéen, pouvait se constituer un temps rigide, immuable, objectif («Le temps est rigide et pourtant le temps coule [...] Tel est le problème»[2]). Pour Heidegger, il s'agira de comprendre comment d'une temporalité formelle et immuable – puisque la temporalité extatique ne connaît pas de succession –, on pourra dériver quelque chose de tel que le phénomène du passage des choses dans le temps, *ou plutôt* le phénomène du passage du temps lui-même, le temps appréhendé comme «succession de maintenant subsistants (*vorhanden*)», dans son concept «vulgaire» et métaphysique. Non seulement Heidegger semble alors tenir pour acquis qu'il y a bien un sens à dire que le maintenant «passe», «se succède à lui-même», ce qui est aporétique; mais, en outre, il ne dit pas vraiment comment la dérivation du «caractère de transition (*Übergangscharakter*)» du maintenant à partir des déterminations de la temporalité originaire, et notamment de son «écartement (*Gespanntheit*)»[3] est possible. Enfin, il croit trouver dans le traité aristotélicien du temps la première formulation du «concept vulgaire de temps» comme succession de maintenant(s) *vorhanden,* alors même qu'Aristote n'emploie jamais dans ce traité le terme «le maintenant» (*nûn*) autrement qu'au singulier, ni ne décrit rien qui pourrait se rapprocher d'une succession des maintenant(s) ou d'un passage de l'un à l'autre[4].

1. *Sein und Zeit*, p. 425; trad. d'E. Martineau, p. 289-290.

2. *Hua X*, p. 64; trad. H. Dussort, p. 84.

3. GA 24, p. 387-388; trad. citée, p. 329: «Le caractère de transition de chaque maintenant n'est rien d'autre que ce que nous avons caractérisé comme l'écartement du temps».

4. Voir mes analyses dans *L'événement et le temps,* Paris, P.U.F., 1999, p. 49-90.

Cela m'amène à trois séries de remarques conclusives.

La première porte sur l'usage même que j'ai fait du mot « métaphysique », terme que je n'ai pas tenté jusqu'ici de caractériser précisément. En quoi les *Leçons* de Husserl relèvent-elles encore de la métaphysique – et *quelle* métaphysique ? Il doit être devenu clair que la caractérisation heideggérienne du concept métaphysique de temps (ou, comme il dit à cette époque, du temps conçu à la lumière de « l'ontologie traditionnelle ») comme succession de maintenant *vorhanden* ne me paraît pas apte à saisir dans sa complexité des conceptions comme celles que je me suis contenté d'évoquer, et encore moins, ajouterai-je, celle de Husserl. Mais ces conceptions n'ont-elles pas néanmoins quelque chose en commun ? Ne se meuvent-elles pas dans un horizon de problèmes similaires ? J'ai tenté de répondre positivement à cette question. Ce qui fait le trait d'union des conceptions métaphysiques traditionnelles du temps, comme j'ai essayé de le montrer dans *L'événement et le temps,* c'est qu'elles tendent à concevoir celui-ci à l'aune de l'intratemporalité. D'où l'image récurrente du « flux », que l'on trouve déjà chez Simplicius et dans le néoplatonisme, et qui demeure un leitmotiv chez Husserl.

Mon second point porte sur la liaison de cette conception intratemporelle du temps et sa subjectivation-spiritualisation. L'assignation du temps à l'esprit ou à l'âme ou – ce qui ne revient pas exactement au même – la recherche de son origine dans la conscience, n'a de sens que si le temps est compris comme un certain processus, aussi subtil, impalpable, éthéré soit-il. C'est ce présupposé fondamental qui conduit aux difficultés que j'ai tenté de mettre en évidence dans les *Leçons* et dans les manuscrits connexes.

Enfin, ces apories sont-elles de nature à disqualifier dans son principe toute entreprise d'une phénoménologie du temps ? Je ne le crois pas. Autant il n'y a pas de sens à prétendre décrire la subjectivité comme une origine non-temporelle ou pré-temporelle du temps, autant il me semble possible, en prenant pour fil conducteur différents types de changement, de décrire les modalités d'expérience qui leur correspondent, c'est-à-dire de décrire la structuration temporelle de l'expérience de l'homme dans sa constitution historique, sans pour autant rechercher dans cette expérience et dans ses structures quelque chose comme *l'origine* du temps.

Il me semble que Merleau-Ponty, qui par bien des côtés reste tributaire des analyses husserliennes et du projet même de « constitution » (transcendantale ou non), a entrevu ce qui me paraît être le point de départ adéquat pour une telle phénoménologie : « Le temps, écrit-il, n'est donc pas un processus réel, une succession effective que je me bornerais à enregistrer [et, faudrait-il ajouter, pas non plus une succession en moi, une suite de vécus de conscience]. Il naît de *mon* rapport avec les choses »[1]. Le temps naît et se déploie dans l'entre-deux d'un « sujet » et d'un monde, et c'est pourquoi il n'y a pas de sens à lui rechercher une unique origine : il est la structuration que prend leur rencontre. « Je ne suis pas l'auteur du temps, pas plus que des battements de mon cœur, ce n'est pas moi qui prend l'initiative de la temporalisation ; je n'ai pas choisi de naître et, une fois que je suis né, le temps fuse à travers moi, quoi que je fasse »[2]. Mais la manière dont le temps fuse à travers moi dépend de ce que j'expérimente ; ainsi mon expérience du temps est-elle diverse, et doit-elle être décrite dans sa diversité, sans pour autant pouvoir être élevée au rang d'une origine.

Claude ROMANO
Université Paris IV-Sorbonne

1. Merleau-Ponty, *Phénoménologie de la perception*, Paris, Gallimard, 1945, p. 471.
2. *Ibid., p.* 488.

CHAPITRE VII

LEVINAS LECTEUR DES *LEÇONS SUR LA CONSCIENCE INTIME DU TEMPS*

Emmanuel Levinas aura été, sans aucun doute, un lecteur singulièrement assidu et attentif des *Leçons sur la conscience intime du temps* (dans l'édition Stein-Heidegger, telle qu'elle figurait dans le tome IX du *Jahrbuch* en 1928) ; sa lecture, complexe et stratifiée, témoigne d'une remarquable exposition/réappropriation radicalement critique, comme l'indique, sans aucune ambiguïté, la première phrase de l'étude publiée en 1948, *Le temps et l'autre* : « Le but de ces conférences consiste à montrer que le temps n'est pas le fait d'un sujet isolé et seul, mais qu'il est la relation même du sujet avec autrui. » L'enjeu de cette critique qui mêle indissociablement Husserl et Heidegger (voire Heidegger lecteur de Kant) est tout à fait central pour l'ensemble de la pensée de Levinas, comme lui-même le reconnaît dans un entretien « tardif » qui nous servira ici de fil conducteur : « L'Autre, Utopie et Justice », accordé en 1988 à la revue *Autrements,* et repris dans le recueil *Entre Nous* :

> Mon thème de recherche essentiel est celui de la déformalisation de la notion de temps[1].

1. *Entre Nous,* Paris, Grasset 1991, p. 263. – Le terme de déformalisation qui apparaît, semble-t-il, dans *Totalité et infini,* à propos de l'idée d'infini (p. 21), revient significativement dans les pages consacrées à Rosenzweig, « Franz Rosenzweig : une pensée juive moderne » (1965), repris dans *Hors Sujet,* Fata Morgana 1987, p. 85 : « les philosophes s'intéresseront peut-être à cette déformalisation du temps. » Sur l'importance de ce motif, lié à celui de la « concrétude », et, aux notions de « conjoncture », « circonstances », « condition », voir J. Rolland, « Instant et Diachronie », in *Parcours de l'Autrement,* Paris, P.U.F., 2000, p. 291 :

C'est là un énoncé qui s'éclaire aussi à partir de telle remarque de la Préface rédigée par Levinas en 1979, à l'occasion de la première réédition de *Le temps et l'autre,* chez Fata Morgana (p. 14) :

> L'altérité humaine est pensée non à partir de l'altérité purement formelle et logique par laquelle se distinguent les uns des autres les termes de toute multiplicité. [...] La notion d'altérité transcendante – celle qui ouvre le temps – est d'abord recherchée à partir d'une *altérité-contenu* ...[1].

Ou encore à partir du premier exposé très dense et à bien des égards remarquable que donne Levinas des *Leçons* de 1905, dans l'article paru en 1940 (dans la *Revue philosophique),* à la section 11 : « le moi, le temps, la liberté » (qu'il faudrait relire en parallèle avec les essais de 1947-1948, *De l'existence à l'existant, Le temps et l'autre*) ; exposé que Levinas concluait en ces termes (en en appelant, selon un geste assez constant, à Heidegger, pour mieux critiquer ensuite ce dernier) :

> Enfin dans toute cette théorie du temps, il s'agit du temps de la pensée théorique, du temps formel...[2].

Revenons à ce témoignage tardif de 1988 : s'agit-il ici d'une stylisation tardive, voire d'une illusion rétrospective ? Mais d'abord comment comprendre le propos annoncé de la « déformalisation » ? Avant de tenter de répondre à ces premières questions, reprenons la suite du texte cité :

> Kant le dit <il s'agit du temps> forme de toute expérience. Toute expérience humaine revêt en effet la forme temporelle. La philosophie transcendantale issue de Kant emplissait cette forme de contenu sensible venant de l'expérience ou, depuis Hegel, conduisait dialectiquement cette forme vers un contenu. Ces philosophes n'ont jamais exigé pour la constitution de cette forme même de la temporalité une *condition* dans une certaine *conjoncture* de « matière » ou d'événement, dans un contenu sensé en quelque façon préalable à la forme.

Avec ces quelques lignes, assez denses et passablement obscures (la « condition », la « conjoncture »), on tient sans doute le « nerf » d'une

« Au cours des cinq à six décennies sur lesquelles s'est étendue la recherche philosophique d'Emmanuel Levinas, la question du temps a constitué une préoccupation, peut-être en apparence latérale ou secondaire mais, dans les faits, constante et constamment retournant et venant en première place à des moments charnières de l'évolution de l'œuvre. »

1. *Le temps et l'autre,* Paris, Fata Morgana, 1979, p. 14 ; rééd., Paris, P.U.F., 1983.

2. *En découvrant l'existence avec Husserl et Heidegger,* Paris, Vrin, 1967[2], p. 42.

critique qui ne porte pas seulement sur l'esthétique transcendantale kantienne : au-delà du temps envisagé comme forme de l'expérience, il faut donc s'interroger – comme le souligne Levinas – sur les « conditions » de celle-ci, conditions qui renvoient à une « conjoncture », de l'ordre tout à la fois de la « matérialité » et de l'événement. Un événement qui « prend corps », si l'on peut parler ainsi (en renvoyant à une tournure proposée par Levinas dans *De l'existence à l'existant*...).

Ce qui est ainsi annoncé comme « thème de recherche essentiel »[1], c'est donc rien de moins que la problématique de la *constitution*, pour autant que celle-ci renvoie précisément, comme à son principe ultime, au « flux constitutif du temps » (selon la formule des *Leçons* de 1905, § 36) ; il s'agit de dégager quelque chose comme un *a priori*, si l'on peut ainsi parler, de la « *forme a priori* » elle-même, ou mieux d'accéder à l'origine phénoménologique du temps, pour reprendre les termes qui sont, au moins formellement ou « littéralement », communs à Husserl et à Heidegger.

Contre Kant, la critique est formulée en 1988 un peu en passant et l'on peut regretter qu'elle demeure très allusive, jusque dans son principe, et se borne au temps de l'esthétique (forme pure de la sensibilité), sans prendre en considération ni discuter explicitement (du moins à ma connaissance) la lecture heideggérienne de l'imagination transcendantale comme *temps originel*, dans le *Kantbuch*, § 33 et 34 ; Heidegger y commentait à la lettre l'expression kantienne (A 34, B 51) : « le temps n'est rien en dehors du sujet » : « ce qui signifie donc que, dans le sujet, il est tout », avant de thématiser, au paragraphe suivant, « le temps comme affection pure du soi et le caractère temporel du soi (*der Zeitcharakter des Selbst*) ».

Rappelons ici quelques points essentiels concernant l'analyse heideggérienne de l'imagination transcendantale dont le caractère temporel (intrinsèque ou « interne », « intime ») est souligné à travers l'étude des trois synthèses : « de l'appréhension dans l'intuition ; de la reproduction dans l'imagination ; de la recognition dans le concept. » La réception immédiate du divers dans l'intuition sensible (empirique) comme « Dieses-da » ne serait pas possible et le divers ne pourrait être « représenté comme tel », si « le *Gemüt* ne distinguait pas le temps dans la série des impressions successives » (A 98-100). Et Heidegger de commenter :

1. En 1988, dans l'entretien qui nous sert de fil conducteur, Levinas répondait à la question suivante : « Quelle est votre préoccupation primordiale aujourd'hui dans votre travail ? »

> Notre esprit, en distinguant le temps, doit, toujours déjà et continûment avoir énoncé *maintenant et maintenant, et maintenant* pour qu'il puisse rencontrer « ceci maintenant », puis « cela maintenant », et « tout cela maintenant pris ensemble » *(unser Gemüt muß, die Zeit unterscheidend, im vorhinein schon ständig « jetzt und jetzt und jetzt » sagen, damit « jetzt das » und « jetzt das » und « all dieses jetzt zumal » begegnen kann)*[1].

La pure synthèse de l'appréhension est donc déjà « zeitbildend », elle contribue à la configuration temporelle, et par là procure ou offre le « présent en général » (*Gegenwart überhaupt).* La question qui vient alors au premier plan et qu'il importe d'élucider est celle de comprendre comment le *Gemüt* peut procurer ainsi une première différence temporelle, celle-là même qui est au principe du temps et de la temporalisation comme différenciation (« *die Zeit unterscheiden* »); on connaît la réponse de Heidegger: *l'imagination transcendantale est le temps originel* (*KPM.* 187). En suivant Kant (A 77, B 102) qui affirme que « l'espace et le temps doivent toujours affecter le concept des représentations », Heidegger pose en effet que le temps est, en son essence, pure affection de lui-même (*KPM.* 189) :

> Bien plus, il est justement ce qui forme en général quelque chose comme la visée qui « partant de soi, se dirige vers... », de telle manière que le « en direction de quoi », en sa configuration, rejaillit et reflue sur cette visée (*Ja, noch mehr, sie ist gerade das, was überhaupt so etwas wie das "Von-sich-aus-hin-zu-auf..." bildet, dergestalt, daß das so bildende Worauf-zu zurückblickt und herein in das vorgennante Hinzu...*)
> Le temps comme pure auto-affection n'est pas une affection qui, en son efficace, viendrait toucher un Soi concret présent-là devant, mais en tant que pur, il forme l'essence de quelque chose comme un « se-concerner-soi-même ». Mais dans la mesure où il appartient à l'essence du sujet fini de pouvoir-être-concerné à titre de Soi, le temps comme pure auto-affection forme la structure essentielle de la subjectivité (*Die Zeit ist als reine Selbstaffektion nicht eine wirkende Affektion, die ein vorhandenes Selbst trifft, sondern als reine bildet sie das Wesen von etwas wie Sich-selbst-angehen. Sofern aber zum Wesen des endlichen Subjektes gehört, als ein Selbst angegangen werden zu können, bildet die Zeit als reine Selbstaffektion die Wesensstruktur der Subjektivität*).

1. *Kantbuch und das Problem der Metaphysik* (désormais cité *KPM*), (1929), *Gesamtausgabe* 3, Francfort, Klostermann, 1991, p. 179; trad. fr., A. de Waelhens et W. Biemel, Paris, Gallimard, 1953, p. 243; nous retraduisons au plus près du texte.

Soit à dire encore: «l'affection pure de soi définit la structure transcendantale originelle du soi fini comme tel»; «le soi fini a en lui-même un caractère temporel»[1]. Autant d'analyses dont Levinas prendra très résolument le contre-pied.

Mais revenons à Husserl, puisque, aussi bien, cette parenthèse relative à Kant (dans l'interprétation de Heidegger) et à l'auto-affection du temps comme «structure essentielle de la subjectivité» était surtout destinée à faire contraste ou à anticiper un contraste avec la lecture levinassienne (radicalisante et critique) de Husserl.

Dans le témoignage tardif qui me sert ici de fil conducteur, Levinas notait à ce propos:

> La constitution du temps chez Husserl est encore une constitution du temps à partir d'une conscience déjà effective de la présence dans son évanouissement et dans sa «rétention» et dans son imminence et son anticipation – évanouissement et imminence qui déjà impliquent ce qu'on veut bâtir, sans même que soit fournie aucune indication sur la situation empirique privilégiée à laquelle ces modes d'évanouissement dans le passé et de l'imminence dans le futur seraient attachés.

Là est sans doute le point fondamental de la critique, qui détermine corrélativement le propos même de Levinas (et cela dès ses premiers travaux): s'interroger phénoménologiquement – mais aussi, nous le verrons, et Levinas reconnaît lui-même ce point, à la limite ou même *au-delà de la phénoménologie* entendue comme méthode – sur la constitution (auto- et hétéro-constitution) de la «conscience effective», en faisant ainsi retour à un temps originaire ou mieux à une «origine du temps», dont on ne dira pas qu'elle est d'«avant» la conscience ou l'ipséité, mais qui en est bien cependant comme la condition *a priori*; dégager cet *a priori* ultime, c'est aussi mettre en évidence, à travers l'analyse de quelques expériences privilégiées, un processus complexe de «subjectivation» à travers ce que Levinas nomme encore, assez énigmatiquement, la *conjoncture* – celle-là même qui donne ou ouvre le temps véritable, celui où quelque chose d'inattendu peut arriver, venir ou sur-venir (ce qui ne signifie justement pas s'annoncer). On voit par là comment Levinas répète et radicalise la question husserlienne de l'«origine» du temps[2], mais aussi comment il

1. *KPM*, p. 191; trad. fr., p. 247.

2. *LPT*, p. 14-15: «… la question de l'essence du temps reconduit elle aussi à la question de l'*« origine » du temps*. Mais cette *question de l'origine* est orientée vers les formations

aura d'emblée changé de terrain ou mieux modifié le sens de la mise hors circuit du temps objectif. Dès 1947-1948 (*De l'existence à l'existant, Le temps et l'autre*), Levinas en effet met entre parenthèses, dans sa démarche ultime « vers le temps »[1], le temps de l'économie et le temps du monde, mais ici cette mise hors circuit, loin de déboucher sur un authentique *datum* phénoménologique, « le *temps immanent* du cours de la conscience »[2], conduit à poser à neuf la question de l'*événement du temps*[3], à l'opposé de toute « déduction dialectique du temps à partir du présent » ou de l'instant. C'est à l'essai, principiellement voué à l'échec, d'une telle déduction que Levinas se consacre dans la section précédente (*EE.*, 130-137), concluant son analyse par ses mots : « "Présent", "je", "instant" – moments d'un événement unique ». Événement où – c'est tout le sens de la description – en rigueur de termes il ne se passe rien : « stance » de l'instant à travers laquelle surgit certes une conscience, posée et non auto-posée ; celle d'un « je » qui, au présent, se rapporte à soi (c'est même ce à quoi il est condamné), mais sans constituer un véritable sujet pourvu d'ipséité. Loin de former la subjectivité comme telle, la présence à soi caractérise seulement le « je » qui *est*, celui dont il faut dire : « il est ». « Il est », non pas certes comme une chose, mais toujours « déjà rivé à soi » (*EE.*, 136), « déjà doublé d'un soi ». Rappelons que cette « référence à soi », dans les analyses du premier Levinas, renvoie à l'espace, ou mieux au « lieu », à la « position », à l'« ici », et non point au temps. Au temps, qui implique rupture, différence, altération et/ou altérité, on ne saurait en effet jamais accéder à partir du présent qui, pour n'être pas ponctuel – « le présent se réfère à soi », il ne fait même que cela ! (*EE.*, 125) –, ignore précisément toute sortie de « soi » ek-statique : il est, note Levinas, « réfractaire à l'avenir ». S'il est donc permis d'affirmer, en un certain point de l'analyse, que « chaque instant est un commencement » ou mieux que « le présent est le commencement pur » (130, 135), il importe aussi, si l'on veut s'orienter « vers le temps », de souligner qu'un tel commencement ne commence

primitives de la conscience du temps, dans lesquelles les différences primitives du temporel se constituent, dans un mode intuitif et propre, comme les sources originaires de toutes les évidences relatives au temps. »

1. C'est l'intitulé de la dernière subdivision de la dernière section de *De l'existence à l'existant (EE.)*, Paris, Éditions de la revue Fontaine, 1947 (rééd., Paris, Vrin, 1973). On ajoutera cependant, et la précision est évidemment essentielle, que le temps ici, s'il ne s'y réduit pas, inclut en tout cas en lui « le temps de la rédemption et de la justice » (p. 153 *sq.*).

2. *Leçons*, trad. cit., p. 7.

3. *De l'existence à l'existant*, p. 158.

précisément rien : il est celui qui ouvre un rapport à soi dans lequel le « je » demeure enchaîné à lui-même, dans un être-au-présent *définitif.* « Cette impossibilité pour le moi de ne pas être soi, marque – note Levinas – le tragique foncier du moi, le fait qu'il est rivé à son être » (143). Il faut entendre, dans sa fondamentale redondance, chaque terme impliquant déjà en lui tous les autres, un énoncé de ce genre : « je *suis*, je suis seul, présent, au-présent, présent à moi-même ». À partir de ces catégories du moi, il est impossible de rien commencer : « être moi comporte un enchaînement à soi, une impossibilité de s'en défaire », « le moi est irrémissiblement soi » (150).

Comme on le sait, au principe d'une subjectivité authentique et authentiquement temporelle, et proprement ek-statique (qu'il reste naturellement à définir plus précisément et différentiellement, par rapport notamment à l'« hypostase » ou à l'« instant »), Levinas pose différentes figures de l'altérité que nous ne pouvons pas étudier ici pour elles-mêmes : la mort, l'*eros,* la filiation, l'autre dans sa primitive et essentielle dissymétrie : le faible, le pauvre, la veuve et l'orphelin, l'étranger, l'ennemi, le puissant... Autant de « conjonctures », que Levinas analyse par la suite au titre de la responsabilité, du « pour-autrui », de la promesse, du pardon, etc., qui qualifient toujours les différentes figures du « face à face » par lesquelles enfin et seulement le moi peut « sortir de lui »-même » ou, comme l'indique emphatiquement Levinas, « être pardonné » [1].

Après ce rappel d'une première démarche résolument critique à l'encontre de la thèse kantienne : « le temps n'est rien sans le sujet », je reviens une nouvelle fois à la citation prise ici comme fil conducteur : « mon thème de recherche essentiel est celui de la déformalisation de la notion de temps », et à la pointe critique dirigée contre Husserl : « la constitution du temps chez Husserl est encore une constitution du temps à partir d'une conscience déjà effective... ».

Il faut laisser de côté ici une question préjudicielle : dans quelle mesure est-il légitime de soutenir que, dans les analyses de Husserl, la constitution du temps advient à partir d'une « conscience déjà effective » ? C'est ne tenir

1. *De l'existence à l'existant*, p. 144 : « La solitude n'est pas maudite par elle-même, mais par sa signification ontologique du définitif. Atteindre autrui ne se justifie pas par soi-même. Ce n'est pas secouer mon ennui. C'est ontologiquement l'événement de la rupture la plus radicale des catégories du moi, car c'est pour moi être ailleurs qu'en soi, c'est être pardonné, c'est ne pas avoir une existence définitive. »

aucun compte de ou récuser d'emblée comme non pertinentes les analyses de l'auto-constitution de la conscience, dans son flux ou, en d'autres termes, le « concept » de « conscience absolue », laquelle est pourtant, nonobstant son « absoluité », assignée à une altérité hylétique (« originaire »), celle de l'impression ou de l'archi-impression (*Urimpression)* – point sur lequel, nous le verrons, Levinas insiste aussi par ailleurs à juste titre.

> … une conscience déjà effective de la présence dans son évanouissement et dans sa « rétention » et dans son imminence et son anticipation – évanouissement et imminence qui déjà impliquent ce qu'on veut bâtir, sans même que soit fournie aucune indication sur la situation empirique privilégiée <la conjoncture ?> à laquelle ces modes d'évanouissement dans le passé et le futur seraient attachés.

Quelle est, demande Levinas, la « situation empirique » qui permette de dégager ces « modes d'évanouissement dans le passé et le futur » ? Sans aucun doute celle que Husserl « décrit » à partir du § 38 des *Leçons* : « la constitution d'objets <temporels> immanents <comme le son ou la couleur>, leur croissance à partir de sensations originaires et de modifications sans cesse nouvelles… »

Dans *En découvrant l'existence…*, Levinas avait pourtant souligné l'importance et l'originalité du motif husserlien de la « sensibilité », en marquant bien qu'elle « ne désigne pas la part de réceptivité de la spontanéité objectivante », mais bien une dimension hylétique irréductible et pourtant intimement associée à l'intentionnalité elle-même :

> un tissage d'intentionnalités se reconnaît dans les données hylétiques elles-mêmes. […] La sensibilité marque le caractère subjectif du sujet, le mouvement même du recul vers le point de départ de tout accueil […], vers l'*ici* et le *maintenant* à partir desquels tout se produit pour la première fois. L'*Urimpression* est l'individuation du sujet.

Avant de citer Husserl :

> La « *Urimpression* est le commencement absolu, la source première, ce à partir de quoi tout le reste s'engendre. Elle même n'est pas engendrée, elle ne surgit pas par engendrement, mais *genesi spontanea,* elle est engendrement premier (*Urzeugung*)… elle est la création première (*Urschöpfung*) » <trad. Dussort, p. 131>[1].

1. « La technique phénoménologique », dans Husserl, *Cahiers de Royaumont,* Paris, Minuit, 1959, repris dans *En découvrant l'existence avec Husserl et Heidegger*, p. 118.

La suite de l'analyse est aussi généreuse et touche parfaitement juste : « la sensibilité est ainsi intimement liée à la conscience du temps : elle est le présent autour duquel l'être s'oriente. Le temps n'est pas conçu comme une forme du monde, ni même comme une forme de la vie psychologique, mais comme l'articulation de la subjectivité. Non pas comme une scansion de la vie intérieure, mais comme le dessin des relations premières et fondamentales qui lient le sujet à l'être et qui font que l'être surgit du *maintenant.* [...] Le temps devient, comme existence du sujet, source de toute signification. Tous les rapports qui façonnent la structure de la conscience comme subjectivité, se décrivent, depuis Husserl, par le temps autant que par l'intentionnalité » (119).

Ce qui demeure en suspens, au terme de cette réexposition qui va à l'essentiel, est de savoir si Husserl est parvenu à caractériser l'ultime « articulation » temporelle de la subjectivité, ou en d'autres termes, empruntés aux essais de 1947/48, si le sujet ainsi thématisé excède le statut de l'*hypostase* ou de la *substance*[1].

Levinas poursuit de manière très significative, en reprenant, sans le souligner, certains traits déjà mis en lumière dans *De l'existence à l'existant,* sans que, dans le texte de 47, aucune référence n'ait été faite à Husserl :

> La sensibilité n'est pas seulement un contenu amorphe, un fait [...], elle est « intentionnelle » – en ce qu'elle *situe* tout contenu et qu'elle se situe, non par rapport à des objets, mais par rapport à *soi.* Elle est le point *zéro* de la situation, l'origine du fait même de se situer. Les relations pré-prédicatives ou vécues s'accomplissement comme des attitudes initiales prises à partir de ce point zéro. Le sensible est modification de l'*Urimpression,* laquelle par excellence est l'*ici* et le *maintenant.* Il est difficile de ne pas voir dans cette description de la sensibilité, le sensible vécu au niveau du *corps propre* dont l'événement fondamental est le fait de *se tenir* –, c'est-à-dire

1. *De l'existence à l'existant,* p. 149 : « La substance par excellence, c'est le sujet. » Formule qu'on se gardera bien d'entendre comme une quelconque variation hégélienne, mais qui s'éclaire par rapport à cette admirable et paradoxale référence à un *cogito* substance : « Le corps par le doute cartésien, c'est le corps objet. Le *cogito* n'aboutit pas à l'impersonnelle position : « il y a de la pensée », mais à la première personne du présent : « je suis une chose qui pense ». Le mot *chose* est admirablement précis. Le plus profond enseignement du *cogito* cartésien consiste précisément à découvrir la pensée comme substance, c'est-à-dire comme quelque chose qui se pose » (117). *Cf.* sur ce point l'étude pénétrante de J. Benoist, « Le *cogito* lévinassien : Levinas et Descartes », dans E. Levinas, *Positivité et transcendance,* suivi de *Levinas et la phénoménologie,* J.-L. Marion (éd.), Paris, P.U.F., 2000, p. 105-122.

> de se tenir soi-même comme le corps qui *se* tient sur ses jambes. Fait qui coïncide avec celui de *s'orienter,* c'est-à-dire de prendre une attitude à l'égard de…

S'il est légitime ici de rapprocher un tel « se tenir » du *Verhalten* heideggérien, comme reprise et radicalisation de la structure intentionnelle de la conscience, au sens de Husserl, c'est sans doute pourtant l'analyse de l'ici, de la position, du lieu, du corps, dans *De l'existence à l'existant*[1], qui éclaire l'exposé de percée husserlienne, et du même coup en marque les limites dans une étape, certes seulement préliminaire, mais néanmoins incontournable, d'une « genèse » de la subjectivité. Dans sa présentation générale de l'« œuvre de Husserl », en 1940, Levinas avait déjà souligné que, pour l'auteur des *Leçons*, « le temps n'est pas une forme que la subjectivité revêt du dehors. Il est véritablement le secret même de la subjectivité »[2]. Reste que, dès le départ, c'est bien au-delà des découvertes de la phénoménologie que Levinas aura tenté de déchiffrer, selon d'autres voies, celles d'une déduction éthique de la temporalité, ce secret même de la subjectivité.

Avec Heidegger – aux yeux de Levinas –, on gagne sinon en « empiricité » (« la situation empirique »), du moins en « concrétude », sans qu'on puisse pourtant encore parler « de condition » pour la « constitution », à partir d'une « conjoncture » :

> Ce qui paraît dès lors très remarquable chez Heidegger, c'est précisément le fait de poser la question de savoir quelles sont les *situations* ou les *circonstances* <je souligne> caractéristiques de l'existence concrètes auxquelles la passation <*sic*> du passé, la « présentification » du présent et

1. *Op. cit.*, p. 115 *sq.*; et en particulier, p. 122 : « L'*ici* dont nous partons, l'*ici* de la position, précède toute compréhension, tout horizon et tout temps. Il est le fait même que la conscience est origine, qu'elle part d'elle-même, qu'elle est *existant.* […] En se posant sur une base, le sujet […] se ramasse, se dresse et devient le maître de tout ce qui l'encombre : son *ici* lui donne un point de départ. […] Le lieu, avant d'être un espace géométrique, avant même d'être l'ambiance concrète du monde heideggérien, est une base. Par là, le corps est l'avènement même de la conscience. […] Il ne se pose pas, il est la position. Il ne se situe pas dans un espace donné au préalable – il est l'irruption dans l'être anonyme du fait même de la localisation. » *Cf.* à nouveau, sur ce point la contribution déjà citée de J. Benoist, en particulier p. 115-118.

2. *En découvrant l'existence…*, p. 41.

la futurition du futur – appelées *extases* – sont essentiellement et originellement attachées[1].

Passons – c'est le cas de le dire –, sur la tournure assez étrange : « la passation du passé ». Ce qui est plus singulier, c'est que les « situations » ainsi caractérisées, s'agissant de Heidegger, ne sont évidemment ni des « situations » ni des « circonstances », puisqu'elles correspondent aux existentiaux, comme l'atteste la suite du texte pris ici comme fil conducteur :

> Le fait d'être sans avoir eu à choisir <par où j'entends, en rétroversion : *Faktizität, Geworfenheit*>, d'avoir affaire à des possibles toujours entamés, sans nous – extases du « d'ores et déjà » <*zuerst ? je schon ?* dans quelle mesure ce possible « toujours déjà » entamé ou grevé se distingue-t-il de la « facticité » ? >; le fait d'une emprise sur les choses <le *Besorgen ?* mais pourquoi l'emprise ? >, auprès d'elles (*sein-bei*) dans la représentation ou le connaître – extase du présent; le fait d'exister-à-la-mort – extase du futur. [...] Voilà à peu près l'ouverture heideggérienne.
> Franz Rosenzweig de son côté, et sans recourir à la même terminologie ni se référer aux mêmes situations, a également cherché ces *« circonstances privilégiées »* <je souligne> du vécu où se constitue la temporalité...

Mais revenons en arrière, et reprenons plus en détail la démarche de Levinas telle qu'elle se laisse établir à partir de deux autres témoignages : l'article de 1965 : « Intentionnalité et sensation », et *Autrement qu'être*. Cette démarche présuppose, comme l'a bien souligné Rudolf Bernet[2], un « terrain d'entente », la reprise d'une problématique commune, et elle procède en fonction d'une série de critiques radicales qui visent tantôt Husserl, tantôt Heidegger. R. Bernet formule ainsi, très économiquement, les questions directrices : « Comment penser une subjectivité qui se constitue grâce à la temporalité ? Y a-t-il une auto-constitution de la subjectivité indépendamment du rapport aux choses et au monde ? Ce rapport temporel à soi et aux choses du monde est-il encore de l'ordre de l'intentionnalité objectivante ? »[3].

1. *Entre nous*, entretien cité, p. 263.

2. R. Bernet, « Origine du temps et temps originaire », dans *La vie du sujet*, Paris, P.U.F., 1994, p. 191. Belle étude à laquelle nous sommes ici grandement redevable. Voir aussi, du même auteur, « Le temps d'une existence interrompue », dans *Conscience et existence, Perspectives phénoménologiques*, Paris, P.U.F., 2004, p. 247-267.

3. *Op. cit.*, p. 192.

Dans l'étude publiée en 1965, dans la *Revue Internationale de philosophie,* « Intentionnalité et sensation », Levinas note d'abord que, si « la phénoménologie, c'est l'intentionnalité » (*EDE.* 126), il importe aussi de souligner aussitôt que les intentions ne sont pas de simples « ouvertures » ou des « fenêtres » donnant sur un objet transcendant, un pôle objectif identique et idéal, mais que ces intentions ont aussi des *contenus,* et que donc comme telles elles « remplissent une durée » [1]. La visée, les actes eux-mêmes « s'étendent dans le temps » et rencontrent des sensations à titre de « contenus non-intentionnels ». Élucider ce point, comprendre comment « la plénitude sensuelle de l'intuition » vient remplir la visée, en assurant ainsi la présence de l'objet, implique d'interroger l'articulation « sensation et temps » (*EDE.* 151).

Après avoir rappelé que, selon les *Leçons* de 1905 (§ 31, trad. Dussort 88) : « la proto-impression (*Urimpression),* l'absolument non-modifié, est la source de toute conscience et de tout être », Levinas salue la rigueur et la conséquence de l'analyse husserlienne : pour Husserl, note-t-il, « la conscience ne deviendra pas "conscience en général" reconstruite à partir des synthèses qu'elle aura effectuées dans la sphère de l'objet. Elle est vie individuelle, unique : son "présent vivant" est la source de l'intentionnalité. » Suivons ici à nouveau en détail la réexposition levinassienne :

> Chaque sensation qui à partir de chaque instant retient ou anticipe (protient) l'identité de la sensation déjà, en partie, écoulée ou encore, en partie, à venir, n'est pour Husserl, que la conscience même du temps. Le temps n'est pas seulement la forme qui loge les sensations et les entraîne dans un devenir ; il est le sentir de la sensation, lequel n'est pas simple coïncidence du sentir et du senti, mais une intentionnalité et, par conséquent, une minimale distance entre le sentir et le senti, distance temporelle précisément (152-153).

Voilà d'emblée pointé le cœur de la difficulté : comment comprendre, au-delà de la coïncidence de ce que Levinas nomme ici « visée » et « événement » [2], l'irruption de cette distance qui fait toute la différence, qui est « distance temporelle » (*Zeitabstand, Zeitstrecke)* – Levinas parlera aussi de « déphasage » ou de « laps » –, parce qu'elle est proprement temporalisante ?

1. « Intentionnalité et sensation », dans *En découvrant l'existence*..., p. 148.

2. « Visée et événement coïncident », *op. cit.*, p. 153 ; ou encore, plus loin (154) : « événement et conscience sont sur le même plan. »

Dans le paragraphe suivant (§ 4 : temps et intentionnalité), Levinas souligne avec force que « la conscience du temps » est « temps de la conscience », autrement dit qu'il ne saurait y avoir une conscience en surplomb qui constituerait le temps en mesurant l'écart, le « déphasage » de l'*Urimpression* dans son événement même : « la conscience du temps – note-t-il – n'est pas une réflexion sur le temps, mais la temporalisation même » (154); ou encore, de manière frappante : « la conscience de... est ici le flux. » Ce flux, « le sentir même de la sensation », est caractérisé, note encore Levinas, comme « subjectivité absolue », « plus profonde que l'intentionnalité objectivante et antérieure au langage. » Et encore, en commentant très librement le fameux § 36, qui introduit l'idée de « conscience absolue », tout en maintenant, faute de mieux la métaphore du flux : « ce flux où la dualité de la conscience et de l'événement est surmontée, n'a plus de constitution ; il conditionne toute constitution... »

Ainsi Husserl serait parvenu à mettre en lumière cette « intentionnalité première qui coïncide avec l'œuvre même du temps ». Faut-il dire pourtant, demande Levinas, en référence à l'*Appendice V* des *Leçons (simultanéité de la perception et du perçu)* qu'« il y a diachronie dans l'intentionnalité »[1] ? Question que Levinas explicite aussitôt : toute intentionnalité est-elle déjà, à un titre ou à un autre, souvenir ? l'objet de l'intention est-il plus vieux que l'intention ?, en un singulier écho à l'*Appendice* cité dans lequel Husserl s'interrogeait sur le point de savoir « de quel droit peut-on dire que la perception et le perçu sont simultanés ? » Dans cet *Appendice*, Husserl mettait en effet en relief une « différentielle de temps » entre la donnée sensible (le moment hylétique) et l'appréhension, comme « animation » de cette donnée sensible : « À l'instant où débute l'appréhension, une partie de la donnée sensible est déjà écoulée, et n'est plus que rétentionnellement retenue. » Soit encore : « il y a une différence temporelle entre le point initial de la perception et le point initial de l'objet. »

Mais il n'en va pas de même, remarquait Husserl, quand il s'agit de la sphère immanente, au sein de laquelle on ne peut, en rigueur de termes, distinguer entre l'acte de réflexion et ce sur quoi cet acte « se retourne » ; certes, réflexion et rétention présupposent la "conscience interne" impressionnelle, mais si nous appelons « perception » cette « conscience interne », il n'y a plus lieu de distinguer entre « perception et perçu », et il faut bien

1. C'est là sans doute, en 1959, la première occurrence du terme que brandira bientôt après Levinas pour son propre compte.

plutôt affirmer leur « simultanéité »[1]. Et, conformément à un premier geste que nous connaissons, Levinas oppose à ce qu'il nomme alors « la contemporanéité structurale » (160) la transcendance propre aux kinesthèses, le « corps », « point zéro de la représentation », celui qui est certes « *dans* le monde », mais aussi « *en face* du monde et *avant* le monde ». Tout se passe donc ici comme si, pour laisser toute sa place à une tout autre figure de la temporalité qui vient affecter du dehors un sujet alors radicalement passif, Levinas reconduisait la pointe de la proto-impression temporalisante à la spatialité, comme le secret *a priori* du temps[2] : « Marche dans l'espace du sujet constituant l'espace, comme devenir de la constitution du temps à partir de la proto-impression : "ce qui temporalise (*das Zeitigende*) est déjà temporalisé (*ist gezeitigt*)" »[3].

D'où l'on conclura, comme le fait un texte strictement contemporain de l'essai « Intentionnalité et sensation », que les analyses husserliennes de la *conscience interne du temps,* précisément parce qu'elles demeurent indexées sur le présent ou la présentation (*Gegenwärtigung*), comme fondement de toute conscience du temps, et par rapport auquel souvenir et attente sont toujours seconds, manquent la « diachronie du temps », si du moins cette diachronie est caractérisée comme le trait constitutif d'un « temps différent de celui où les débordements du présent refluent vers ce présent à travers mémoire et espoir ». Une telle diachronie, ajoute Levinas, « affole le sujet », entendons, celui qui porte encore en lui l'empreinte ineffaçable de l'hypostase[4].

Sans doute faut-il attendre *Autrement qu'être* (1974) pour que l'opposition frontale aux analyses husserliennes de la *conscience interne du temps* ressorte en pleine lumière, et cela jusque dans les passages de réexposition :

> Dans la temporalisation du temps la lumière se fait de par le déphasage de l'instant à l'égard de lui-même qu'est l'écoulement temporel : la différence

1. *Cf.* aussi *Appendice* XII (1), trad. H. Dussort, p. 175 : « "Percevoir", ce n'est ici <*i.e.* dans le cas de la perception interne> rien d'autre que la conscience constituant le temps, avec ses phases de rétentions et de protentions fluentes. Derrière cet acte de percevoir ne s'en tient pas à son tour un autre, comme si le flux était lui-même à son tour une unité dans le flux. »

2. Tirer au clair « l'*a priori* du temps », c'est la tâche que s'assignait Husserl dès le § 2 des *Leçons*.

3. *En découvrant l'existence...*, p. 160.

4. « Énigme et phénomène », *Esprit,* 1965, repris dans *En découvrant l'existence...,* ici, p. 204.

> de l'identique. La différence de l'identique est aussi sa manifestation. Mais le temps est aussi la récupération de tous les écarts : par la rétention, par la mémoire, par l'histoire. Il faut que dans sa temporalisation où, par la rétention, la mémoire et l'histoire, rien ne se perd, où tout se présente ou se représente, où tout se consigne et se prête à l'écriture, ou se synthétise ou se rassemble, comme dirait Heidegger, où tout se cristallise et se sclérose en substance, il faut que dans la temporalisation récupérable, sans temps perdu, sans temps à perdre et où se passe l'être de la substance – se signale un laps de temps sans retour, une diachronie réfractaire à toute synchronisation, une diachronie transcendante [1].

Nul doute que cette diachronie véritablement transcendante aura échappé à Husserl, comme à Heidegger, encore qu'il faille mettre au crédit du premier, dans le droit fil des textes de 1959/1965 que nous avons rappelés, l'idée que la conscience du temps est la temporalisation même, ou encore, dans les termes de Heidegger, qui ne sont pas ici cités, que le *Dasein* lui-même est temps, et cela précisément, pour Husserl du moins, parce que cette conscience du temps est entée sur le sentir :

> Chez Husserl, la conscience interne du temps, et la conscience tout court, se décrivent dans la temporalité de la sensation : « sentir, c'est là ce que nous tenons pour la conscience originaire du temps » (Dussort 141) et « la conscience n'est rien sans l'impression » (Dussort 131). Temps, impression sensible et conscience se conjuguent. Même à ce niveau primordial qui est celui du vécu, où la fluence, réduite à l'immanence pure, devrait exclure jusqu'au soupçon d'objectivation, la conscience demeure intentionnalité – « intentionnalité spécifique » (Dussort 159 <nous corrigeons ici la référence, manifestement erronée>) certes, mais impensable sans corrélatif appréhendé [2]. Cette intentionnalité spécifique est le temps même. Il y a conscience dans la mesure où l'impression sensible diffère d'elle-même sans différer <*cf.* l'analyse d'*intentionnalité et sensation*>. L'impression, comme si elle se bouchait elle-même, s'éclaire en se « débouchant » ; elle défait cette coïncidence de soi avec soi où le « même » étouffe

1. *Autrement qu'être,* La Haye, Nijhoff, 1974, p. 11.

2. Levinas réexpose ici très librement le § 39 des *Leçons,* où Husserl distingue une double intentionnalité de la rétention, « transversale » et « longitudinale », et les *Appendices* I, VIII et IX qui s'efforcent d'élucider cette « double intentionnalité du courant de la conscience » : « Le flux de la conscience immanente constitutive du temps non seulement *est,* mais encore, de façon si remarquable et pourtant compréhensible, il est tel qu'une apparition en personne du flux doit avoir lieu nécessairement en lui, et que par suite on doit pouvoir nécessairement saisir le flux lui-même dans son écoulement. L'apparition en personne du flux n'exige pas un second flux, mais en tant que phénomène il se constitue lui-même » (Dussort 109).

sous lui-même, comme sous un éteignoir. Elle n'est pas en phase avec elle-même : *tout juste* passée, sur le *point de venir.* Mais différer dans l'identité, maintenir l'instant qui s'altère, c'est le « pro-tenir » ou le « re-tenir » ! Différer dans l'identité, se modifier sans changer – la conscience luit dans l'impression pour autant que l'impression s'écarte d'elle-même : pour s'attendre *encore* ou pour *déjà* se récupérer. Encore, déjà – temps ; et temps où rien n'est perdu. Le passé lui-même se modifie sans changer d'identité, s'écarte de soi sans se lâcher, se « faisant plus vieux », sombrant dans un passé plus profond : identique à soi par la rétention de la rétention. Et ainsi de suite. Jusqu'à la mémoire qui récupère en images ce que la rétention n'a pas su garder, jusqu'à l'historiographie qui reconstruit ce dont l'image est perdue. Parler conscience, c'est parler temps.

[...] La temporalité comporte à un niveau – qui, pour Husserl, est originel – une conscience qui n'est même pas intentionnelle dans le sens « spécifique » de la rétention. La *Ur-impression,* l'impression originaire, la proto-impression, malgré le recouvrement parfait en elle du perçu et de la perception (qui devrait ne plus laisser passer la lumière) malgré leur stricte contemporanéité, qui est la présence du présent [fin de l'Annexe V], malgré la non-modification de ce « non-modifié absolu, source originaire de tout être et de toute conscience ultérieure [Dussort, 88] – cet aujourd'hui sans lendemain ni hier –, la proto-impression ne s'*imprime* pourtant pas sans conscience [Annexe IX]. « Non modifiée », identique à soi, mais sans rétention, l'originaire impression ne devance-t-elle pas toute pro-tention et ainsi sa propre *possibilité* ? Husserl semble le dire en appelant l'impression originaire « commencement absolu » de toute modification qui se produit comme temps, source originaire qui « n'est pas elle-même produite », qui naît par *genesis spontanea.* « Elle ne se développe pas » (elle n'a pas de germe), elle est « création originaire » [Dussort 131][1].

Voilà sans doute aux yeux de Levinas la pointe extrême jusqu'où s'avancent les analyses husserliennes, celle à propos de laquelle il convient de noter, en une formule quasi schellingienne, que « le "réel" précède et surprend le possible » (*Autrement qu'être,* 42). Mais s'il salue cette exploration insistante du « présent vivant », à la mesure d'une « conscience *originellement* non-objective », Levinas pointe aussi le paradoxe intenable consistant à prétendre dépasser la conscience objectivante dans « la conscience du présent »[2]. Ce dont en effet on ne saurait rendre compte à

1. *Autrement qu'être*, p. 41-42.

2. On voit ici exemplairement comme l'hommage rendu à Husserl joue d'abord contre Heidegger, avant de revenir en boomerang et réduire à néant la percée husserlienne : « Husserl

partir de cette « conscience du présent » et de sa structure synchronique, fût-elle agrémentée d'une double intentionnalité, c'est de la dia-chronie elle-même et de son trait caractéristique que Levinas nomme souvent, assez curieusement, « laps » ou encore « laps de temps » : tout sauf une « modification » ou un simple « déphasage », toujours susceptible de reprise dans une continuité rassemblée :

> Déphasage de l'identité du « présent vivant » avec lui-même, déphasage des phases elles-mêmes, selon l'intentionnalité des rétentions et des protentions, la fluence rassemble la multiplication des modifications, se dispersant à partir du « présent vivant »[1].

Ce qui revient à dire aussi, au moins négativement, que cette « diachronie irréductible » arrive, à telle enseigne qu'il faut, abandonnant définitivement la métaphore du « flux » et de la « fluence », ressaisis dans un « présent vivant », tenter de redonner un sens prégnant à la tournure la plus usée qui soit : le temps passe ou se passe :

> Car le laps de temps, c'est aussi de l'irrécupérable, du réfractaire à la simultanéité du présent, de l'irreprésentable, de l'immémorial, du pré-historique. Avant les synthèses d'appréhension et de reconnaissance, s'accomplit la « synthèse » absolument passive du vieillissement. C'est par là que le temps *se* passe »[2].

Sans doute est-ce ce passage (le « se passer du temps », la « passation ») qui scelle tout à la fois sa passivité et son irréductible et surprenante événementialité. Au-delà donc de ce que Levinas, commentant Husserl, avait nommé, dans « Intentionnalité et sensation », l'écart de la proto-impression, « l'écart du déphasage par rapport à une autre proto-impression », il faut sans doute tenter de penser à présent un écart ou un retard proprement irrattrapable, fût-ce dans l'après-coup : celui du temps perdu (« en pure perte »), qui se passe et a passé. Ici, la conscience du temps, loin d'être la temporalisation même comme trait constitutif de la subjectivité, doit s'entendre à nouveaux frais comme passivité ou mieux patience, pur *pathos,* qui définit une autre instance de la subjectivité, au titre de l'assujetti : celui

n'aura donc libéré le psychisme du primat du théorique – ni dans l'ordre du savoir-faire par les "ustensiles", ni dans celui de l'émotion axiologique ! ni dans la pensée de l'être, différente de la métaphysique des étants ! La conscience objectivante – l'hégémonie de la re-présentation – est paradoxalement surmontée dans la conscience du présent » (*Autrement qu'être, p.* 42).

1. *Autrement qu'être*, p. 43.

2. *Autrement qu'être*, p. 48.

du *malgré soi, par l'autre, pour l'autre.* Nouvelle instance du sujet que Levinas caractérise en ces termes :

> Le sujet ne se décrit donc pas à partir de l'intentionnalité, de l'activité représentative, de l'objectivation, de la liberté et de la volonté. Il se décrit à partir de la passivité du temps. La temporalisation du temps, laps irrécupérable et hors de toute volonté, est tout le contraire de l'intentionnalité. [...] La temporalisation est le « contraire » de l'intentionnalité de par la passivité de sa patience ; en elle est sujet le rebours du sujet thématisant : une subjectivité du vieillissement que l'identification du Moi avec lui-même ne saurait escompter, *un* sans identité mais unique dans la réquisition irrécusable de la responsabilité[1].

Dans une Conférence elle aussi tardive (1985), « Diachronie et représentation », Levinas revient une dernière fois sur son appréciation très contrastée des analyses husserliennes relatives à la temporalité : en s'interrogeant sur ce qu'il nomme ici (mais la Conférence est prononcée en hommage à P. Ricœur) « l'intrigue incompressible du temps »), Levinas évoque « le passé qui, pour personne, n'avait été présent, ni représenté – passé immémorial et anarchique », auquel pourrait faire écho « le futur inspiré que personne n'anticipe », et il se demande à travers quelles « conjonctures », le temps aura ainsi « fait valoir son intrigue incompressible », avant d'ajouter :

> Comme il l'aura déjà fait valoir dans certains clairs-obscurs de la phénoménologie du temps, dont Husserl nous aura donné l'exemple magistral, et où l'intentionnalité de la ré-tention et de la pro-tention aurait, d'une part, réduit à la re-présentation du présent vivant le temps de la conscience entendu comme conscience du temps, c'est-à-dire encore comme re-présentation de la présence [...], mais, d'autre part, où le *retenir* de la ré-tention ne diffère du protenir de la pro-tension que par la compréhension du temps déjà donné et pré-supposé dans cette constitution même, d'un temps s'écoulant comme un flux[2].

Si dans ce clair obscur que souligne le balancement d'un « d'une part », « d'autre part », Levinas met bien l'accent sur la dette contractée à l'égard de Husserl et des *Leçons* de 1905 : relancer la question de la signification de ce temps « déjà donné » et qu'aura toujours présupposé, sans le savoir, le projet de constitution temporelle et *a fortiori* de constitution du temps –

1. *Autrement qu'être*, p. 68-69.
2. *Entre nous*, p. 181.

inconstituable, il n'en poursuit pas moins, contre Kant, Husserl, Heidegger, son propos de « déformalisation du temps » – c'est même le sous-titre de la dernière section de cette Conférence –, qui sonnerait alors comme un fin de non recevoir :

> Cette signification d'un passé qui n'a pas été mon présent et ne me concerne pas de réminiscence, et celle d'un futur qui me commande dans la mortalité ou le visage d'autrui – au delà de mes pouvoirs et de ma finitude et de mon être-voué-à-la-mort – n'articulent plus le temps représentable de l'immanence et de son présent historique. Sa dia-chronie, la « différence » de la dia-chronie ne signifie pas pure rupture, mais aussi non-in-différence et accord qui ne sont plus fondés sur l'unité de l'aperception transcendantale, la plus formelle des formes qui, à travers réminiscence et espérance, renoue le temps en le re-présentant, mais le renie [1],

si Levinas n'entendait pas aussi, et pour finir, et jusque dans l'horizon de ce qu'il s'assignait à lui-même comme tâche ultime : « la nécessité de penser le temps dans la dévotion d'une théologie sans théodicée », renouer avec des prédécesseurs :

> ... nous avons cherché le temps comme déformalisation de la forme la plus formelle qui soit, l'unité du *je pense*. Déformalisation dont Bergson, Rosenzweig et Heidegger ont ouvert la problématique à la pensée moderne, en partant, chacun à sa manière, d'un concret plus « ancien » que la pure forme du temps [2].

Où curieusement Husserl se trouve... oublié ! à moins que, trop présent, il n'ait dès le départ accompagné le projet visant à dégager la *condition* du temps.

Jean-François COURTINE
Université Paris IV-Sorbonne
Archives Husserl

1. *Entre nous*, p. 195.
2. *Ibid.*, p. 196.

CHAPITRE VIII

LA LECTURE DIALECTIQUE DES *LEÇONS*

L'interprétation dialectique des *Leçons* sur le temps traverse le mémoire de fin d'études de Jacques Derrida. Elle se prolonge dans l'Introduction à *L'Origine de la géométrie* et vient en quelque sorte se délier dans *La Voix et le phénomène*. C'est surtout Cavaillès et Tran-Duc-Thao que Derrida désignera plus tard comme ceux qui donnèrent son impulsion à cette interprétation dialectique. Plus précisément, *Le Problème de la genèse dans la philosophie de Husserl* fait droit à une « dialectique ontologique du temps ». Derrida y formule l'hypothèse, quelque peu énigmatique au premier regard, qu'il est « possible de fonder dans sa possibilité ontologique et dans son sens (à la fois) une dialectique absolue de la dialectique et de la non-dialectique »[1]. Sans rupture apparente sur ce point, l'Introduction à *L'Origine de la géométrie* continuera à invoquer une dialectique de la rétention et de la protention qu'elle désignera à son tour, en explicitant l'expression, comme la dialectique de la dialectique avec la non-dialectique, comme « la dialectique de la dialectique – l'implication indéfinie, mutuelle et irréductible des protentions et des rétentions – avec la non-dialectique – l'identité absolue et concrète du Présent Vivant, forme universelle de toute conscience »[2].

Avec *La Voix et le phénomène*, en 1967, s'accomplit à vue d'œil le glissement de la dialectique à la différance. Lorsqu'il envisage la temporalité à partir de « l'identité de l'identité et de la non-identité », de « la

1. J. Derrida, *Le Problème de la genèse dans la philosophie de Husserl*, Paris, P.U.F., 1990, p. 17.
2. J. Derrida, Introduction à *L'Origine de la géométrie*, Paris, P.U.F., 1962, p. 157-158.

différance dans l'auto-affection», Derrida se demande si «cette "dialectique", – à tous les sens de ce mot et avant la reprise spéculative de ce concept – n'ouvre pas le vivre à la différance»[1]. C'est en accélérant ce mouvement que la conférence de janvier 1968 sur « la différance » consommera la rupture avec la dialectique, pour conjuguer la *Nachträglichkeit* freudienne avec l'idée, empruntée à Levinas, d'un passé qui n'a jamais été présent : « La structure du retardement *(Nachträglichkeit)* interdit en effet qu'on fasse de la temporalisation (temporisation) une simple complication dialectique du présent vivant comme synthèse originaire et incessante, constamment reconduite à soi, sur soi rassemblée, rassemblante, de traces rétentionnelles et d'ouvertures protentionnelles»[2]. *La Voix et le phénomène* dégage l'obstacle que dresse devant le phénoménologue la possibilité d'un retard originaire. Derrida y met en évidence la façon dont Husserl, dans le Supplément IX des *Leçons*, s'interdit de lier la rétention à l'inconscient: «C'est une véritable absurdité que de parler d'un contenu "inconscient" qui ne deviendrait conscient qu'après coup (*nachträglich*)»[3]. En 1967, *De la Grammatologie* distingue la notion de *trace* de ce que Jacques Derrida désigne à nouveau comme la «dialectique» de la rétention et de la protention. La conception husserlienne de la temporalité reste en effet incapable de comprendre une expérience que ne soutiendrait pas un présent la précédant immédiatement.

Ce glissement progressif que je viens de dessiner à grands traits, Derrida l'a lui-même résumé dans son Avertissement à la publication, en 1990, de son mémoire de fin d'études de 1953-1954 : « [...] À travers les moments, les configurations, les effets de cette loi, la "contamination" originaire de l'origine reçoit alors un nom philosophique auquel j'ai dû renoncer : la *dialectique*, une "dialectique originaire". Le mot revient avec insistance, page après page. Une surenchère "dialectique" prétend aller au-delà du matérialisme dialectique (par exemple celui de Tran-Duc-Thao, souvent cité et jugé insuffisamment dialectique, encore "prisonnier d'une métaphysique"), ou au-delà de la dialectique que Cavaillès croit devoir invoquer contre Husserl dans une phrase alors célèbre ("la nécessité génératrice n'est pas celle d'une activité, mais d'une dialectique"). Que, au cours d'une critique très respectueuse, cet hyper-dialectisme s'explique

1. J. Derrida, *La Voix et le phénomène*, Paris, P.U.F., 1967, p. 77.
2. J. Derrida, *Marges de la philosophie*, Paris, Minuit, 1972, p. 21-22.
3. *LPT*, p. 160.

souvent avec Tran-Duc-Thao ou avec Cavaillès (plutôt qu'avec d'autres lecteurs français de Husserl : Levinas, Sartre, Merleau-Ponty, Ricœur) ; que quelques années plus tard, alors même que dans l'Introduction à *L'Origine de la géométrie* (1962) et dans *La Voix et le phénomène* (1967) je poursuivais la lecture ainsi engagée, le mot ait fini soit par disparaître totalement, soit même par désigner *ce sans quoi* ou *à l'écart de quoi* il fallait penser la différance, le supplément d'origine et la trace, voilà peut-être une sorte de signalisation : sur la carte philosophique et *politique* à partir de laquelle, dans la France des années 50, un étudiant en philosophie cherchait à s'orienter »[1]. Je le rappelle en passant, sans peser : le livre de Cavaillès, *Sur la logique et la théorie de la science,* surtout occupé de *Logique formelle et logique transcendantale,* ne faisait aucune place aux *Leçons.* Mais, dans *Phénoménologie et matérialisme dialectique*, Tran-Duc-Thao mettait fermement en évidence le rapport dialectique du constituant et du constitué, au sein d'une longue note occupée des *Leçons* et des manuscrits du Groupe C, dans laquelle on lit notamment : « Le mouvement du *Présent vivant* consiste à *se dépasser* constamment en maintenant en soi-même son passé à titre de moment *supprimé, conservé, dépassé* »[2].

Je ne reviendrai qu'à peine sur l'étude des *Leçons* que contient *Le Problème de la genèse dans la philosophie de Husserl.* Je voudrais par contre m'y diriger sans hésiter vers une note. Derrida y renvoie à un commentaire des *Leçons* : « Dans une très remarquable étude sur la temporalité chez Husserl et Heidegger, Yvonne Picard souligne fort bien le caractère dialectique de la temporalité chez Husserl. Elle rapproche très justement cette dialectique de la dialectique hegelienne de l'identité et de la non-identité ». L'éloge s'assortit d'une réserve : « Cependant, Y. Picard, jugeant plus authentique la dialectique temporelle chez Husserl que chez Heidegger, ne voit pas que la dialectique est exclusivement "phénoménologique" chez Husserl et que l'idéalisme transcendantal de ce dernier lui interdira toujours de la fonder dans une ontologie de la temporalité de l'être – ce que veut commencer par faire Heidegger »[3]. Qu'on ne se méprenne cependant pas : Derrida fait à l'ontologie sa place dans la phénoménologie de Husserl. Il rapporte la dialectique husserlienne à l'ambiguïté du

1. J. Derrida, *Le Problème de la genèse dans la philosophie de Husserl*, Paris, P.U.F., 1990, p. VII- VIII.

2. Tran-Duc-Thao, *Phénoménologie et matérialisme dialectique*, Gordon & Breach, 1971, p. 143.

3. J. Derrida, *Le Problème de la genèse...*, p. 123, note 39.

mouvement intentionnel, lequel est tout uniment activité et passivité, création et intuition, production et réceptivité, et il estime que « cette ambiguïté marquera du sceau dialectique toute la pensée de Husserl »[1]. Brentano lui-même conserve à ses yeux le mérite « d'instituer le temps à partir d'une dialectique du constituant et du constitué » (« Le temps n'apparaît comme temps phénoménologique constituant que parce qu'il est constitué »[2]), une dialectique que Husserl ne pourra pas plus éluder qu'il ne pourra peut-être, du coup, soustraire la phénoménologie à l'ontologie. « Or Husserl prétend, après avoir critiqué Brentano, s'en tenir exclusivement à l'origine constituante du temps. Ne serait-il pas contraint, par une description qui sera elle aussi dialectique (dans la sphère phénoménologique) de réintégrer le constitué dans le constituant et de faire de la genèse un moment nécessaire à l'intérieur du champ originaire ? La phénoménologie ne serait plus tout à fait maîtresse chez elle. L'ontologie serait *déjà* dans la place »[3]. Abstraction faite de la distinction entre le sujet et le monde, qui, selon Derrida, appartient elle-même au niveau du constitué, « quelle différence essentielle y a-t-il entre la transcendance des moments constitués à l'intérieur du pur flux du vécu par rapport à un "maintenant" originaire et la transcendance des objectivités "réelles" du temps ? »[4].Une nécessité stricte pousserait la phénoménologie à s'ouvrir à l'ontologie. La rétention du passé renverrait à la facticité du monde. La conscience rencontre, avec l'antériorité du monde, le passé qu'elle-même retient. Le retard *dans* la conscience serait inséparable du retard *de* la conscience sur l'être. La constitution dépendrait du donné qu'elle conserve en le dépassant.

Le travail d'Yvonne Picard, qu'évoque rapidement Derrida, est intitulé « Le Temps chez Husserl et chez Heidegger ». Jean Wahl en avait accompagné d'un mot sobre la publication dans la revue *Deucalion*[5], en 1946 : « Nous tenons à honneur de publier ces pages d'Yvonne Picard, étudiante à la Sorbonne, morte dans un camp de concentration. Elles ont été publiées en 1941 ». C'est à commencer de déplier ces pages que je vais me limiter.

Bianca Lamblin a cherché à reconstituer les conditions de l'arrestation d'Yvonne Picard, en juin 1942, et celles de sa mort à Birkenau, le 9 mars

1. J. Derrida, *Le Problème de la genèse...*, p. 121.
2. *Ibid.*, p. 117.
3. *Ibid.*, p. 117.
4. *Ibid.*, p. 111.
5. Y. Picard, « Le temps chez Husserl et chez Heidegger », *Deucalion*, 1946, (1), p. 95-124.

1943[1]. De son article, indispensable, je me contrains à ne retenir ici que quelques informations relatives à la formation philosophique d'Yvonne Picard. Celle-ci fut marquée par l'enseignement qu'elle reçut de Merleau-Ponty en terminale, au cours Sévigné. Merleau-Ponty l'amena à s'intéresser à Kant, Hegel, Husserl, Heidegger; elle se mit à l'apprentissage de l'allemand. Elle lut Sartre, *L'Imagination*, *La Nausée*, *La Transcendance de l'ego*. Ses études universitaires furent dominées par la figure de Jean Wahl et par son livre *Le Malheur de la conscience dans la philosophie de Hegel*. Mais ce sont surtout les derniers cours de Kojève, qu'elle suivit en 1938-1939, qui déterminèrent sa lecture de Hegel[2].

Dans le numéro de la revue *Liberté de l'esprit* consacré, en 1987, à la mémoire de quelques grands résistants, à quelques « Visages de la résistance », Emmanuel Levinas introduit brièvement à la réédition d'un fragment de ce texte qu'il découvrit, précise-t-il, dans *Deucalion*, en 1946. Il y remarque que les rapports tissés là entre Husserl et Heidegger ne pouvaient que heurter ceux qu'il nommait « les heideggeriens de stricte observance ». Mais l'essentiel ne lui paraissait pas résider tant dans le rapprochement de Husserl avec Heidegger que dans l'analyse de Husserl lui-même : « On ne saurait rester indifférent à ses efforts réussis en vue de dégager d'une série de textes – qui se complètent ou se corrigent mutuellement chez Husserl – l'irréductible nouveauté de la dia-chronie d'entre toutes relations déjà référées à l'espace »[3]. Auparavant, dans un texte de 1965, « Intentionnalité et sensation », qui devait être repris en annexe de la réédition d'*En découvrant l'existence avec Husserl et Heidegger*, Levinas avait noté (en situant la publication du texte en 1947) : « *Cf.* pour tout le problème du temps et de l'intentionnalité la pénétrante étude parue dans *Deucalion* I en 1947 et représentant le mémoire du Diplôme d'Études Supérieures d'Yvonne Picard qui doit remonter aux premières années de l'occupation. Ce texte met notamment en valeur l'appendice V du ZB. C'est l'un des premiers essais de repenser avec vigueur, préfigurant déjà la façon de Merleau-Ponty, de Ricœur et de Derrida, les minutieuses analyses de Husserl, dans la voie ouverte par Jean Wahl. On y trouve une confrontation entre Husserl et Heidegger et Heidegger n'y a pas toujours le dernier mot. Yvonne Picard est morte en déportation pour avoir participé à la

1. B. Lamblin, « L'histoire d'Yvonne Picard », *Esprit*, mai 1992, p. 88-99.
2. *Ibid.*, p. 90.
3. E. Levinas, « Yvonne Picard », *La Liberté de l'esprit*, « Visages de la Résistance », 1987, (17), p. 278.

Résistance sans que son origine ait pu être la cause de son martyre. Nous tenons à lui rendre ici un pieux hommage – imprescriptible – en évoquant sa pensée et en faisant ainsi remuer ses lèvres de morte »[1].

Je le répète, mon intention est avant tout de faire entendre ces pages. Je ne me propose pas par priorité, je le déclare sans façon, d'éprouver finement l'exactitude des lectures qu'elle esquisse, de Husserl et de Heidegger, ou encore celle de Hegel, lequel tient souvent lieu de présupposition à la confrontation des deux autres[2]. Mesurée à l'aune de la dialectique – entendons : de la dialectique *hegelienne* -, l'entreprise de *Sein und Zeit* se solderait pour elle par un échec. Cet échec enveloppe une conception de la philosophie qui ne satisfait pas à la définition qu'en donne Hegel. Pour aller vite, elle ne marque pas suffisamment la rupture, ou, plus justement, le renversement du monde que la philosophie opère. On pourrait dire que la réflexion philosophique se borne, pour Heidegger, à expliciter un déjà-là. Yvonne Picard considère qu'il existe deux méthodes phénoménologiques distinctes. Chez Heidegger, la méthode est de « phénoménologie existentielle »; chez Husserl, de « phénoménologie réflexive ». En première approche, leur projet coïncide néanmoins. De part et d'autre il s'agit de décrire « l'existant tel qu'il se montre » (on reconnaît le vocabulaire proposé par Henri Corbin pour *Seiende*), « l'expérience qui donne leur sens à toutes les autres ». Sur ce fond d'identité qui correspond à la recherche de « l'être le plus originaire », les divergences se détachent.

Comme Levinas l'a noté, la confrontation ne tourne franchement pas à l'avantage de Heidegger. Pour Husserl autant que pour Heidegger, écrit-elle, « l'être est le temps » (p. 99). Cette interprétation, que Derrida contestera, offre le sol commun à partir duquel s'accomplit le partage. Alors que Heidegger admettrait une « uniformité du temps », Husserl, à la différence de Heidegger, ferait droit, pour sa part, à un « temps dialectique » en un sens hegelien. Heidegger se soustrairait à la sentence de Hegel : « La philosophie est le monde renversé » (p. 98) à laquelle Husserl semblerait, lui, souscrire : on sait pourtant, je me contente de le rappeler au passage, que

1. E. Levinas, « Intentionnalité et sensation », *Revue internationale de philosophie*, 1965, p. 47.

2. La recherche sur la signification *plurielle* du concept de *dialectique* chez Hegel s'est désormais beaucoup approfondie. Une mise au point très éclairante en a été faite par A. Stanguennec dans un article de 1987, « Le dialectique, la dialectique, les dialectiques chez Hegel », repris dans O. Tinland (dir.), *Lectures de Hegel*, Paris, Le Livre de poche, 2005, p. 86-112.

Heidegger avait lui-même déjà allégué cette phrase avec laquelle il dit s'accorder, au début de *Qu'est-ce que la métaphysique?*[1]. De l'avis d'Yvonne Picard, la phénoménologie husserlienne est précisément réflexive dans la mesure où elle ne se satisfait pas de l'existence comme telle. Au contraire, l'uniformité du temps qu'elle diagnostique chez Heidegger résulte de ce que la prise de conscience n'entraîne pas un bouleversement radical du rapport du *Dasein* au monde. Il n'y a finalement qu'une seule manière pour le *Dasein* de se mondaniser: à partir de l'avenir. Et à cette perspective monotone, la description des manières inauthentiques d'être au temps – l'attente, la curiosité, l'oubli – ne change finalement rien. La temporalité heideggerienne, fût-elle frappée d'inauthenticité, révèle, en ultime analyse, ce qu'on pourrait se risquer à appeler son univocité. « C'est qu'au fond il n'y a selon [Heidegger] qu'une façon pour le Dasein d'exister, pour le monde de se "mondaniser", pour le temps de se temporaliser : à partir de l'avenir. Le mouvement qui fait que l'être se déploie et se détermine s'effectue toujours dans le même sens. Il y a une sorte d'auto-position du moi passif (ici de la facticité) qui est éternellement la même et qui se retrouve, identiquement semblable, derrière les modes d'être en apparence les plus divers du *Dasein*. C'est toujours une certaine manière d'être pour le futur qui explique en dernier ressort les structures originales de la conscience : la compréhension (*Verstehen*), la tonalité affective (*Stimmung*), la chute (*Verfallen*), la *Befindlichkeit*. Même les modes d'être au temps les plus inauthentiques comme l'attente, la curiosité, l'oubli sont des conséquences rigoureuses de la temporalisation à partir de la temporalité originaire. "A la source de toutes ces dégradations, dit Heidegger, il y a une non-résolution (*Unentschlossenheit*), c'est-à-dire une détermination d'avenir". Même si le Dasein fuit en apparence la mort, il ne cesse de la voir (§ 81) » (p. 98).

En somme, la temporalité s'accorderait chez Heidegger avec la méthode : nul progrès ne s'y accomplirait. Une remarque : dans son cours de 1938-1939, celui que suivit Yvonne Picard, Alexandre Kojève identifiait le discours nécessairement dialectique du philosophe à un progrès, et il caractérisait le progrès par l'imprévisibilité[2]. Dire, comme Heidegger le fait, que l'essence humaine est fondée sur l'existence, ce serait, à suivre

1. Heidegger, « Qu'est-ce que la métaphysique ? », dans *Questions* I et II, Paris, Tel-Gallimard, 2001, p. 47.

2. Kojève définissait là le progrès par l'imprévisibilité : « [...] Il y a *progrès* allant de A à B, si l'on peut comprendre A à partir de B sans pouvoir comprendre B à partir de A » (*Introduction à la lecture de Hegel*, Paris, Gallimard, 1947, p. 281).

Yvonne Picard, admettre que le passage à l'essence ne comporte aucun progrès véritable. Son commentaire noue au plus serré la décision résolue et la suppression de la nouveauté. Ainsi cite-t-elle, pour une fois dans la traduction de Corbin, un passage du § 53 relatif à l'*Augenblick* : « La réalité humaine (*Dasein*) par l'élan de son anticipation, se préserve de retomber en arrière de soi-même, en arrière du pouvoir être déjà compris et de “devenir trop vieille pour ses victoires” (Nietzsche) » (p. 97). C'est dans cette direction qu'elle interprète le § 79 de *Sein und Zeit* qui dit que l'existence authentique ne perd jamais le temps[1]. « Après la “décision résolue”, l'acceptation de la mort dans son sens inéluctable, la reconnaissance du primat de l'avenir, rien n'est plus à recommencer. [...] Le *Dasein* ayant reconnu son destin, n'a pas de peine à maintenir sa fidélité à soi-même » (p. 96). Et, franchissant la distance qui sépare le *Dasein* de la conscience, elle ajoute : « La conscience est à l'abri de la dispersion, de l'oubli, de la fragmentation et comme du monnayage de son existence en une série de “maintenant” discontinus, sans liens visibles les uns avec les autres, – toutes choses qui n'appartiennent qu'à l'existence non encore authentifiée. Elle est une fois pour toutes ce qu'elle doit être, et désormais sa liberté ne peut être aliénée » (p. 96). Poussée à son terme, la logique heideggerienne, comme elle retient le présent de tomber, écarterait l'imprévisible : « Pourquoi aurait-on “du mouvement pour aller plus loin” puisqu'*on ne peut pas* aller plus loin que la mort ? En conséquence, la temporalisation du temps ne doit aboutir, en bonne logique, qu'à la constitution d'un unique présent, présent éternel qui n'aura pas à tomber à son tour au passé, et qui embrassera l'avenir dans sa totalité comme le dit Heidegger de l'*Augenblick*. Aucun nouveau maintenant ne peut venir après lui. Il a tout prévu. Aucun imprévisible ne peut donc surgir à sa suite, qui ferait la preuve du caractère partiel, insuffisant, de ce premier en date et le repousserait dans le passé – passé qu'il faudrait ensuite *assumer* de nouveau, puisqu'il n'aurait pas été pris dans la première synthèse existentielle, et que finalement il n'y aurait pas de synthèse totale, mais toujours, fatalement, quelque chose qui nous échappe » (p. 111-112). À l'opposé, chez Husserl, Yvonne Picard met aussitôt l'accent sur le passage du présent en passé, sur la nécessaire retombée du présent dans le passé : « Husserl montre [...] que non seule-

1. *Cf.* Heidegger, *Être et temps*, trad. fr. E. Martineau, p. 281 [410] : « De même que l'existence inauthentique perd constamment du temps et n'en “a” jamais, de même la temporalité de l'existence authentique se caractérise-t-elle de façon privilégiée par le fait que, dans la résolution, elle ne perd jamais de temps et “a toujours le temps” ».

ment la temporalisation à partir de l'avenir fait naître *un* présent, mais que, *en même temps*, elle fait tomber le présent précédent dans le passé. L'avenir de Heidegger ne fait rien tomber, c'est pourquoi il permet un être à soi total » (p. 112).

La différence des méthodes se concentre, au moins provisoirement, autour de la différence qui sépare Hegel de Kant. Sommairement restituée, la démarche heideggerienne paraît proche de celle de Kant : elle considère que la philosophie est plus un prolongement qu'une inauguration. Philosopher, ce serait simplement, dans cette perspective, prolonger l'attitude spontanée, mais sans rompre avec elle : « Pour Heidegger, la démarche philosophique essentielle est analytique : elle consiste à retrouver l'être caché ». Ce qui, en termes kantiens, équivaut, continue Yvonne Picard, « à remonter du conditionné au conditionnant, à découvrir ainsi de quelle façon est possible l'existence déchue. La recherche mène de l'empirique au transcendantal, de l'ontique à l'ontologique » (p. 95). La méthode de la phénoménologie heideggerienne consiste en une explicitation de ce que masque la banalité quotidienne, elle fait passer la connaissance à la reconnaissance. Mais, même s'il admet que « le *Dasein* se perd dans un monde qu'il connaît mais qu'il ne reconnaît pas comme connu » (p. 98), Heidegger n'attend de la prise de conscience philosophique aucun bouleversement des relations que le *Dasein* entretient avec le monde.

Une telle uniformité, qui condamne la temporalité heideggerienne à la monotonie, laisse inexpliquée la chute en inauthenticité. « D'où vient la chute comme telle ? » (p. 96). La question recoupe celle de la subordination de l'espace au temps : « Bien que Heidegger se défende (p. 367) de déduire l'espace du temps ou d'accorder un privilège au sens intime dans le sens kantien du terme, il dit bien souvent que l'espace est un temps déchu, constitué par l'oubli de l'avenir et par une prétention injustifiée du présent à s'imposer, à se détacher de l'avenir et du passé par lesquels seuls il est [...] » (p. 97). Bref, l'espace n'est pas autre chose qu'une dégradation du temps. Et même si Heidegger fait droit à un futur authentique, à un mode de temporalisation qui en préserve la portée originaire, la question ne s'en trouve pas annulée; elle s'en trouve tout au plus déplacée : « Mais le problème soulevé plus haut : l'être-au-monde, la facticité, la spatialité du *Dasein* ne sont-ils que l'expression d'une déchéance fatale due à l'inconsistance essentielle de l'existence ? n'est que reporté et reposé de la façon suivante : le temps décrit par Heidegger comme authentique est-il un temps riche, un temps plein, un temps d'expérience ? » (p. 97). Plus nettement cernée, la question que la temporalité heideggerienne fait lever devient :

« Quel peut être le contre-coup de la découverte d'une existence authentique sur l'existence décrite jusque-là ? » (p. 97). Autrement dit, entre ces deux modes d'existence, une conciliation est-elle concevable ? La formule heideggerienne « *das Wesen des Daseins liegt in seiner Existenz* » – que Corbin mettait en évidence dans l'Avant-propos de sa traduction (p. 14) – condenserait *l'ambiguïté* (le mot revient volontiers), l'ambiguïté non dialectisable de la pensée heideggerienne. Entre l'essence et l'existence, le rapport y est-il d'opposition dialectique ? Ou ne faudrait-il pas plutôt l'y voir, déplore-t-elle, comme un rapport d'inhérence ? « Cela signifie-t-il (ce qui est à craindre) que l'essence est comme *déjà là* dans l'existence, profilée, projetée, et qu'il suffit d'une sorte de travail d'épuration pour la retrouver dans sa vérité et sa plénitude sans qu'un *progrès* véritable soit accompli pour cela ? » (p. 98).

Des *Leçons* de Husserl, Yvonne Picard met en valeur l'insistance sur la place de l'intentionnalité au sein de la temporalité. Plus, elle va jusqu'à identifier celle-ci à celle-là. La thèse qu'elle soutient avance que « le temps dialectique et l'intentionnalité (comme ce qui nous fait être à un monde, nous jette à des ob-jets) sont une seule et même chose » (p. 113). Il s'agit par là de dresser la dialectique temporelle contre la durée pure, coupée du monde. La rétention n'ignore pas le perçu. Comme le souligne le § 39[1], intentionnalité longitudinale et intentionnalité transversale sont les deux faces d'une seule et même chose. Il n'y a rien de magique – le mot semble faire signe vers Sartre – dans le recours à l'intentionnalité transversale. Husserl ne confère pas à cette dernière la portée d'« une opération magique inventée tout exprès pour me faire passer "du côté de l'objet" » (p. 115).

Le temps heideggerien ignore la dialectique; l'intentionnalité husserlienne se confond, elle, avec la temporalité dialectique. Du coup, Heidegger échoue dans sa prétention à fonder l'intentionnalité au sens husserlien. Yvonne Picard va même jusqu'à déceler chez lui une pente psychologiste. Une temporalité non-intentionnelle est « forcément psychologique » puisque coupée du monde. Prétendre déduire l'espace du temps revient à se couper du monde, à constituer un monde à part du « monde unique et commun de l'intersubjectivité » (p. 113). A la question, posée presque d'emblée (p. 96-97), de savoir s'il y aurait un monde et un être dans

1. « En conséquence, il y a dans un seul et même flux de conscience *deux intentionnalités*, formant une unité indissoluble, s'exigeant l'une l'autre comme deux côtés d'une seule et même chose, enlacées l'une à l'autre » (*Leçons*, p. 108).

le monde pour une existence qui se conserve authentique, et si l'être-au-monde est, avec la facticité et la spatialité, l'expression de la déchéance, la réponse finit par tomber : « [...] Il ne semble pas qu'il puisse y avoir un monde après la décision résolue, la découverte de l'être pour la mort. Pas de monde, pas davantage de présence à autrui, pas d'histoire, et c'est pourquoi la mort ainsi comprise isole radicalement. » (p. 113) Et, réactivant une question qu'elle avait également faite d'entrée de jeu (p. 97), Yvonne Picard conclut que toutes les affirmations telles que « le *Dasein* authentique existe essentiellement comme réalisant une co-présence avec d'autres, son destin est lié à une destinée, il appartient *a priori* à une communauté, à un peuple, à une génération » – sont fallacieuses. « Il y a là, continue-t-elle, une promesse que Heidegger n'a pu remplir. Il faudrait réformer sa notion du temps pour donner un sens à de telles formules » (p. 113). Bref, et pour le dire carrément, bien trop massivement : Yvonne Picard retourne contre Heidegger le reproche de monotonie que, rappelle-t-elle (p. 106), celui-ci adressait à la conception vulgaire du temps.

Le constat d'une primauté du présent demande, à l'inverse, à être affiné chez Husserl. Parler comme lui, tant bien que mal, d'un flux, ce n'est pas désigner une suite de maintenant séparés. Le flux, en tant que tel, ne change pas. Si, empiriquement, un changement peut se muer en repos et un repos se muer en changement, il faudrait dire du flux absolu qu'à la différence du processus empirique, il ne peut se transformer en non-changement et qu'aucun morceau de ce flux ne peut se transformer en un non-flux. Le présent de Husserl ne doit pas être entendu à partir du nivellement que condamne Heidegger. Il ne consiste en aucune façon en une multiplicité de maintenant discrets, « chaque nouveau maintenant faisant oublier le précédent [...] et étant lui-même incapable d'amener un imprévu » (p. 105). Le temps husserlien est, tout au contraire, « continuité absolue » (p. 106) ; et tout au contraire, il conserve leurs droits à l'imprévu et à la nouveauté. Lorsque Husserl parle du flux comme de la forme de la temporalité, il ne sépare pas cette forme de sa matière. Une forme séparée de sa matière ne pourrait que faire pièce au changement. Chez Heidegger, Yvonne Picard avait dénoncé « une forme unique de la temporalité, une opération constituante monotone qui permet la solution de tous les problèmes parce qu'elle est la source de toutes les déterminations » (p. 99) ». La forme est au contraire, chez Husserl, inséparable de la nouveauté ; elle traduit une constance au sein de la nouveauté et n'a de raison d'être que par la nouveauté. Par l'impression, la nouveauté arrive à la conscience : « [...] À chaque instant elle est affectée d'une impression jaillissante, imprévisible dans ce qu'elle a de créateur». Une interprétation de la conscience en termes hegeliens avant que sartriens, semble alors imposer une mise en perspective dialectique : « Il est essentiel à la conscience de comporter cette ouverture, cette négativité, de ne pas être fermée sur soi comme une chose » (p. 102).

Reconsidérée dialectiquement, reconsidérée dans son lien dialectique à l'avenir et au passé, la prétendue ponctualité du présent husserlien s'accompagne d'une nécessaire médiation : « [...] À chaque instant un nouveau maintenant apparaît. Celui-ci transforme par là même le maintenant précédent en maintenant *retenu*, impliqué par le nouveau maintenant qui lui donne son sens et qui lui-même apparaît comme sens du maintenant premier en date. Ainsi le maintenant comme tel fait surgir une frange, un horizon de rétention. Mais il n'est pas lui-même un absolu, relié seulement d'un côté à ce qui le précédait – il développe à son tour un horizon de protention, dirigé vers le futur, c'est-à-dire qu'il se connaît lui-même comme passager, comme étant l'annonciateur d'un à-venir qui de nouveau le fera devenir passé, et par là même lui donnera son sens propre » (p. 102). Parce que dialectique, la temporalité husserlienne résiste à la détermination heideggerienne de la temporalité vulgaire. Davantage, c'est le présent heideggerien qui devrait être regardé avec suspicion. Heidegger manquerait la véritable signification du présent dans l'exacte mesure où il le subordonnerait unilatéralement au point de vue de l'avenir et le retiendrait dans les limites du seul champ de présence. Et, réduisant le présent au seul champ de présence, il manquerait l'espace qu'il ramène à un présent perpétuel.

La conscience du temps que délivre la réduction husserlienne ne se laisse pas enfermer au sein des oppositions de la permanence et de la succession, de l'acte et des états, de l'éternel et du temporel. En tant qu'il associe indivisiblement l'impression et la rétention – Derrida allait accentuer la tension entre ces deux termes[1] – le temps husserlien est tout à la fois *événement* et *structure* (p. 105). Reconsidérée dialectiquement, la

1. Yvonne Picard évoque le § 32 des *Leçons*. Derrida en détache la proposition qui énonce l'impossibilité d'« un maintenant que rien n'aurait précédé » (Husserl, *Leçons*, p. 91) pour faire saillir la contradiction avec le § 31 qui voit dans l'impression originaire le « non-modifié absolu ». La question de la dialectique s'impose d'elle-même, on le voit, dès lors qu'est soulevée la difficulté de penser ensemble l'impression originaire et la rétention. S'il y a là contradiction, cette contradiction demande-t-elle à être levée ? Et de quelle manière, sinon dialectiquement ?

conscience du temps apparaît comme la « synthèse de l'un et du multiple, ni unité par elle-même en-dehors de la multiplicité, ni multiplicité privée d'unité. Elle réalise, comme le dit Hegel, l'union de l'union avec la non-union » p. 101). Derrida, sensible à ces lignes, traduira, on l'a vu : « de l'identité et de la non-identité ». Le *Jetzt* n'est instantané qu'à être lui-même, originairement en quelque sorte, médiatisé. Le présent – Derrida le redira presque littéralement dans *La Voix et le phénomène*[1] – se médiatise continuellement avec le non-présent. Ni être ni non-être – on ne peut évidemment que penser au début de la *Logique* de Hegel[2] –, l'instant husserlien est « la médiation de l'un à l'autre ». Décrire sa manifestation amène à conclure qu'il est de la nature de l'instant de cesser d'être maintenant. La traduction en termes hegeliens s'impose à nouveau : « L'immédiat n'est donné comme immédiat que par la médiation – la médiation n'est telle que parce qu'elle est médiation d'un immédiat-médiat, et médiat et immédiat renvoient absolument l'un à l'autre et leur rapport est *dialectique* » (p. 105). La dialectique du temps husserlien opère la relève de la contradiction apparente entre l'impression originaire et la rétention, « l'impression originaire n'a de sens que pour et par la rétention – la rétention n'a de sens que pour et par l'impression » (p. 105). C'est dire que Husserl ne s'abandonne pas au privilège naïf du présent. La critique d'inspiration heideggerienne se trouve prévenue par la complication dialectique de l'*Urimpression.* Plus exactement, Husserl préserve *le point de vue du présent* tout en reconnaissant le primat de l'avenir. En d'autres termes, il s'interdit d'adopter jamais, comme le fait résolument Heidegger, *le point de vue de l'avenir*. Heidegger délivre un passé conçu, au § 65, comme *Gewesenheit*, qui « jaillit de l'avenir » (*Sein und Zeit*, 325) et dans lequel Ricœur reconnaît le mouvement du « retour sur soi inhérent à toute prise de responsabilité »[3]. Il s'agit, selon Yvonne Picard, à la lettre, d'un oubli de Heidegger. Procédant du point de vue de l'avenir, « Heidegger oublie que, exactement

1. *Cf.* J. Derrida, *La Voix et le phénomène*, p. 72 : « On s'aperçoit alors très vite que la présence du présent perçu ne peut apparaître comme telle que dans la mesure où elle *compose continûment* avec une non-présence et une non-perception, à savoir le souvenir et l'attente primaires (rétention et protention) ». Derrida critique à cet endroit la solution du § 17 des *Leçons*. J'ai rappelé cette critique dans « Nécessité de la fiction », ma contribution au volume des Cahiers de l'Herne consacré à Derrida.

2. Yvonne Picard cite ce texte p. 107. Chez Hegel lui-même, c'est, notons-le, plus strictement à l'idée de *passage*, caractéristique de la logique de l'être, que semble correspondre la temporalité.

3. P. Ricœur, *Temps et récit*, 3 tomes, Paris, Seuil, 1983-1985, t. III, p. 104.

au moment où le présent authentique (le champ de présence husserlien) se constitue comme ayant-été avenir (avenir passé) un second passé est par là même formé (le champ de présence précédent) qui disparaît d'un bloc, et qui n'est pas, lui, directement le passé d'un avenir, mais le passé d'un présent » (p. 112). L'unité temporelle extatique chez Heidegger, la contemporanéité du futur, du passé et du présent à l'intérieur d'un même champ de présence, n'apparaît guère à Yvonne Picard que comme la « transposition de l'idée husserlienne d'un présent total où il est impossible d'assigner une part fixe à l'une quelconque des dimensions du temps » (p. 104). Mais il faut ajouter qu'il y a deux coexistences, deux simultanéités (*Sein und Zeit*, § 38) : celle qui règne à l'intérieur du champ de présence, du présent total que Heidegger aurait seul considéré, et la quasi-coexistence qui s'établit entre ce champ de présence d'une part et le champ de présence précédent qui devient passé. A suivre Yvonne Picard, on conclurait volontiers que, plutôt que Heidegger n'accomplirait Husserl ou lui échapperait, c'est Husserl qui permettrait d'expliquer Heidegger, de cerner les lacunes de sa pensée du temps. Heidegger reste pris à l'intérieur de ce que Husserl dessine comme un champ de présence : « C'est dans la simultanéité absolue qui maintient ce bloc de durée que l'avenir, le passé et le présent jaillissent ensemble. Il se produit ainsi ce que Heidegger appelle une extase, ou plutôt une unité temporelle extatique : l'avenir passe alors directement au passé, la protention à la rétention, et l'instant de ce passage, le *Jetzt* pur ne peut être saisi, il n'y a pas de place assignable pour lui entre ces deux régions dont l'une serait dévolue au futur et l'autre au passé. Mais cette individuation continue ne s'arrête pas aux limites du *Präsenzfeld*. [...] Chaque extase se révèle aussitôt à elle-même comme non-extase, comme provisoire, elle est replongée dans le temps » (p. 112-113). Husserl a vu le champ de présence que voit Heidegger; mais Heidegger, en s'arrêtant aux limites que trace le champ de présence, ne comprend pas tout ce que comprend Husserl. Le tort de Heidegger résiderait, encore une fois, dans son défaut de dialectique[1]. Le temps est une synthèse de continuité et de discontinuité; simultanéité et

1. La solution du premier Derrida – la dialectique de la dialectique avec la non-dialectique, c'est-à-dire la dialectique de l'implication elle-même dialectique des protentions et des rétentions, d'une part, avec la forme du présent vivant, d'autre part, s'ébauche chez Y. Picard (et offrira la clé du rapport entre le temps et l'espace) : « Il y a un *Zusammen* qui résulte de la continuité des modes d'écoulement et il y a un autre *Zusammen* qui résulte de ce que le mode d'écoulement est identiquement le même (§ 38) (le présent passe d'un seul coup, comme une vague, comme une couche qui se dépose) » (p. 112).

succession sont dialectiquement inséparables. « Le temps authentique de Heidegger n'étant pas mû par cette dialectique interne, est comme mort » (p. 113).

Au fond, Husserl tire de la primauté de l'avenir les mêmes conséquences négatives qu'en tirera Heidegger. Yvonne Picard resserre cette convergence autour de trois points : 1. « [L'avenir] n'est pas donné comme un *Vorhanden* » ; 2. « La conscience qui a un avenir n'est pas une chose » ; 3. « La conscience qui a un avenir n'a pas d'idées au sens de *eidos* qui puissent être comme des choses fermées sur soi ». Le projet husserlien est conforme à ce qu'Yvonne Picard désigne – de l'expression par laquelle Sartre avait présenté l'intentionnalité dans son fameux article de la NRF – comme *l'idée fondamentale de Husserl* : la conscience est conscience d'horizon[1]. Ces points de rencontre entre Husserl et Heidegger sont tout, sauf négligeables. Ils ne doivent cependant pas voiler les divergences qui les séparent. Il est juste de dire que l'avenir est ce par quoi l'homme se comprend. L'avenir prime dans la constitution du temps. La preuve en est que le temps passe dans un sens. Une conscience sans avenir ne serait pas possible : l'avenir est pour elle une condition *a priori*. Mais s'ils se rejoignent sur les conséquences *négatives* du primat de l'avenir, Husserl et Heidegger cessent de s'accorder sur sa positivité. Parce que Husserl pense que l'avenir est toujours vu depuis le présent, parce qu'il n'abandonne pas, comme Heidegger le fait, le point de vue du présent au profit du point de vue de l'avenir, il conçoit un avenir sans terme : « Il y a donc toujours l'à-venir pour la conscience, elle n'est jamais accomplie, jamais en possession totale de la vérité » (p. 109).

Le mot de *finitude* surgit pourtant sous la plume d'Yvonne Picard à propos de Husserl : Derrida fera de même dans *La Voix et le phénomène*. La rétention de rétention n'est pas possible à l'infini ; elle trace des limites à la capacité de présence à soi de la conscience. De la sorte « émerge un "champ de présence", "un grand maintenant" comportant impression, protention et un certain nombre de rétentions, ce qui marque à tout instant notre finitude et constitue des bornes à la liberté, à l'agilité de la conscience » (p. 103). Cependant, cette finitude de la conscience husserlienne ne coïncide pas avec la finitude heideggerienne du temps. Hegel a raison lorsqu'il écrit de

1. Plus exactement : « [...] Toute connaissance est ainsi définie comme connaissance d'horizons ou encore comme perspective » (p. 107). La conférence dans laquelle Sartre différenciera *conscience de soi* et *connaissance de soi*, plus tardive, sera prononcée en 1947.

la négation qu'elle n'est finie que pour ce qui la dépasse, lorsqu'il dégage une dialectique du fini et de l'infini à laquelle souscrit Husserl, mais dont Heidegger se déprend. Si la mort est la possibilité de l'impossible, comme l'a montré Heidegger, c'est donc qu'elle ne constitue pas elle-même un phénomène du temps: l'instant de la mort échappe à la médiation, il ne permet plus de passage de l'avenir au passé. Dire que la mort n'est pas un phénomène du temps équivaut à considérer que la mort « n'impose donc pas rigoureusement de fin au temps ». Le diagnostic d'une extériorité de la mort par rapport à la conscience présidera bientôt à la critique sartrienne de l'être-pour-la-mort. Mais l'argument est ici différent. C'est à nouveau à l'exigence dialectique que la temporalité phénoménologique est mesurée. L'instant de la mort reste privé de médiation. Rien de tel, en fin de compte, chez Husserl. Le primat de l'avenir préside également aux *Leçons*. Mais il ne s'y identifie toutefois pas sans reste au point de vue apparemment identique que lui attribue Heidegger. Husserl, à la différence de Heidegger, ne confère pas à l'avenir la dignité d'un point de vue qu'on dirait, un peu facilement, de survol. Mettre l'accent sur l'une des dimensions du temps ne le conduit pas à le soustraire à l'enchevêtrement de rétention, impression, protention qui constitue la forme originaire du temps: «Il y a bien un primat de l'avenir, mais jamais de point de vue de l'avenir, toujours point de vue sur lui» (p. 110). A la question «qu'est-ce qu'un temps dialectique?», Yvonne Picard répond qu'est dialectique une conception du temps pour laquelle « le passé renvoie indissolublement au présent et le présent au passé, cela parce que le présent renvoie à l'avenir et que par conséquent le passé comme ancien présent renvoie au présent actuel comme avenir de ce passé» (p. 113). Heidegger concevrait le passé comme ayant-été avenir: voilà le *point de vue de l'avenir*. Husserl, adoptant le *point de vue du présent,* verrait dans le passé un ancien présent qui apparaît comme ce dont le présent actuel est l'avenir. Tel serait l'enseignement de Husserl: on n'échappe pas au point de vue du présent, mais ce point de vue est toujours en relation dialectique avec l'avenir[1]. Avec la décision résolue, Heidegger arrête le temps. On ne peut aller plus loin que la mort. Subordonné à

1. Adopter le *point de vue du passé* reviendrait à reproduire l'erreur de l'empirisme: « Si précisément nous pouvions prendre, ne serait-ce qu'un instant, le point de vue du passé, les empiristes auraient raison: le souvenir serait un fragment détaché qui revivrait, c'est-à-dire remonterait le cours du temps. Mais alors le passé ne serait pas connu comme passé, il ne pourrait être "localisé", et ce temps ne serait en aucune façon une conscience du temps » (p. 110).

l'instant de la mort, le retour réflexif de la décision résolue n'a lieu qu'une fois. Quelle raison y aurait-il de le répéter ?

Il conviendrait, cela va sans dire, de prendre la mesure des objections adressées à Heidegger, d'une part, des ressources dialectiques attribuées à Husserl, d'autre part. J'esquisserai tout au plus quelques questions, à titre éventuellement programmatique. Est-il légitime de tenir pour nulle et non avenue la précision qu'apporte le § 60 de *Sein und Zeit* qui pose explicitement que la résolution « ne retranche pas le *Dasein* de son monde, qu'elle ne l'isole pas », mais « n'est quand même *proprement* rien d'autre que l'*être-au*-monde » (*Sein und Zeit,* 298, traduction Vezin 356) ? Peut-on, sans dommage excessif, ramener la co-originarité des trois dimensions temporelles que pointe le § 65 relatif au souci à n'être pas autre chose, pas davantage qu'une transposition de l'unité de la protention et de la rétention au sein du présent vivant ? La co-originarité des extases temporelles n'est-elle pas bien plus rétive à l'uniformisation que ne le juge Yvonne Picard ? Rapportée, au § 57, à l'impératif kantien à travers la triple structure de l'appel, elle en offre, par exemple, une lumineuse différenciation.

S'il faut accorder à *Sein und Zeit* (§ 80) que « l'expression du temps en espace est l'expression du temps au présent », autrement dit que l'espace est un présent absolutisé, ce présent prend chez Heidegger la valeur d'une usurpation. Celui-ci éternise le présent. C'est pourquoi, selon Yvonne Picard, il s'interdit de comprendre l'espace autrement que comme le résultat d'une chute[1]. À l'opposé, Husserl ne s'enfermerait pas dans la vaine tentative de déduire l'espace du temps. Il oppose fermement l'espace au temps comme à la thèse l'antithèse. Mais il ne s'en tient pas là et ne fait pas de cette négation son dernier mot. Il en accomplit à son tour la négation, une négation de la négation. Reconnaître que la simultanéité spatiale n'est en aucune façon exclusive de la succession, c'est s'accorder à reconnaître que l'immédiat n'est pas sans médiation. Husserl, estime-t-elle, commence – il faudrait relire ici Kojève pour cerner exactement l'écart institué par rapport aux thèses du cours sur Hegel de 1938-1939[2] – par séparer le temps

1. On sait que Didier Franck a, tout autrement, interrogé « l'échec » – d'ailleurs avoué par *Temps et être* – et l'« infirmation » du § 70. Du diagnostic posé par Yvonne Picard sur l'espace, je retiens surtout qu'il répondait comme sa conséquence à celui qu'elle avait posé sur la temporalité : pour élever l'espace à l'authenticité, il aurait fallu à Heidegger « réformer sa conception du temps » (p. 123).

2. Kojève y oppose notamment le *Sein* ou le *Raum,* d'une part, au *Selbst* (l'Homme) ou *Zeit,* d'autre part (*Introduction à la lecture de Hegel*, p. 435).

pur de la succession et l'espace mondain. Mais c'est pour opérer « la position d'un espace à un niveau d'intégration plus élevé ». Chez Husserl comme chez Hegel encore, l'*Erinnerung* relève l'espace par le temps : « La mémoire et l'intériorisation constituent la chose véritable, qui n'est plus comme tout à l'heure un terme étranger, mais le pôle d'unité indispensable à l'existence d'une conscience, conscience de soi et du monde » (p. 123).

Méthodiquement schématisée, l'argumentation que développe Yvonne Picard est, me semble-t-il, à peu près la suivante :

1. L'intentionnalité transversale, qui vise un « sens général » (p. 115) *à travers* des manifestations successives, redouble l'intentionnalité longitudinale, laquelle permet le passage sans heurt d'un champ de présence à un autre. A la visée d'immanence de la seconde se noue indissolublement la visée de transcendance de la première. Le rôle du souvenir est déterminant dans la constitution d'un objet, de l'unité d'une multiplicité. L'intentionnalité longitudinale est à l'œuvre dans la constitution du champ de présence, l'intentionnalité transversale dans celle de « l'anciennement perçu, l'objet transcendant » (p. 114), de ce qu'Yvonne Picard appelle souvenir réfléchi, c'est-à-dire, dans la traduction de Dussort, « re-présentation de la perception antérieure »[1], « *Vergegenwärtigung der früheren Wahrnehmung* ».

2. Le problème de l'intentionnalité reconduit à la question du temps : il y va, en profondeur, du passage dialectique du présent en passé. Au cœur de la conscience impressionnelle, de la simultanéité absolue du sentant et du senti, le souvenir introduit un écart entre le sujet et l'objet. L'accès à la chose, qui allait de soi jusque-là, devient alors problématique.

3. Le mouvement de temporalisation, dans son intrication à l'intentionnalité, offre la réponse au problème de l'objectivité. L'intentionnalité transversale s'articule à l'intentionnalité longitudinale : l'objet est identifié, dans l'unité de son sens, *à travers* ses multiples apparitions. La mélodie se constitue dans la rétention de rétention, « les sons, d'abord purement immanents, se transcendent peu à peu » (p. 117). L'objectivation dans l'espace obéit au même procès, dûment complexifié. Outre la constitution de champs de présence qui possèdent une durée, se constitue l'unité de choses qui possèdent également leur durée. En regard des Suppléments 6, 8 et 10 des *Leçons*, Yvonne Picard renvoie, par allusion plus que par

1. Husserl, *Leçons*, p. 78. Yvonne Picard évoque d'ailleurs l'exemple de la quasi-perception du théâtre éclairé dont parle le § 27.

référence, au chapitre VI de *Sein und Zeit,* « La temporalité et l'intratemporalité », dont Ricœur allait fournir, dans *Le Temps raconté,* le commentaire serré[1]. Pour Husserl, les choses ne sont pas seulement datables parce que nous leur donnons le temps : « Heidegger pense que c'est pour moi, *Dasein* me préoccupant du monde, et dans la mesure où ce souci me possède, que les choses s'insèrent dans le temps, le futur étant compris comme *mon* futur, celui où se terminera l'action entreprise, le maintenant comme *mon* maintenant, celui qui importe pour moi en cet instant, le passé comme *mon* passé. [...] Pour Husserl, au contraire, une minute du monde (et non pas seulement une minute de moi-même) passe à chaque instant, que je le veuille ou non, que j'y pense ou non » (p. 119). Il n'y a pas le temps, qui est de la conscience, d'une part, et les choses, d'autre part. De l'être, immanent aussi bien qu'objectif, il faut dire qu'il est temps. Définir la conscience comme conscience de quelque chose engage à reconnaître que les choses qu'elle pose comme corrélatives participent à la temporalité qui la constitue elle-même en son ultime profondeur. Cette participation n'est pas une confusion. En introduisant entre la perception et le perçu un rythme dialectique, Yvonne Picard entend se soustraire à l'objection qui lui reprocherait de confondre le temps objectif avec le temps immanent, de réactiver en quelque sorte une âme du monde avec un temps du monde. La chose dure, elle se modifie elle-même. Il y a une durée propre à la chose, qui ne se laisse pas ramener à l'action de la conscience. La statue n'est pas seulement l'unité, transphénoménale, dira Sartre plus tard, de ses manifestations. Elle possède un temps qui lui est propre : elle fut auparavant un bloc de marbre. La constitution d'une objectivité transcendante (Husserl décrit, dans le Supplément VI, le vol d'un oiseau dans le jardin ensoleillé) prolonge, mais en la complexifiant, la constitution d'une objectivité immanente, celle, par exemple, d'une mélodie se détachant progressivement de mon vécu actuel.

4. Il s'agirait de penser, avec la temporalité objective, une contemporanéité élargie au-delà du seul champ de présence. Comme l'a montré Ricœur[2], seuls les derniers paragraphes de la deuxième section amorcent (§ 30-33) la constitution du temps objectif mis hors circuit au commencement des *Leçons*. Husserl constate, au début du § 32, que le souvenir primaire ne suffit pas à donner la conscience « d'un temps un, homogène,

1. P. Ricœur, *TR III,* p. 91 et *sq*.
2. *Ibid.*, p. 59 et *sq*.

objectif»[1]. Le ressouvenir, le souvenir secondaire, qu'Yvonne Picard nomme le souvenir réfléchi, permet d'étendre, par l'imagination, le champ temporel plus loin que le champ actuellement perçu. La constitution du temps objectif offre à Yvonne Picard le motif d'une confrontation décisive entre Husserl et Heidegger. La même ambiguïté qu'amenait pour le présent heideggerien sa limitation au seul champ de présence, entraînerait comme sa conséquence l'impossibilité de penser le temps des choses et de faire droit, par là, à un espace authentique qui soit autre chose qu'une dégradation du temps. Il faut s'interroger sur ce que Husserl veut dire lorsqu'il affirme qu'il y a un temps immanent pour tous les objets. La description phénoménologique de la perception, du champ de présence, mène nécessairement à cette extension de la contemporanéité. D'autres objets non-vus, mais visibles en droit, sont contemporains des objets qui coexistent dans ma perception. De l'invisible, Merleau-Ponty ira jusqu'à dire un jour, dans une note de mai 1960, qu'«il n'est pas un autre visible», mais qu'«il est *Verborgenheit* de principe *i.e.* invisible du visible, *Offenheit* d'*Umwelt*»[2]. Yvonne Picard ne va pas jusque-là. Mais, sur ce point, elle marque avec franchise l'écart entre Husserl et Heidegger. Husserl partage bien avec Heidegger l'idée d'une finitude correspondant à ce que celui-ci désigne, au § 21 de *Sein und Zeit*, comme l'adhérence (*Umhafte*) – l'ambiance, traduit Martineau, et Vezin l'entourance – de l'*Umwelt*, ce milieu que le *Dasein* « emporte à chaque instant avec lui » (p. 103). Mais il ne s'y enferme pas. Il ne borne pas la simultanéité à la coexistence de ce que je perçois. C'est par une loi d'essence que l'espace unique, l'«extension linéaire unique»[3] évoquée par le Supplément X, exige une appréhension simultanée qui «*doit* pouvoir être élargie au-delà des limites de mon *Umwelt* [...]» (p. 122). En effet, si, au contraire, les choses n'étaient dans l'espace que dans les limites de ma perception actuelle, il s'ensuivrait que «j'emporterais avec moi à chaque instant l'espace, par pièces détachées, comme de la terre à mes pieds» (p. 122). L'argumentation se resserre ici. Le champ de présence est débordé, le présent élargi, la loi de passage au passé se trouve étendue à ce présent élargi et rend, en ultime profondeur, raison de l'espace : «La loi de passage au passé, qui affecte ce champ de présence, joue non seulement pour ce que je perçois en fait, mais encore

1. Husserl, *Leçons*, p. 90.
2. M. Merleau-Ponty, *Le Visible et l'invisible*, Paris, Tel-Gallimard, 1986, p. 305.
3. Husserl, *Leçons*, p. 162.

pour tout ce qui est perceptible» (p. 119). Heidegger voit juste lorsqu'il comprend, au § 80 de *Sein und Zeit*, l'espace comme un présent absolutisé. Mais, par défaut de dialectique, parce qu'il s'interdit d'élargir ce présent au-delà du champ de présence, il échoue à fonder un espace authentique. Husserl pense un présent qui ne dissipe pas la succession, il l'étend au-delà de la contemporanéité qu'assure aux objets leur inclusion dans le seul champ de présence, et il forge d'un même coup un temps objectif unique et un espace authentique. Parlant, comme Husserl lui-même, de parallélisme, Yvonne Picard conclut que l'insertion, la persévérance des choses dans l'espace ne se restreint pas à ma perception actuelle. «Et comment dureraient-elles, sinon au rythme fondamental qui est celui de *ma* conscience, de toutes les consciences ? Lorsque je rentrerai dans une chambre abandonnée après des années, je retrouverai des meubles qui auront vieilli en même temps que moi, et progressé pourrait-on dire sur une série parallèle à la mienne.» (p. 122).

La relation de l'espace au temps que Husserl libère, Yvonne Picard la resserre dialectiquement en trois moments[1]. *Thèse* : dans l'espace-temps du champ de présence originaire des choses, «la conscience *est* ce qu'elle *perçoit*» (p. 123). *Antithèse* : le partage s'accomplit entre l'espace et le temps. L'espace nie la succession. L'indice de passé qui continue de s'attacher à l'espace perçu précédemment n'a d'autre réalité que subjective : «"En lui-même" le monde est l'éternel présent – il est innocent du temps – le passé est l'ombre portée par lui sur la conscience» (p. 123). *Synthèse* : «la mémoire et l'intériorisation constituent la chose véritable» (p. 123) Alors que l'espace semblait nier la temporalité, une contemporanéité d'un nouvel ordre s'établit entre les objets et la conscience.

Cette conclusion dialectique, cette conclusion en termes dialectiques s'impose-t-elle strictement ? Le Supplément X, sur lequel Yvonne Picard s'appuie, marque pourtant entre la série de l'immanence et celle de la chose, la continuité plus que la négativité[2]. Levinas a souligné que le commentaire d'Yvonne Picard vaut plus par sa lecture de Husserl que par sa critique de Heidegger et qu'en particulier, elle «met en valeur le

1. Yvonne Picard recourt à la triade «thèse-antithèse-synthèse», dont A. Stanguennec suggère (*art.cit.*, p. 95, note 4) qu'elle constitue un hapax chez Hegel.

2. Husserl, *Leçons*, p. 166 : «Les deux suites d'apparition ont un trait commun, une forme commune, en qui réside le caractère de l'objectivation du temps comme telle». Plus que par négation, l'argumentation procède là par analogie («C'est ainsi que…c'est ainsi que»; «de même que… de même»).

Supplément V». Yvonne Picard se réfère en effet (p. 116) à ces pages de Husserl. La rétrospection est la condition de possibilité de l'objectivité. Elle introduit au sein de la conscience une différence qui rend possible la constitution de l'objet devant et avant la conscience. C'est au souvenir qu'elle demande en effet la clé de ce qu'elle appelle «la nature mystérieuse» de l'intentionnalité : «Par l'existence du souvenir seule se marque la différence entre la conscience et ce dont elle est conscience, entre la noèse et le noème, entre la perception et l'idée, pour reprendre l'expression de Malebranche» (p. 116). Si je m'en tenais au seul champ de présence, dans la conscience impressionnelle, la simultanéité serait absolue entre la perception et le perçu. Pour que m'apparaisse l'antériorité de l'objet, il faut que s'opère ce qu'elle décrit comme «un détachement de la conscience constituante d'avec elle-même» (p. 116). Le Supplément V des *Leçons* envisage l'attitude phénoménologique par contraste avec l'attitude naturelle et avec la réflexion. Dans l'attitude naturelle, le temps objectif est commun à la perception et au perçu. Le perçu n'est pas simultané avec la perception, «il est possible qu'à l'instant de la perception l'objet perçu n'existe plus du tout (étoile)»[1]. Dans la réflexion, l'objet est antérieur à la réflexion. Dans l'attitude phénoménologique, enfin, on pourrait s'attendre à ce que la corrélation intentionnelle soit vouée à la simultanéité. À tort. «La conscience, écrit fortement Levinas, est retard sur elle-même»[2]. La structure de l'acte conscient suppose que «l'objet n'est possible que si une intention anime une sensation, laquelle doit être minimalement écoulée pour qu'une intention l'inspire». Autrement dit, «l'acte est donc postérieur au matériau de l'objet constitué». En analysant l'*Auffassung*, Husserl délivre cet écart. «C'est, dit-il expressément, à l'instant où commence l'appréhension que commence la perception; auparavant on ne peut parler de perception. L'appréhension est "animation" de la donnée sensible. Il reste pourtant à se demander si elle commence en même temps que la donnée sensible, ou si celle-ci ne doit pas être constituée – ne serait-ce que pendant une différentielle de temps – avant que puisse débuter l'appréhension animatrice. Il semble que cette seconde hypothèse soit la bonne. À l'instant en effet où débute l'appréhension, une partie de la donnée sensible est déjà écoulée, et n'est plus que rétentionnellement retenue. L'appréhension anime donc, non seulement la phase chaque fois actuelle de sensation

1. Husserl, *Leçons*, p. 145.
2. E. Levinas, «Intentionnalité et sensation», art.cit., p. 47.

originaire, mais la donnée sensible dans son ensemble, y compris le fragment écoulé; mais ceci signifie qu'elle pose l'objet, dans la propriété correspondant à l'écoulement de la sensation, pour toute la durée de cet écoulement, donc aussi pour la section temporelle qui la précède elle, l'appréhension de perception. Il y a, par conséquent, une différence temporelle entre le point initial de la perception et le point initial de l'objet »[1]. Les ressources de cette analyse sont, on l'a vu, considérables. Le rôle déterminant qu'elle confère à la rétrospection peut s'élargir à la perception des choses hors de moi et fonder génétiquement l'espace avec la temporalité objective.

Ce retard de la conscience peut donc se dire *du dedans de* la phénoménologie. Il n'est pas contestable que Husserl ne l'ait en effet déjà dégagé lui-même, dans ces pages qu'Yvonne Picard a méditées. Levinas va droit à l'essentiel : au retard de la conscience par rapport à elle-même, à la contamination réciproque, que manifestera Derrida, de la constitution et du constitué. Le traitement que Derrida allait faire subir au concept de *dialectique*, la torsion sémantique qu'il allait lui imprimer avant de paraître s'en déprendre, était enveloppé dans le commentaire d'Yvonne Picard. Or cette interprétation des *Leçons*, qui inscrit sa fine pointe dans l'angle ouvert par Yvonne Picard, Derrida ne l'abandonnera pas lorsqu'il abandonnera le concept de *dialectique*. De la sorte, il libérera sans les contenir les tensions, les antinomies et les apories, dont le recours à la dialectique donnait encore à penser qu'elles pouvaient être levées.

Daniel GIOVANNANGELI
Unité de recherche « Phénoménologies »
Université de Liège

1. Husserl, *Leçons*, p. 146.

CHAPITRE IX

SUR L'ANALOGIE DU FLUX : UNE LECTURE WITTGENSTEINIENNE DES *LEÇONS* DE 1905

Für all das fehlen uns die Namen
Leçons sur le temps, § 36.

INTRODUCTION

S'il n'est pas possible de tenir la pensée wittgensteinienne du temps pour une « postérité » des *Leçons* de Husserl au sens strict, on peut cependant parler d'une postérité philosophique en un sens original. Wittgenstein a développé une pensée particulièrement évolutive entre son retour à la philosophie au début de 1929 et le milieu des années 1930. C'est dans ce cadre – au cours de l'année 1929, plus précisément – qu'il envisage une conception de la philosophie, qualifiée par lui de « phénoménologique », qui comprend de nombreux développements relatifs au temps. Or deux faits convergent ici qui rendent à mon sens une lecture wittgensteinienne des *Leçons* philosophiquement justifiée et féconde. Le premier est qu'une étroite parenté relie les positions présentées alors par Wittgenstein aux analyses que Husserl développe dans les *Leçons* de 1905, même si bien sûr il ne s'agit pas d'assimiler simplement les deux acceptions wittgensteinienne et husserlienne du terme « phénoménologie »[1]. Le

1. Pour leur rapprochement, *cf.* « Wittgenstein, philosophe de l'expérience immédiate », J. Hintikka, *La vérité est-elle ineffable ?*, trad. fr. A. Soulez et Fr. Schmitz, Paris, L'Éclat, 1994, p. 54.

second est qu'après avoir très provisoirement adopté sa perspective phénoménologique – de février à octobre 1929, pour sa version la plus proche de celle de Husserl – Wittgenstein s'emploie de façon insistante à discuter cette perspective, en particulier quant à la question du temps. Sa position à l'égard de l'idée d'une phénoménologie du temps passe donc en quelques années d'une adoption réservée (Wittgenstein n'a jamais pleinement adhéré à cette position) à une critique radicale. Voilà les deux faits.

Leur conjonction légitime à mon sens de reporter – au moins en partie – sur les analyses développées par Husserl dans les *Leçons* la critique que Wittgenstein adresse peu à peu à ses propres analyses phénoménologiques de 1929. Cette légitimité se renforce du fait que Wittgenstein prétendait en général bien moins discuter des auteurs précis que des thèses philosophiques typiques susceptibles d'être défendues par tel ou tel. Ma démarche d'aujourd'hui sera donc double. Il s'agira d'abord de préciser comment les analyses phénoménologiques wittgensteiniennes flirtent avec celles que Husserl consacre à la conscience du temps, et cela avant tout par un statut renouvelé de la notion de flux. Il s'agira ensuite de marquer la distance critique que prend Wittgenstein à l'égard de ce type de conception par la mise en question de l'idée d'un flux absolu formel, jusqu'à contester que le projet même d'une phénoménologie de la conscience du temps puisse avoir un sens.

WITTGENSTEIN PHÉNOMÉNOLOGUE : LA PROXIMITÉ DE 1929 AVEC HUSSERL

La source jamesienne

Si une lecture wittgensteinienne des *Leçons* ne peut se prévaloir d'un rapport direct de Wittgenstein et de Husserl relativement à la question du temps, elle peut néanmoins faire fond sur le lien que constituent une source – et un repoussoir – communs à leurs deux pensées : à savoir les analyses développées par James au chapitre XV de ses *Principles of Psychology* de 1890, chapitre intitulé « The Perception of Time ». L'élaboration d'une approche phénoménologique du temps s'opère chez Husserl comme chez Wittgenstein au cours d'une discussion du propos de James et débouche dans les deux cas sur un rejet des présupposés psychologiques de ce propos.

James élabore dans le texte mentionné une genèse psychologique empirique de la conscience humaine du temps, l'expérience subjective étant censée rendre possible l'élaboration de nos concepts objectifs du temps. Cette genèse repose sur une ré-élaboration du présent de conscience au sujet duquel il écrit :

> La durée qui est ainsi continuellement perçue ne dépasse guère le « présent spécieux » (…). Son *contenu* est soumis à un flux incessant, les événements naissant en son amont aussi vite qu'ils disparaissent en son aval, chacun d'eux, pendant qu'il passe, changeant son coefficient temporel « pas encore » en « pas encore tout à fait », puis en « tout juste passé » ou « passé ». Tandis que le présent spécieux, la durée intuitive, se tient permanente, à la manière d'un arc-en-ciel au-dessus du torrent, avec sa qualité propre que ne changent pas les événements qui s'écoulent en elle[1].

Comme l'a montré R. Cobb-Stevens[2], les *Leçons* héritent de la notion de *specious present* sous le nom de « champ temporel originaire »[3], selon une caractérisation similaire puisque la forme identique et le contenu sans cesse changeant de ce champ sont également distingués par Husserl[4]. Cet héritage s'affermit en outre de la reprise quasi littérale de la thèse jamesienne de l'essence durative du présent de conscience, par cette remarque que la succession des perceptions n'implique pas la perception de la succession[5] et que seule une extension temporelle de la conscience permet de rendre compte de ce second fait. Enfin, la rétention fait manifestement écho à ce « fait psychique entièrement différent » du fait du ressouvenir – pour le distinguer de celui-ci, James désigne celui-là par l'expression « souvenir primaire »[6].

La réception par Wittgenstein de la notion jamesienne de *specious present* dans le cadre de sa période phénoménologique est également bien attestée, puisque non seulement il place alors au fondement du concept de temps un présent de conscience doté de la même structure que le présent

1. *The Principles of Psychology*, London, Harvard University Press, 1981, chap. XV, p. 593 [*Principles*].

2. « James and Husserl : Time-Consciousness and the Intentionality of Presence and Absence », D. Zahavi (éd.), *Self-Awareness, Temporality and Alterity*, Dordrecht, Kluwer, 1998.

3. *Vorlesungen zur Phänomenologie des inneren Zeitbewusstseins*, trad. H. Dussort, Paris, P.U.F., 1964, § 1, p. 9. Voir aussi, p. 40, 46, 69, 111, 155, 156.

4. L, Suppléments VI, p. 152 et VII, p. 155. Voir aussi *Ideen zu einer reinen Phänomenologie 1*, trad. fr., P. Ricœur, *Idées directrices pour une phénoménologie 1*, Paris, Gallimard, 1950, § 81, p. 276-277 et § 82 [*Ideen 1*].

5. *Cf. Leçons*, § 3, p. 21 et *Principles*, XV, p. 591.

6. *Leçons*, § 19, p. 63 et *Principles*, XV, p. 593 et XVI, p. 600.

jamesien[1], mais plus encore il recourt au terme « specious present » lui-même pour caractériser le temps phénoménal[2]. La reprise critique que Wittgenstein effectue en 1929 des thèses du *Tractatus* de 1921 l'amène ainsi à concevoir désormais le sujet métaphysique comme un flux absolu – il parle à ce propos d'un « présent fluant » ou d'« un présent en flux incessant »[3]. Plus précisément, et en référence directe aux descriptions de James, il associe étroitement[4] comme corrélatives l'idée héraclitéenne *Alles fliesst* et celle instantanéiste *Nur die gegenwärtige Erfahrung ist real*. De cette façon sont désignées les deux propriétés du *specious present* rappelées plus haut : celle d'être traversé par un contenu en flux incessant et celle d'être permanent à la façon de l'arc-en-ciel au-dessus de la rivière – Wittgenstein utilise d'ailleurs dans ce même sens l'analogie cinématographique de l'image sur l'écran qui est tout à la fois toujours présente et animée d'images sans cesse changeantes.

Si Husserl et Wittgenstein héritent tous deux de cet héraclitéisme phénoménal jamesien[5], il reste à savoir ce qui apparente leurs deux réceptions *phénoménologiques* de l'analyse du psychologue américain.

Description

1. La notion de flux trouve son cadre d'émergence, aussi bien chez Husserl que chez le Wittgenstein phénoménologue de 1929, dans une entreprise de description de la *forme* temporelle nécessaire de toute expérience, entreprise dont l'originalité réside dans l'abandon de l'idée que les deux notions de forme et de flux seraient incompatibles. Deux conceptions sont par là conjurées. La première – de type kantien – défend une acception non-phénoménale de la forme *a priori* du temps et restreint celle-ci à l'opération d'organisation du divers sensible, la « réalité objective » du

1. Ms 105, p. 98. Les manuscrits et tapuscrits de Wittgenstein sont cités dans le *Wittgenstein's Nachlass – The Bergen Electronic Edition*, Oxford, Oxford University Press, 1998.

2. Ms 105, p. 86 (cité et commenté *infra*).

3. Ms 107, p. 2 et 1.

4. *Cf.* Ms 108, p. 1.

5. Comme en écho aux *Principles* (IX, p. 227), Husserl parle du « perpétuel flux héraclitéen de phénomènes » (*Die Idee der Phänomenologie*, trad. fr., A. Lowit, *L'idée de la phénoménologie*, Paris, P.U.F., 1970, p. 72) et Wittgenstein recourt au *dictum* héraclitéen *Alles fliesst*.

temps désignant sa « validité objective »[1], *i.e.* pour tous les phénomènes, et non la phénoménalité de la forme elle-même. Les caractères *a priori* et transcendantaux du temps se paient dès lors du prix de sa non-phénoménalité. On ne saurait donc le décrire comme un « flux » : « ce n'est pas le temps lui-même qui change, écrit Kant, mais quelque chose qui est dans le temps »[2]. La seconde conception – de type jamesien – accorde pour sa part une pleine phénoménalité au temps de l'expérience (comme le montrent les descriptions du *specious present*), mais elle le fait sans se préoccuper de distinguer son cours de tout autre flux. La phénoménalité du temps de l'expérience se paie alors du prix de sa contingence empirique. La *perception of time* de James s'oppose ainsi au *die Zeit selbst kann aber nicht wahrgenommen werden* de Kant[3], et le divorce entre les notions de forme nécessaire et de flux semble définitivement consommé.

Cette opposition recouvre cependant une complicité plus profonde des deux conceptions évoquées : j'entends par là l'oubli qui leur est commun d'une dualité interne au concept de temps, et plus précisément d'un plan *temporel* de constitution du temps objectif, que celui-ci soit mental ou physique. Kant n'envisage en effet pas de processus temporel autre que constitué[4], même s'il distingue une temporalité « subjective » d'une temporalité « objective »[5]; et si James parle bien d'un temps psychologique distinct du temps objectif, il le présente en définitive comme un processus objectif semblable à n'importe quel autre, le *specious present* ne consistant qu'en un morceau du temps objectif, celui qui se trouve être directement donné à l'intuition par opposition au « temps conçu »[6].

Le double mouvement de dépassement accompli par Husserl et le Wittgenstein de 1929 est d'abord de soutenir que le temps comme forme nécessaire de l'expérience est un flux qui s'offre à la description, et ensuite qu'il y a en conséquence une temporalité phénoménale spécifique – que désigne le terme « flux »[7] – aux propriétés distinctes de celles de tout temps objectif psychologique ou physique. De ce nouveau point de vue, aussi

1. *Kritik der reinen Vernunft*, trad. fr. A. Delamarre et F. Marty, *Critique de la raison pure*, « Bibliothèque de la Pléiade », Paris, Gallimard, 1980, p. 796.
2. *Ibid.*, p. 800.
3. *Ibid.*, p. 915.
4. Cf. *ibid.*, p. 792.
5. *Ibid.*, p. 929.
6. *Principles*, XVI, p. 605.
7. Husserl préfère ce terme à celui de « temps » (*Leçons*, § 38, p. 103).

bien l'empirisme psychologique que l'idéalisme de type kantien ratent un plan temporel à part entière et se condamnent donc à ne pouvoir concilier le flux et la forme. Cela se dit, en termes husserliens : un flux constituant – et donc distinct de tout temps objectif constitué – s'écoule au fondement de toute phénoménalité; mais pour parvenir à cette affirmation, il faut redécouvrir « le flux des phénomènes constituants » ou le « flux constitutif du temps »[1], et donc reconnaître qu'il y a un temps *pré*-phénoménal qui n'est pas pour autant *non*-phénoménal[2], et subséquemment, que la phénoménologie des *Leçons* dessine la voie escarpée d'une « phénoménologie sans phénomène » (selon le mot de Granel), qui examine une *donnée* qui n'est pas celle d'un *quelque chose*.

2. Bien entendu, il ne s'agit pas de soutenir que l'on trouverait chez Wittgenstein une formulation de la problématique de la constitution semblable à celle de Husserl. Toutefois, deux aspects du traitement phénoménologique wittgensteinien du temps suffisent, me semble-t-il, à justifier le rapprochement suggéré.

En premier lieu, Wittgenstein souligne tout comme Husserl la différence irréductible des temporalités phénoménale et objective (« physique » selon son lexique). Il écrit en 1929, à la fois en écho à, et en divergence avec James :

> (…) le phénomène (*specious present*) contient (*enthält*) le temps mais n'est pas dans le temps.
> Sa forme est le temps, mais il n'a aucune place dans le temps.

Il dira un peu plus tard : « Ce que nous pouvons nommer le temps dans le phénomène (*specious present*) (…) n'est pas un morceau du temps objectif (*keine Strecke der Zeit*) »[3] – ce qui rappelle l'affirmation de Husserl : « Le champ temporel originaire n'est pas une sorte de morceau du temps objectif (*ein Stück objektiver Zeit*) »[4]. Pour Wittgenstein, le plan phénoménal possède une « forme » temporelle ou encore un « ordre temporel »[5] (*cf.* « Sa forme est le temps ») – forme qu'il désigne par l'expression de « flux » – mais il n'est pas une partie du temps (*cf.* « il n'a aucune place dans le temps »). En particulier, le présent phénoménal a pour propriété de ne

1. Respectivement *Leçons*, § 35, p. 98 et § 36, p. 99.
2. *Cf. Leçons*, § 39, p. 109.
3. Ms 105, p. 114 et Ms 113, p. 1.
4. *Leçons*, p. 9.
5. Ms 105, p. 86.

s'opposer à aucun passé ni à aucun futur, puisque du point de vue du donné immédiat le passé consiste en un souvenir et un souvenu qui sont présents. « Cela contredit tous les concepts du temps physique, écrit Wittgenstein, que je dusse percevoir dans le passé [comme le suggère l'idée du caractère présent du souvenir et du souvenu] et cela semble de nouveau ne rien signifier d'autre que le fait que le temps dans le premier système [*i.e.* celui des phénomènes] doit être radicalement différent de celui de la physique »[1]. Wittgenstein explique donc à l'époque la perplexité dans laquelle nous plonge la temporalité phénoménale par sa différence avec la temporalité physique objective et par la tentation illégitime de comprendre celle-là au moyen des concepts propres à celle-ci : pas plus que l'on ne peut, selon Husserl, « nommer le "l'un-après-l'autre" de la conscience une succession temporelle »[2], on ne peut dire simplement selon Wittgenstein qu'un *datum* se produit « plus tôt » (*früher*) qu'un autre : « Peut-on dire, demande-t-il, d'un événement ou bien plus d'un état de choses, dans le système des *data* [*i.e.* le premier système], qu'"il était" ? (...) Puis-je dire qu'un *datum* est plus tôt (*früher*) qu'un autre ? »[3].

En second lieu, le rapport pensé par Wittgenstein entre les deux temporalités phénoménale et physique est celui d'une « construction », similaire à certains égards – et à certains égards seulement[4] – à la « constitution » husserlienne du temps par le flux absolu. Bien qu'il ne détermine jamais précisément les termes de ce rapport de construction, Wittgenstein suggère que le monde objectif, et avec lui le temps objectif, est une « hypothèse » formée à partir du donné phénoménal. En filiation avec le principe machien d'économie de pensée, il soutient que le monde objectif est un mode de « présentation » (*Darstellung*) du « monde primaire » phénoménal, présentation qui se distingue par son caractère « pratique » ; le langage « physique » (*physikalisch*) – celui ordinaire qui parle du monde objectif – décrit donc le même monde primaire que le langage phénoménologique, mais il le fait sous l'« hypothèse » particulièrement « simple » qu'il y a des objets et des corps[5]. Aussi, le monde phénoménal avec sa temporalité spécifique « contient » comme une « possibilité » le temps

1. Ms 105, p. 96-98 – Wittgenstein fait ici allusion à la même affirmation p. 86.

2. *Leçons*, § 38, p. 104.

3. Ms 105, p. 84-6.

4. En particulier, Wittgenstein ne pense rien de tel que le caractère constitutif du flux pour les vécus eux-mêmes.

5. Ms 105, p. 108 et Ms 106, p. 102.

objectif, c'est-à-dire qu'il peut être « présenté » sous l'hypothèse d'un monde d'objets (ou encore) que celle-ci est l'une des hypothèses auxquelles il peut donner lieu – sans que sa temporalité, encore une fois, ne se confonde avec celle du temps objectif.

> Ne puis-je pas dire que je ne peux construire le temps que dans le second système [celui des objets] à partir des *data* ? Mais on peut également dire que le fait que je puis construire un second système temporel à partir des *data* présents dit quelque chose au sujet du premier système, et ce que cela dit peut être exprimé dans ces termes : le premier système est ordonné temporellement[1].

La temporalité spécifique des *data* phénoménaux – puisqu'il y a une telle temporalité – remplit donc une fonction de fondation à l'égard du temps objectif dans lequel nous vivons et qu'exprime notre langage « physicaliste » ordinaire.

3. En quoi consiste dès lors la *description* de ce flux formel dégagé par les phénoménologies wittgensteinienne et husserlienne ? Il faut d'abord préciser que la forme qu'il s'agit de décrire n'est à la fois rien de non-phénoménal ni rien d'extérieur au contenu qu'elle structure. Chez Husserl d'abord, elle désigne le mode de donnée (*Gegebenheitsweise, Gegebenheitsmodus* ou *die Weise seines Gegebenseins*[2]) propre à n'importe quel vécu[3]. Et le flux se définit aussi bien comme une « continuité de "modes" » (*eine Kontinuität von Weisen*)[4] – celui du maintenant, celui du tout juste passé *etc*. Il est nécessaire ensuite de distinguer le couple contenu/forme (*Inhalt/Form*) propre à l'intentionnalité longitudinale rétentionnelle du couple matière/forme (*Stoff/Form*) propre à l'intentionnalité transversale objectivante[5], dans la mesure où il ne peut y avoir de contenu sans la forme du temps, puisque tous les vécus sont imprimés, aussi bien les contenus primaires (*Stoff*) que les vécus qui sont conscience de (*Form*), et que toute impression est constituée dans le flux absolu[6] : « le contenu, écrit Husserl, n'est précisément rien d'introduit de l'extérieur dans la forme »[7]. La forme

1. Ms 105, p. 86-88.
2. *Ideen 1*, p. 273 et 276 et *Leçons*, p. § 7, p. 37-38.
3. *Leçons*, § 42, p. 116.
4. *Leçons*, § 8, p. 37.
5. Cf. *Ideen 1*, p. 289 et *Leçons*, § 9, p. 41.
6. *Leçons*, p. § 42, p. 116. Voir aussi *Ideen 1*, § 81, p. 275-276.
7. *Leçons*, Supplément VI, p. 152.

temporelle est cette « structure » « fixe »[1] sans laquelle un vécu n'est pas en attente de forme, mais tout simplement pas un vécu du tout. La phénoménologie de la conscience du temps doit donc être caractérisée comme une science eidétique descriptive *matérielle*[2], celle de la région conscience (ou encore) du vécu – et à ce titre la forme du flux doit également être distinguée de la formalité relevant de la *mathesis universalis*. C'est ce « mode temporel de donnée »[3] lui-même – « temporel » renvoyant ici au flux absolu et non pas au temps immanent ni *a fortiori* au temps transcendant – que les *Leçons* tentent de décrire en son essence[4], comme en témoigne notamment son isolement progressif sous le regard phénoménologique aux § 8-11.

La phénoménologie wittgensteinienne, quant à sa tâche descriptive, trouve une expression particulièrement claire dans un article du milieu de l'année 1929 – intitulé « Some Remarks on Logic Form »[5] – article que Wittgenstein reniera par la suite avec la plus grande sévérité. Il y explique que toute proposition complexe peut être analysée, selon la logique vérifonctionnelle, jusqu'à ce que l'on atteigne des propositions atomiques (élémentaires) inanalysables. Ces dernières propositions possèdent une certaine forme logique, *i.e.* la « structure » selon laquelle des symboles sont agencés de façon à construire une proposition. L'une des nouveautés que l'année 1929 apporte à cette vue tractuséenne est de reconnaître que les propositions qui portent sur les *données phénoménales* sont élémentaires et que les propositions élémentaires ne sont donc pas logiquement indépendantes les unes des autres (par ex., que tel point du champ visuel soit rouge à tel instant exclut qu'il soit bleu et donne la valeur Faux à la proposition correspondant à ce dernier état de choses) : tout un ensemble de relations logiques « internes »[6] – toute une phénoméno-logique – a donc échappé au *Tractatus*; la « phénoménologie »[7] ou « théorie de la connaissance » de

1. *Cf. Leçons*, p. 42, 101, 103, 122, 152, 157.

2. *Ideen I*, § 71, p. 227 et § 72, p. 229.

3. *Ibid.*, § 81, p. 275.

4. Il s'agit de dégager des *Wesengesetze* à son sujet (cf. *ibid.*, § 82, p. 278). Voir également *Leçons*, § 38, p. 101 et § 43, p. 122 pour la notion de loi en ce sens.

5. *Cf.* I.M. Copi and R.W. Beard (ed.), *Essays on Wittgenstein's* Tractatus, London, Routledge, 1966 [SRLF].

6. Cf. *Wittgenstein und der Wiener Kreis*, trad. fr. G. Granel, *Wittgenstein et le Cercle de Vienne*, Mauvezin, T.E.R., 1991, p. 215-6 [WWK].

7. SRLF, p. 32. Voir aussi Ms 107, p. 160.

1929 vise à l'exhiber. Mais selon Wittgenstein à l'époque – avant qu'il ne se rétracte en octobre 1929 – notre langage ordinaire et la notation tabulaire du *Tractatus* sont incapables d'assumer cette tâche d'exhibition. Il échoit donc à un « symbolisme » nouveau de la remplir – symbolisme que Wittgenstein appelle « langage primaire ». Deux points importent ici à mon propos.

Tout d'abord, les formes logiques – qui sont celles des phénomènes sur lesquels portent les propositions élémentaires, aussi bien que celles de ces propositions elles-mêmes – comptent parmi elles celle du temps, qui reçoit donc le statut de *forme phénoménologique*[1]. Ensuite, l'exhibition de la forme logique au moyen du langage primaire doit consister (et ceci contre le *Tractatus*) en « l'investigation logique des phénomènes eux-mêmes, *i.e.* en un certain sens *a posteriori*, et non pas en émettant des conjectures sur des possibilités *a priori* ». Autrement dit, la description des phénomènes donnés de fait doit permettre de prélever à même leur surface la forme logique qui les structure : l'*a priori* des formes logiques doit d'abord être saisi par la description de leur donnée *a posteriori* dans le champ phénoménal ; la forme ne peut être connue que si l'on en fait l'expérience (« Une forme atomique ne peut être prévue » écrit Wittgenstein). Waismann pourra donc caractériser, sous l'inspiration de Wittgenstein, l'entreprise conduite grâce au langage primaire et destinée notamment à décrire le flux phénoménal formel, comme le projet d'une « description des formes » (*die Beschreibung der Formen*) au moyen d'une « langue phénoménale idéale » (*ideale phänomenale Sprache*)[2].

Ecoulement

Si le cours de l'année 1929 atteste une forte proximité entre le Wittgenstein phénoménologue et Husserl par l'idée provisoirement partagée d'une description légitime de la forme du flux, la fin de cette même année l'atteste par la reconnaissance de l'impossibilité de dire adéquatement ce flux. Wittgenstein écrit en effet en décembre 1929 :

1. SRLF, p. 33. Voir aussi Ms 105, p. 11 : « Il est réellement d'emblée vraisemblable que le temps ne peut pas entrer après-coup comme une fioriture dans l'examen de l'espace visuel ».

2. *Logik, Sprache, Philosophie*, Stuttgart, Reclam, 1976, p. 302 [LSP] et *Dictées de Wittgenstein à Waismann et pour Schlick*, trad. fr. A. Soulez (dir.), Paris, P.U.F., 1997, p. 157 [DWW].

> Ce qui appartient à l'essence du monde [*sc.* la réalité comprise comme donnée phénoménale], le langage ne peut pas l'exprimer. C'est pourquoi il ne peut pas *dire* (*sagen*) que tout s'écoule (*alles fliesst*). Le langage ne peut dire que ce que nous pourrions nous représenter autrement.
> Que tout s'écoule doit être exprimé dans l'application du langage, et non pas dans *un* type d'application, par opposition à un autre, mais dans *l'*application. (…) Par application, j'entends ce qui en fin de compte transforme en un langage des combinaisons de sons ou des traits. (…) Et cette application est la vérification du langage[1].

Cette remarque enregistre l'abandon du projet d'élaborer un langage spécifique destiné à décrire la forme logique de la temporalité des phénomènes – cet abandon intervenant en octobre 1929[2] dans un texte qui invoque l'« absurdité » de vouloir décrire de façon exhaustive et exclusive le flux phénoménal présent et incessant. L'absurdité invoquée ici ne réside pas tant dans l'inadéquation à la tâche descriptive du langage en général, celui-ci étant nécessairement articulé dans un temps physique qui déborde du « présent fluant », que dans l'incommensurabilité grammaticale du temps phénoménal et du temps objectif dont nous parlons. Vouloir dire ce qui ne peut être autre qu'il n'est en tant que cela appartient à l'« essence du monde », c'est manquer inévitablement ce que l'on vise : si le flux phénoménal est absolu, le *dire* conduit en effet à le présenter comme un état possible du monde parmi d'autres, c'est-à-dire aussi bien à présenter comme concevable qu'il ne soit pas absolu. Selon la reprise en main tractuséenne de décembre 1929 des développements phénoménologiques des mois précédents, le projet même de dire la forme condamne donc à la trahir : en écho à la proposition 3.262 du *Tractatus* qui affirmait : « Ce qui, dans les signes, ne parvient pas à l'expression (*zum Ausdruck*), l'emploi (*Anwendung*) de ceux-ci le montre », Wittgenstein affirme dans la remarque citée : « Que tout s'écoule doit être exprimé (*ausgedrückt*) dans l'application (*Anwendung*) du langage ». Aussi le *dictum* héraclitéen *Alles fliesst* et l'image même du flux ne sont rien d'autre que le résultat linguistique de la tentative nécessairement vouée à l'échec de dire une forme. Ils ne saisissent donc pas, même partiellement, une phénoménalité-limite de la forme du temps absolu, mais sont l'issue fallacieuse d'un échec

1. Ms 108, p. 1 (13.12.1929) / Ts 208, p. 111-2 / Ts 209, p. 20.
2. *Cf.* Ms 107, p. 176.

pur et simple. Wittgenstein peut donc écrire à la même époque, dans un style assez kantien, qu'« on ne peut pas dire que le "le temps s'écoule (*die Zeit fliesst*)", si l'on comprend par "temps" la possibilité du changement, (...) la forme logique du mouvement »[1].

La situation n'est cependant pas aussi simple. La critique instruite ici de l'idée de flux n'établit pas Wittgenstein sur une position kantienne, mais l'installe plutôt sur l'une des faces de l'analyse husserlienne : si le flux absolu ne peut être dit, c'est pourtant bien lui qui est exprimé par l'application du langage, selon la remarque citée plus haut; il est donc tout à la fois dit et aussitôt raturé, en étroite parenté avec le geste husserlien de l'utilisation métaphorique du terme *Fluss* tel qu'il est caractérisé au § 36 des *Leçons*. Si la forme du temps ne peut être dite, elle demeure donc néanmoins comme quelque chose d'inaccessible – ce que permet de comprendre la référence faite au vérificationnisme logique à la fin de la remarque citée. Après l'abandon du projet phénoménologique de 1929, Wittgenstein maintient en effet l'idée que notre langage ordinaire inclut les deux types de propositions mentionnées précédemment : d'une part, les propositions « phénoménologiques », qui portent sur l'expérience immédiate et jouent le rôle de confirmation ou d'infirmation des « hypothèses », et d'autre part les hypothèses, qui portent, quant à elles, sur les objets et événements objectifs. Seules celles-là seraient susceptibles d'être vraies ou fausses, c'est-à-dire d'une vérification complète par ce qu'elles décrivent (*i.e.* le phénomène présent), tandis que celles-ci ne pourraient être que « probables ». Par exemple, si je dis « Je vois une tache de couleur jaune » alors qu'une telle tache m'apparaît, rien ne peut entamer la vérité de mon affirmation; en revanche, si je dis « Il se trouve devant moi une lampe jaune », mon énoncé ne pourra jamais être entièrement soustrait à la possibilité de son infirmation : des expériences visuelles et tactiles ultérieures pourront toujours contester mon affirmation, dont le mode spécifique de vérification interdit donc que l'on parle dans son cas de vérité ou de fausseté. Les grammaires de ces deux types de propositions diffèrent donc par leurs modes respectifs de vérification. Or ces derniers sont dus, manifestement, à la forme logique temporelle du monde (*cf.* « l'essence du monde ») : puisque les phénomènes s'écoulent sans cesse, l'hypothèse est toujours exposée à une infirmation par les expériences à venir et seule la proposition portant sur le phénomène présent peut être vraie. Wittgenstein

1. Ms 108, p. 27.

écrit d'ailleurs peu avant la remarque relative au *dictum Alles fliesst* : « Le flux de la vie, ou le flux du monde s'écoule ["tout s'écoule"] et nos propositions ne sont vérifiées pour ainsi dire que dans l'instant. Nos propositions ne sont vérifiées que par le présent » [1]. Il réutilise donc, à la fin de 1929, la distinction tractuséenne dire/montrer pour d'une part suspendre toute dicibilité du flux absolu et même toute légitimité de parler de quelque chose comme un « flux », et d'autre part maintenir – de façon assurément problématique – une forme temporelle. Si le sens d'une proposition réside dans son mode de vérification, comme le soutient le vérificationnisme adopté par Wittgenstein au début des années 1930, il faut dire que ce mode de vérification (selon la différenciation précisée) montre ce qu'*Alles fliesst* ne peut pas dire. Tout comme chez Husserl, nous sommes renvoyés à une saisie directe qui échappe à la prise du langage descriptif.

*

Husserl et le Wittgenstein de 1929 procèdent donc à des appropriations apparentées de l'analyse jamesienne, en accomplissant un même geste anti-psychologique de promotion du *specious present* au rang de temporalité phénoménale à la fois formelle et distincte (et fondatrice) de la temporalité objective, et en reconnaissant la dicibilité problématique du flux absolu en lequel consiste cette temporalité – ce qui les conduit tous deux à suggérer une transformation de l'outil descriptif de notre langage ordinaire.

La distance prise par Wittgenstein à l'égard de l'analyse husserlienne se joue dès lors sur la question du statut à conférer à cette dicibilité problématique : y a-t-il quelque chose – le flux absolu – dont les propriétés entraînent l'impossibilité de la dire adéquatement (comme le pense Husserl), ou bien l'indicibilité entraîne-t-elle dans son sillage l'absence d'un quelconque quelque chose que l'on ne parviendrait pas à dire (comme le soutiendra finalement Wittgenstein) ?

1. Ms 107, p. 222.

Perspectives critiques wittgensteiniennes

Au fond, la discussion critique que les analyses wittgensteiniennes engagent à l'égard d'un traitement du temps comme celui de Husserl peut être placée sous cette unique question : que signifie l'expression « ne pas pouvoir » lorsque la description phénoménologique du flux absolu bute contre une impossibilité ? Cette question donne lieu plus précisément à deux interrogations. 1) Qu'est-ce qu'on ne peut pas faire lorsqu'on ne peut pas dire directement le flux absolu (lorsque « les noms nous font défaut ») ? Quelle est la nature de la difficulté rencontrée ici par Husserl ? Et l'on sait que Husserl motive cette impossibilité par la différence du constituant et du constitué. 2) Qu'est-ce que ne peut pas le flux lorsqu'il s'avère qu'il ne peut avoir d'autres propriétés que celles qu'il a sous le regard du phénoménologue ? Et l'on sait que Husserl motive cette nécessité par le statut de forme *a priori* qu'il attribue à la structure du flux.

Le flux absolu (ou) ce qu'on ne peut pas dire

Avec la notion de flux absolu, nous naviguons manifestement, et de l'aveu même de Husserl, aux limites des capacités du langage – que l'on pense à ses remarques relatives à la vitesse du flux, à l'application au flux des prédicats du constitué en général, et à l'idée d'un changement sans repos possible[1]. Une certaine pensée du langage sous-tend ici ses analyses : celle selon laquelle l'occurrence d'un non-sens ne manifeste pas la suspension de toute pensée mais une pensée-limite qui ne trouve plus à se formuler dans les ressources du langage et doit céder la place au regard du phénoménologue[2]. De ce point de vue, si le temps nous place aux limites du sens, il ne nous fait pas sortir de la pensée. Mais en quoi peut bien consister cette pensée sans langage adéquat ? *Qu*'est-ce que le phénoménologue décrit lorsqu'il décrit (imparfaitement) le flux absolu de la conscience ? Ou plutôt : *qu*'est-ce que le phénoménologue ne peut pas dire lorsqu'il ne parvient pas à décrire le flux absolu ?

Sur ce point, l'approche wittgensteinienne soutient qu'en cessant d'utiliser des mots avec sens nous avons tout simplement cessé de penser, et donc que le flux en définitive indicible de la conscience absolue n'est, à

1. *Cf.* respectivement *Leçons*, p. 98-99 et 151-152.
2. *Leçons*, § 36, p. 99 et § 38, p. 102.

bien prendre les choses, qu'une illusion de flux. La charge de la faute est dès lors à reporter du langage au quelque chose illusoire qu'on a cru pouvoir concevoir en raison, précisément, d'une incompréhension du langage incriminé. Cette critique – que Wittgenstein, encore une fois, a adressée à ses propres positions de 1929 – possède une force réelle de questionnement de la pensée husserlienne. Je la ferai valoir à deux niveaux qui visent l'idée d'un *objet inaccessible*.

1. Pour Husserl, comme nous l'avons vu, le flux absolu est une forme qui s'offre à la description et qui doit être distinguée de toute durée objective. C'est donc « la fluence (*das Fliessen*) »[1] fondamentale de la conscience vers laquelle se tourne le phénoménologue, et il ne le peut que sous la condition de délaisser finalement toute unité objective constituée par et dans cette fluence[2], cette pure fluence représentant le troisième et dernier des trois degrés de constitution du temps distingués par Husserl au § 34 des *Leçons*. Mais peut-on ne serait-ce que vouloir s'engager dans une telle entreprise ? Voilà ce qu'interroge Wittgenstein dans le texte suivant qui porte sur son projet phénoménologique de décrire le présent fluant :

> L'erreur doit être que nous essayons de saisir le présent fluant (*die fliehende Gegenwart zu erfassen*) avec la méthode scientifique. Comme si nous voulions saisir la solidité d'une poutre isolément de cette poutre (*von ihm erfassen*). Pour ainsi dire l'extraire (*aus ihm herausdestillieren*) de la poutre[3].

Le terme dispositionnel « solidité » renvoie, pourrait-on dire dans un style emprunté à Ryle[4], à un ensemble de potentialités que la poutre réaliserait si telles ou telles circonstances étaient données : par ex. à sa résistance à des chocs violents, aux charges qu'elle est capable de supporter, aux sensations tactiles auxquelles elle donne lieu *etc.* – autrement dit, à un ensemble d'événements que l'on caractériserait comme manifestant la solidité de la poutre. Mais cela ne signifie pas que la solidité soit quelque chose qui se trouve dans la poutre et que l'on pourrait « distiller » en creusant à l'intérieur de celle-ci ou en la soumettant à une expérience chimique afin de la

1. *Leçons*, Supplément VI, p. 152.
2. *Leçons*, Supplément VIII, p. 156.
3. Ms 107, p. 1-2.
4. Cf. *The Concept of Mind*, trad. fr. S. Stern-Gillet, *Le concept d'esprit*, Paris, Payot, 1976, p. 114.

voir directement. On ne peut donc pas décrire la solidité de la poutre comme on décrit la poutre – ces deux expressions renvoyant à des catégories conceptuelles distinctes – et que l'on ne puisse pas assimiler ces deux descriptions ne signifie pas que la solidité ne pourrait être décrite qu'indirectement au moyen de notre langage, *i.e.* en recourant à des événements qui n'en seraient que les symptômes. Or le projet phénoménologique – que l'on vise celui de l'« investigation *a posteriori* des phénomènes » du Wittgenstein de 1929 ou celui du Husserl des *Leçons* – s'assimile précisément à une opération de ce genre : il suppose que l'on puisse soustraire la poutre pour ne plus conserver que sa solidité et la saisir (*erfassen*) enfin directement. Dans le cas du flux de l'expérience, la forme du flux – la fluence – devrait se livrer au terme d'une opération similaire. La fluence serait donc susceptible d'être révélée par une « méthode scientifique »[1] similaire à celle de la chimie lorsqu'elle isole une substance d'une autre substance. Mais de cette façon, écrit Wittgenstein à la même époque, on confond la possibilité du mouvement avec le mouvement[2], comme si le temps était un mouvement d'un type extraordinaire – je vais revenir sur ce point.

2. L'idée de la fluence est également critiquée dans la reprise que Wittgenstein effectue en 1932-33 de la remarque qu'il consacre au *dictum* héraclitéen en 1929-30 (et qui a été examinée *supra*). Il écrit désormais :

> Ce qui appartient à l'essence du monde, le langage ne peut pas l'exprimer. C'est pourquoi il ne peut pas dire que tout s'écoule. Le langage ne peut dire que ce que nous pourrions nous représenter autrement.
> Que tout s'écoule doit se trouver dans l'essence du langage. Et souvenons-nous : dans la vie courante, cela ne nous frappe pas – aussi peu que les bords flous de notre champ visuel (« parce que nous y sommes habitués », diront certains). Comment, à quelle occasion croyons-nous en prendre conscience ? N'est-ce pas lorsque nous voulons former des propositions à l'encontre de notre grammaire du temps ?[3]

1. Cf. *Bemerkungen über die Farben*, trad. fr. G. Granel, *Remarques sur les couleurs*, Mauvezin, T.E.R., 1984, II, § 3 [BF] pour cette parenté de la phénoménologie avec la science.

2. *Philosophische Bemerkungen*, trad. fr. J. Fauve, *Remarques philosophiques*, Paris, Gallimard, 1975, § 52b.

3. Ms 114, p. 21 / Ts 211, p. 763 / Ts 213, § 91, p. 427.

L'inflexion importante apportée par le changement de contexte des trois premières phrases de la remarque – qui sont conservées littéralement de la formulation de 1929-30 – réside dans le statut attribué au *dictum* héraclitéen : Wittgenstein ne le caractérise plus par l'aval, pourrait-on dire, *i.e.* par *ce que* ce *dictum* cherche à dire, comme si la forme du temps constituait un terme légitime quoique inaccessible de l'affirmation « Alles fliesst », mais par l'amont, *i.e.* par ce qui peut laisser penser qu'il y a quelque chose comme une forme du temps à décrire. La critique se radicalise donc, puisqu'en prenant la forme d'une généalogie compréhensive de la conscience d'un flux absolu, elle remet en question l'idée même qu'il y ait ici quelque chose à décrire. Le non-sens n'affecte pas seulement la tentative descriptive, mais son terme lui-même, pourrait-on dire.

Dans cette perspective, c'est un certain rapport de celui qui utilise le langage à celui-ci qui produit le sentiment – la conscience – que tout s'écoule[1]. Wittgenstein demande ainsi dans des manuscrits antérieurs à la remarque citée : « Comment se fait-il que je veuille dire que tout s'écoule ? (...) Que je *veuille* dire cela doit reposer sur une certaine incompréhension. (...) Et à la vérité sur le fait que l'on veut appliquer à l'expérience une catégorie qui ne doit être appliquée que dans le langage du monde physique »[2]. L'analyse se développe donc désormais sur le plan du *motif* du *dictum* héraclitéen, *i.e.* de la *généalogie* de ce que le philosophe croit pouvoir se donner comme objet de description. Or dans le cas du flux absolu, cela n'est que le résultat d'une confusion des deux façons phénoménale et physicaliste de parler. Wittgenstein situe l'origine du sentiment que tout s'écoule notamment dans la confusion de deux emplois pourtant distincts du concept d'*exactitude*, *i.e.* d'une part celui qui admet une précision croissante comme dans le cas de la mesure d'une distance au moyen d'un instrument de mesure, et d'autre part celui propre à la description de l'expérience : par ex., après que j'ai regardé un ciel étoilé, « aussi étrangement que cela puisse sonner, dit Wittgenstein, la seule description rigoureuse serait "J'ai vu une quantité innombrable d'étoiles" et non pas "J'ai vu *n* étoiles" »[3]. Ne pas marquer cette différence expose au risque de vouloir dire que les phénomènes (dans l'ex. mentionné : ce qui est vu) recèlent une exactitude du même type que l'exactitude physique, mais qu'elle échappe à

1. *Cf.* Ts 213, § 91.
2. Ms 108, p. 26-7.
3. DWW, p. 160.

notre saisie descriptive parce que les phénomènes s'écoulent trop vite, comme si l'insaisissabilité n'était due qu'à la « difficulté technique » d'accéder à cette exactitude (*i.e.* de retourner à l'instant passé dans lequel j'ai vu les étoiles). En réalité, l'idée même d'une exactitude inaccessible, ainsi que le sentiment corrélatif que tout s'écoule, sont le résultat de la confusion mentionnée :

> Toute cette considération, conclut Wittgenstein, est liée à cela qu'on ne peut retenir l'instant : à ce que tout s'écoule. Au sens philosophique [de l'expression], *tout coulerait [encore] alors même que tout, dans l'ordre de l'expérience, demeurerait comme il est*. Je considère, mettons, ce bureau devant moi : il ne change pas ; il reste le même. Mais le sentiment qu'avec le langage, nous n'adhérons pas à la réalité, parce que le temps s'enfuit pendant que nous parlons, [ce sentiment] demeure inentamé, même si nous nous représentons un moment où, pour une fois, n'aurait lieu autour de nous aucun changement. L'on a alors le sentiment que les phénomènes nous échappent et s'évanouissent dans le passé sans pouvoir être retenus [1].

La confusion des deux concepts d'exactitude engendre donc le sentiment que la fluence de notre expérience n'est pas suffisamment bien décrite par notre langage ordinaire, *i.e.* (comme le dit Wittgenstein) que le langage ordinaire non seulement peut produire des propositions fausses, mais est en lui-même faux [2] et qu'un autre langage – comme le langage phénoménologique – s'avère de ce fait nécessaire.

L'idée husserlienne d'un flux absolu qui n'admet aucune absence de changement [3], se trouve donc atteinte par la généalogie wittgensteinienne. Celle-ci qualifie de « typiquement métaphysique » l'emploi d'un terme « sans antithèse », *i.e.* en l'occurrence sans que la négation d'*Alles fliesst* ne soit tenue pour possible. Or « dans leur usage quotidien, écrit Wittgenstein, imprécis s'oppose à clair, flux à stabilité, inexactitude à exactitude, et problème à solution » [4]. Un flux sans possibilité de non-changement est donc une absurdité en lui-même, et non pas simplement eu égard à nos moyens linguistiques, comme le soutient Husserl, même s'il reconnaît la difficulté de penser un changement qui n'admet aucune absence possible

1. DWW, p. 161 – je souligne. Voir aussi LSP, p. 309.

2. *Philosophische Untersuchungen*, trad. fr. E. Rigal *et alii*, *Recherches philosophiques*, Paris, Gallimard, 2004, § 402 [PU]. Voir aussi Ts 213, § 101, p. 490 et DWW, p. 160-161.

3. Cf. *Leçons*, § 36, p. 99 et Supplément VI, p. 150-151.

4. *The Blue and Brown Books*, trad. fr. M. Goldberg et J. Sackur, *Le Cahier bleu et le Cahier brun*, Gallimard, Paris, 1996, p. 95 [BlB/BrB].

de changement[1]. Si Wittgenstein attribue lui aussi au début des années 1930, tout comme Husserl[2], une valeur métaphorique au flux du temps phénoménal[3], il s'en tient donc pour sa part à cette valeur (le flux est pour lui « une comparaison que nous avons incorporée à notre langage » et au moyen de laquelle nous nous représentons le temps[4]) et ne l'assimile pas à une référence mal conduite en direction d'un flux indicible.

La proposition synthétique a priori *(ou) ce qui dit ce qui ne peut être autrement*

La notion de flux rend inévitable une interrogation plus large sur le statut du projet d'une *description* phénoménologique de la conscience du temps : qu'est-ce que l'on *dit* lorsqu'on parle du « flux absolu de la conscience » ? Quel type de *proposition* formule-t-on à cette occasion ? Et plus radicalement, *dit*-on même quoi que ce soit ?[5] Pour Husserl, même s'il s'agit là d'une description « à la limite », on *peut* assurément décrire la pure fluence. Après avoir relevé l'impossibilité d'appliquer au flux originaire les prédicats propres au constitué, il écrit ainsi : « Mais on peut et on doit dire : une certaine continuité d'apparition appartient à un maintenant *etc.* »[6]. Par conséquent, si une telle description conduit à formuler des non-sens, cela ne doit pas – comme je l'ai rappelé – être imputé à *ce que* l'on veut décrire, mais à l'inadéquation des ressources descriptives de notre *langage* à ce que l'on veut décrire, et plus encore, à leur inadéquation à formuler un sens pourtant bien réel qui se trouve simplement en attente d'un habit linguistique qui lui convienne.

Une remarque critique peut être formulée à ce sujet dans la perspective wittgensteinienne. Elle porte sur la nature même des propositions

1. *Leçons*, Supplément VI, p. 150-151 (« Peut-on parler ici au sens propre d'un changement, là où pourtant, est impensable une absence de changement (…) Tout changement peut *idealiter* tourner en absence de changement »).

2. *Leçons*, § 36.

3. Ts 213, § 90 et BrB, p. 107-108.

4. BrB, p. 107-108.

5. *Cf.* PU, § 260 (à propos de l'hypothèse d'un langage privé) : « L'homme qui a inscrit ce signe sur le calendrier n'aurait-il rien noté du tout ? – Ne considère pas comme évident que quelqu'un qui inscrit un signe – sur un calendrier par ex. – note quelque chose pour son propre compte ! ».

6. *Leçons*, § 36, p. 99.

phénoménologiques censées décrire le flux absolu, et repose sur l'idée qu'on ne peut comprendre la position la plus radicale de Wittgenstein à l'égard des analyses de Husserl qu'à examiner la possibilité même de formuler des propositions qui peuvent vouloir décrire le flux absolu, que cette tentative avorte ou réussisse. Cette ligne critique radicale s'élabore dès le début des années 1930 chez Wittgenstein (alors qu'il n'a pas encore renoncé à l'idée d'essence du monde) et trouve son point d'aboutissement au milieu de cette décennie.

Outre le travail rétrospectif qu'il effectue sur ses propres pensées de 1929, l'analyse critique que Wittgenstein adresse à l'idée d'une phénoménologie vise la pensée husserlienne elle-même dans un entretien avec les membres du Cercle de Vienne de décembre 1929, soit peu de temps après l'abandon du projet de construire un langage phénoménologique primaire. Waismann, qui a conservé la trace écrite de cet entretien, l'a intitulé de façon significative « Anti-Husserl » :

> *Schlick* [demande en faisant référence à la troisième *Recherche Logique*] : Quelle objection peut-on faire à un philosophe qui croit que les énoncés de la phénoménologie sont des jugements synthétiques *a priori* ?
> *Wittgenstein* : (...) Considérons maintenant l'énoncé : « Un objet ne peut être rouge et vert en même temps ». Est-ce que tout ce que je veux dire par là est que je n'ai pas encore vu pareil objet ? Manifestement non. Ce que je veux dire est ceci : « Je ne puis voir pareil objet », « Du vert et du rouge ne peuvent se trouver au même endroit ». Je poserais alors la question suivante : que signifie ici le mot « *pouvoir* » ? Le mot « pouvoir » est à l'évidence un concept grammatical (logique), et non un concept relatif aux objets (*sachlicher*).
> Mais supposons que l'énoncé « Un objet ne peut pas être rouge et vert [*sc.* : en même temps] » soit un jugement synthétique *a priori* et que les mots « ne peut pas » signifient l'impossibilité logique. Etant donné qu'une proposition est la négation de sa négation, il doit également exister la proposition : « Un objet peut être rouge et vert [*sc.* : en même temps] ». Cette proposition serait aussi synthétique. En tant que synthétique, elle a un sens, ce qui veut dire que l'état de choses qu'elle représente *peut se produire*. Si « ne peut pas » signifie l'impossibilité logique, nous aboutissons à cette conséquence que l'impossibilité est pourtant possible.

Aussi ne restait-il à Husserl qu'une issue: expliquer qu'il y aurait une troisième possibilité. A quoi j'objecterais qu'il est certes possible d'inventer des mots, mais que je ne puis leur associer aucune pensée[1].

Un exemple de proposition synthétique *a priori*[2] relative au temps nous est fourni par Husserl au § 13 des *Leçons* dans le cadre de la critique de la conception psychologique empirique qui réduit le lien de la rétention et de l'impression à une relation contingente simplement constatée au cours de l'expérience – la proposition en question ne concerne donc rien de moins que le statut de l'intentionnalité longitudinale située au fondement de toute conscience. Husserl écrit:

Tout à l'encontre, nous professons qu'il est nécessaire *a priori* que la rétention soit précédée d'une perception, et donc d'une impression originaire correspondante[3].

Le type de dépendance de la rétention à l'égard d'une impression antérieure est *a priori* – « la phase présente, ajoute Husserl, n'est concevable (*denkbar*) que comme limite d'une continuité de rétentions, de même que chaque phase rétentionnelle elle-même n'est concevable que comme point d'un tel *continuum* » – mais ce type de dépendance est déterminé par l'essence particulière du flux originaire (*i.e.* l'essence de cette succession de phases que l'on peut à peine appeler « succession »): à ce titre il est exprimé par une proposition *synthétique* et ne peut donc être épuisé par la catégorie purement logique de la relation[4]. Dans les termes de la troisième *Recherche Logique*[5], l'impossibilité évoquée ici par Husserl « se fonde sur la nature particulière essentielle du contenu [*i.e.* de la partie du flux qu'est la rétention] ».

Si l'on revient à l'« Anti-Husserl », il faut d'abord reconnaître que Wittgenstein exprime un certain accord avec Husserl, dans la mesure où il accepterait de dire (contre l'approche psychologique) que l'impossibilité mentionnée par Husserl ne signifie pas qu'on n'a encore jamais rencontré une rétention sans impression la précédant; il s'agit bien ici de quelque

1. WWK, p. 37.
2. Cf. *Ideen 1*, § 16, p. 56.
3. § 13, p. 48 – voir aussi p. 157 pour la même idée.
4. Cf. *Ideen 1*, § 10, p. 40-1 et *Logische Untersuchungen, Zweiter Band, erster Teil*, trad. fr. H. Elie, A. Kelkel et R. Schérer, *Recherches logiques*, Paris, P.U.F., 1961, III, § 11, p. 36 [RL III].
5. RL III, p. 37.

chose d'« impensable » (*undenkbar*). Mais toute la question porte sur la compréhension qu'il faut avoir de l'inconcevabilité en jeu : décrit-elle quelque chose comme une structure nécessaire logée au sein de l'expérience ? Ou encore : la proposition peut-elle être tenue pour descriptive ? Husserl et Wittgenstein se séparent radicalement sur la réponse à apporter.

Selon Husserl, cette *Undenkbarkeit* est aussi bien celle de l'absence de tout changement susceptible de suspendre le flux absolu ; mais en conséquence, on ne peut pas ici « parler au sens propre d'un changement (*im eigentlichen Sinn von einer Veränderung sprechen*) »[1]. De l'aveu même de Husserl, l'impossibilité de *penser* le contraire se double de l'impossibilité de *dire* ce dont le contraire est impensable. Mais à quelle pensée un espace est-il ouvert ainsi ? Pour répondre à cette question doivent être tracées des différences entre des usages distincts du langage. Si l'on s'en tient au sens courant de « dire », selon Wittgenstein, lorsqu'on parle de « décrire quelque chose », le fait de dire quelque chose suppose que l'on puisse dire le contraire de ce que l'on dit, *i.e.* la proposition descriptive n'est vraie que si sa négation est fausse. Une proposition pourvue de sens, qui dit quelque chose sur le monde et sur son état, possède une négation tout aussi pourvue de sens. Dans la remarque citée, Wittgenstein appuie cette idée sur celle de la double négation : puisqu'une proposition est équivalente à la négation de sa négation, la négation elle-même de la proposition doit être pourvue de sens, puisqu'on ne peut pas nier ce qui n'a pas de sens. Par conséquent, « si "ne peut pas" signifie l'impossibilité logique », *i.e.* si cette expression *décrit* l'impossibilité logique, comme Husserl le soutenait, alors on aboutit à cette conclusion contradictoire que « l'impossibilité [dans notre exemple : l'impossibilité que la rétention ne soit pas précédée d'une impression] est pourtant possible », *i.e.* elle est un fait qui pourrait aussi bien ne pas être. Comme Husserl le reconnaît, son propos est pris entre le statut descriptif de ses propositions et l'impossibilité de donner un sens à leur négation. Mais si Wittgenstein est d'accord avec Husserl pour relever cette difficulté, il en dresse un tout autre diagnostic.

De son point de vue, Husserl ne distingue pas suffisamment deux types de propositions : la « troisième voie » qu'il évoque est le résultat de la confusion des propositions *descriptives* et des propositions *prescriptives*. Si l'on reprend l'exemple du § 13 des *Leçons*, on a affaire selon Wittgenstein à la formulation d'une règle qui prescrit la façon dont on doit utiliser les deux

1. *Cf. Leçons*, Supplément VI, p. 150-151.

concepts de rétention et d'impression. Afin de distinguer le *Satz* descriptif et la *Regel* prescriptive, Wittgenstein affirme ainsi :

> Une *proposition* parle au moyen des signes – littéralement à travers eux – de la réalité. Elle figure celle-ci. Une *règle* concernant les signes, au contraire, traite des signes eux-mêmes[1].

Sans doute y a-t-il des faits qui suggèrent fortement l'adoption d'une telle règle, mais il n'y en a aucun qui par lui-même imposerait de façon nécessaire cette règle. Les faits, même les plus implacables, restent des faits : c'est *nous* qui décidons de la façon dont nos mots doivent être utilisés, et nous exprimons cette décision dans des propositions comme celle du § 13. Il n'y a donc pas d'essence du monde qui déciderait de l'essence logique de notre langage, comme Wittgenstein le soutenait encore à la fin de l'année 1929 et comme il commence à se donner les moyens de ne plus le soutenir avec la thèse de l'« Anti-Husserl » – cette idée trouvera une formulation particulièrement claire des années plus tard, lorsque Wittgenstein caractérisera les propositions phénoménologiques synthétiques *a priori* comme occupant une place « intermédiaire entre la science et la logique »[2], *i.e.* entre la proposition portant sur des faits et celle portant sur la norme de présentation de ces faits par le langage.

On peut comprendre maintenant la difficulté que soulève pour Husserl le statut de l'impossibilité qu'est censée décrire la proposition synthétique *a priori* en question : si l'on confond une proposition prescriptive avec une proposition descriptive, on en vient à croire que l'on décrit un fait d'une solidité extraordinaire (pour reprendre une image de Wittgenstein) au sens où il serait absolument exclu que ce fait soit autrement qu'il n'est, plus encore que dans la loi physique la plus fermement établie ; on a ainsi (selon les mots de Wittgenstein dans ses *Recherches philosophiques*[3]) un « fait hors-norme (*eine übermässige Tatsache*) » (*i.e.* le flux absolu avec sa continuité de phases impressionnelles et rétentionnelles) qui conduit à formuler « une expression hors-norme (*ein Über-Ausdruck*) », ou encore « un superlatif philosophique (*ein philosophischer Superlativ*) » (*i.e.* le « flux absolu »). Mais alors que les mots semblent désigner des faits inaperçus par l'homme commun et que seul le regard philosophique saurait

1. WWK, p. 223 – je souligne.
2. BF II, § 3.
3. § 192.

déceler, on a en réalité cessé de désigner quelque fait que ce soit : le fait hors-norme dissimule simplement une norme ; la règle grammaticale ne décrit pas un fait superlatif : elle ne remplit tout simplement pas la même fonction que la description. Il ne faut donc plus dire que l'objet à décrire et le sens à exprimer suscitent le recours à des propositions qui s'avèrent inadéquates, mais que la confusion engendre cet objet et ce sens que les propositions issues de la confusion sont censées décrire et exprimer : en accomplissant sa conversion vers le flux absolu, le regard du phénoménologue se donne l'objet (en définitive illusoire) qu'il prétend découvrir et décrire. Et l'on retrouve ainsi la critique précédente : *il n'y a rien* qu'une proposition synthétique *a priori* puisse même vouloir chercher à décrire.

*

Du point de vue qui est celui de Wittgenstein au milieu des années 1930, il convient donc d'adopter une version radicale du non-sens exprimé par « ne pas pouvoir » dans l'affirmation de l'« Anti-Husserl » « Je ne puis voir pareil objet » : cette affirmation signifie qu'il n'y a pas un tel objet, *i.e.* que cet objet est illusoire, tout comme le fait que je crois décrire en disant qu'un même point du champ visuel ne peut être vert et rouge en même temps. En définitive, l'idée même que le flux soit une *forme* s'avère n'être que le résultat de la confusion entre la description et la prescription : du point de vue de Wittgenstein, l'idée d'une fluence originaire composée de phases impressionnelles et rétentionnelles s'écoulant continuellement les unes dans les autres revient à transformer une règle en l'expression d'un fait. Et en refusant aux propositions synthétiques *a priori* de posséder un sens, Wittgenstein interroge plus généralement la tentation philosophique d'ériger le temps au rang de *forme* de l'expérience – ce qu'il affirme dans le texte suivant, avec lequel je conclurai mon propos :

> Dans l'usage normal de la langue, le mot « temps » ne nous cause aucune difficulté. Nous disons : « Je n'ai pas le temps », « pas de temps maintenant pour ça » etc. Là-dessus arrive le philosophe pour demander : « Quelle chose au juste est le temps ? ». Ce qui se dégage à travers cette expression est que l'on doit pouvoir arriver à une vue plus profonde de l'essence du temps, se faire une conception de son essence vraie. (…) Le philosophe demande alors : « Est-ce que le temps est la même chose que les événements qui se déroulent en lui ? Ou bien est-il la position (sur le cadran) des aiguilles d'une montre ? » Et l'on répond que tout cela n'est pas le temps. La question suivante se pose donc : « Qu'est-ce alors que le temps ? » Et

l'on cherche à présent à donner une détermination quelconque, par ex. : « Le temps est la forme de ce qui a lieu », « le temps est la possibilité du changement », etc. alors que la vérité toute simple est que c'est déjà cet emploi du langage tout à fait relâché et compliqué qui indique la signification vraie du mot « temps » et que l'on ne peut rien faire d'autre que décrire la grammaire entière du mot [1].

Denis PERRIN
Université de Grenoble-II

1. DWW, p. 240.

CHAPITRE X

LA PERCEPTION DE LA DURÉE PRÉSUPPOSE-T-ELLE OU NON LA DURÉE DE LA PERCEPTION ?

HUSSERL ET DAINTON SUR LE TEMPS

Le temps est la substance dont je suis fait. Le temps est une rivière qui coule le long de moi, mais je suis la rivière ; c'est un tigre qui me détruit, mais je suis le tigre ; c'est un feu qui me consume, mais je suis le feu.

Jorge Luis Borges

Dans l'introduction de ses *Vorlesungen zur Phänomenologie des inneren Zeitbewusstseins*, Husserl remarque que « nous nous perdons dans les difficultés, les contradictions, les labyrinthes les plus étranges » [1] dès que nous cherchons à rendre compte de la conscience du temps. Je pense que la plupart des spécialistes des écrits de Husserl sur ce sujet tomberaient d'accord là-dessus. La tentative de démêler les processus intimes de la conscience du temps peut facilement induire une forme de vertige intellectuel. Pour réduire le risque, j'adopterai, dans ce qui suit, une stratégie de simplification. La littérature abonde en discussions très sophistiquées et techniques des écrits de Husserl sur le temps, mais je pense qu'il peut s'avérer payant à l'occasion de revenir à certaines des questions très simples qui ont motivé l'engagement initial de Husserl dans des réflexions sur le sujet destinées à se développer sur des décennies entières. La voie quelque peu indirecte que j'emprunterai pour le faire sera celle d'une

1. Husserl, *Zur Phänomenologie des inneren Zeitbewusstseins (1893-1917)*, *Hua X*, Den Haag, Nijhoff, 1966, p. 4 ; trad. fr. p. 4.

discussion critique du livre récent de Barry Dainton *The Stream of Consciousness*. Dans son livre, Dainton donne ce qui représente assurément l'une des discussions les plus complètes du problème de la conscience du temps en philosophie analytique, particulièrement dans les dix dernières années. Tout en faisant cela, il remet également en question l'approche de Husserl de nombreuses façons. Par un examen des questions que sa perspective peut poser à cette approche, je pense qu'il est possible de parvenir à un nouveau point de vue sur la raison pour laquelle une analyse de la conscience du temps est si importante. En outre, cette comparaison peut également nous permettre de parvenir à une juste appréciation de l'actualité de l'analyse de Husserl. Quel est son poids, comparée à l'une des théories analytiques les plus récentes ?

MISE EN PLACE DU PROBLÈME

Dans son livre, Dainton entreprend de donner une explication de l'unité et de la continuité inhérentes à notre flux de conscience (*stream of consciousness*). Les expériences ne surviennent jamais de façon isolée, et le flux de conscience est un ensemble d'expériences qui est unifié tout à la fois à chaque instant et tout au long du temps, synchroniquement aussi bien que diachroniquement. Dainton tient sa propre approche pour phénoménologique – au sens large du terme – puisqu'elle est fondée sur ce qu'on trouve dans l'expérience ; elle se déploie selon une perspective en première personne, et elle ne tient pas compte des divers processus et mécanismes subpersonnels qui peuvent aussi être impliqués [1].

En dépit de cet appel à la phénoménologie, Dainton défend une théorie représentative de la perception et nie que la perception véridique soit un être-conscient (*awareness*) [2] direct et non médiatisé des objets externes [3]. Conformément au « projectivisme » qui a sa faveur, mon objet de perception est en fait une projection mentale, c'est-à-dire une « image

1. B. Dainton, *Stream of consciousness : unity and continuity in conscious experience*, London, Routledge, 2000 (cité ensuite comme *Stream of consciousness*), p. XIII.

2. Pour rendre l'opposition anglophone importante *consciousness / awareness*, un terme renvoyant à la conscience en général, l'autre au simple être-conscient actuel de quelque chose, nous avons décidé de rendre autant que possible l'un par « conscience », l'autre par un « être-conscient de » (N.d. T.).

3. *Stream of consciousness*, p. 14 et 18.

phénoménale générée de façon interne et projetée à l'extérieur »[1]. En conséquence, « il y a un sens auquel nous sommes tous enfermés dans des sphères de réalité virtuelle, des sphères phénoménales en quelque façon produites par des activités dans nos cerveaux : tout ce dont nous sommes directement conscients (*aware*), ce sont les contenus de ces sphères »[2]. Inutile de dire que c'est là une position à laquelle la phénoménologie classique serait – avec de bonnes raisons – tout à fait opposée. Mais, bien que les mérites de l'analyse daintonienne de la conscience du temps soient jusqu'à un certain point indépendants de son engagement projectiviste, il nous faut néanmoins garder présent à l'esprit cet engagement, si nous voulons comprendre l'usage quelque peu idiosyncrasique que Dainton fait des termes « contenu » et « objet » phénoménal. Ces termes sont plus ou moins utilisés comme synonymes (et, tant que je rendrai compte de la position de Dainton, je les emploierai donc ainsi) pour renvoyer à ce dont nous sommes phénoménalement conscients, que ce soit des mélodies, les vers dits à haute voix d'une poésie, le ciel bleu ou les bus qui s'approchent. Tous ces objets de perception *semblent* être dehors dans le monde. Selon Dainton, pourtant, ce sont en réalité des items complètement expérienciels ; des items qui sont des parties et des portions du flux de conscience[3].

Maintenant, pour commencer, exposons brièvement ce qu'on pourrait tenir pour une simple théorie *par défaut* de la conscience du temps. Au niveau pré-théorique, nous supposons tous que nous avons bel et bien une expérience directe du changement et de la persistance. Nous pouvons entendre un son qui dure ou une mélodie, tout comme nous pouvons voir une pyramide stationnaire ou le vol d'un oiseau. Pourtant, si, à tout moment donné, j'étais seulement conscient de ce qui me serait perceptuellement présent juste à ce moment et à cet endroit-là, comment pourrais-je jamais *percevoir* – par contraste avec imaginer, se souvenir de ou porter un jugement sur – des objets temporellement étendus ? La solution, c'est de reconnaître que nos perceptions visuelles et auditives sont elles-mêmes des processus temporellement étendus. En fait, dans la perception d'un mouvement ou d'une mélodie, il y aura une succession de présentations perceptuelles qui se déploie en parallèle avec les phases successives du mouvement ou de la mélodie. La perception de la mélodie commence

1. *Stream of consciousness*, p. 16.
2. *Stream of consciousness*, p. 18.
3. *Stream of consciousness*, p. 17 et 24.

quand la mélodie commence, et arrive à son terme exactement au même moment que la mélodie. Ainsi, selon cette conception, nous devrions souscrire à ce qui a été occasionnellement appelé le *Principe de coïncidence présentationnelle*[1].

Malheureusement, cependant, les choses ne sont pas si simples. Si une perception a une durée et une extension temporelle, elle contiendra des phases temporelles qui lui seront propres. Mais, à y regarder de plus près, il est clair qu'une simple succession de telles phases conscientes ne nous donnera pas en elle-même la conscience de succession. Pour que cela se produise, la succession de ces phases doit en quelque façon être unifiée expérienciellement. Le défi est alors de rendre compte de cette unification sans s'engager dans une régression à l'infini. Afin d'éviter ce problème, plus d'un a été tenté d'adopter ce que Dainton appelle le *Principe de l'être-conscient simultané* (*Principle of Simultaneous Awareness*)[2]. Selon ce principe, on ne fait l'expérience d'une séquence ou succession de phases temporelles que si elle est appréhendée simultanément par un et un seul acte momentané de conscience[3]. Pourquoi avons-nous besoin de postuler un acte momentané qui embrasse toute la séquence temporelle ? Nous avons besoin d'un acte momentané parce que, s'il était étendu, nous devrions une fois de plus faire face à ce problème : une conscience qui dure n'est pas comme telle une conscience de durée.

Quand nous sommes conscients de quelque chose d'étendu temporellement, quelque chose qui inclut le passé immédiat, la conscience elle-même doit en conséquent être située dans le présent ; elle doit être comme un point et momentanée[4]. Le *Principe de l'être-conscient simultané* ne nie évidemment pas qu'il y ait une différence entre entendre trois sons qui se succèdent et entendre les trois sons simultanément. Le principe exige simplement que la succession, pour être appréhendée comme une succession, soit appréhendée comme un tout dans un seul être-conscient momentané ; un être-conscient qui est situé dans le pur maintenant entendu comme un point ou un instant indivisible.

1. *Stream of consciousness*, p. 134.
2. *Stream of consciousness*, p. 133.
3. B. Dainton, « Time in experience : Reply to Gallagher », *Psyché*, 9(10), http://psyche.cs.monash.edu.au/symposia/dainton/gallagher-r.pdf (désormais cité « Time in experience »), p. 17.
4. *Stream of consciousness*, p. 133.

Si on opte pour ce modèle, on a alors encore le choix entre deux versions différentes. Une possibilité est de tenir qu'un acte momentané de conscience appréhende une succession de contenus avec une extension temporelle réelle. Selon cette perspective, un acte de conscience peut être momentané, mais sa portée ne l'est pas. Puisque cette vue tient que nous sommes directement conscients d'occurrences temporellement étendues, on peut la nommer une forme de *réalisme temporel*. Pourtant, on peut aussi adopter la vue selon laquelle les contenus appréhendés par les actes momentanés de conscience sont eux-mêmes momentanés, mais ces contenus *apparaissent* simplement comme temporellement étendus. Quand on suppose un acte momentané, le contenu saisi par cet acte doit être donné simultanément. Pourtant, les différentes phases temporelles d'un objet temporellement étendu ne sont évidemment pas données simultanément. Tandis que la phase actuelle de l'objet peut être donnée perceptuellement, la phase précédente de l'objet n'est plus présente, et doit par conséquent être au lieu de cela *re-présentée* lorsque la phase actuelle survient. Ainsi, tandis que nous *semblons* être directement conscients d'occurrences temporellement étendues, nous sommes en réalité seulement conscients des *représentations* de telles occurrences[1]. Une conclusion tirée par de nombreux avocats de cette position – qui pourrait être nommée *anti-réalisme représentationnel* – est que la perception d'un processus temporel est impossible. Notre être-conscient d'une séquence temporelle est toujours représentationnel. Il est fondé sur la donnée simultanée d'une variété de contenus qui fonctionnent comme des représentations d'un objet temporellement étendu ou distribué. A la représentation d'un objet temporellement distribué fait donc défaut le caractère *direct* et *immédiat* qui caractérise les présentations perceptuelles.

Selon Dainton, la version réaliste du *Principe de l'être-conscient simultané* doit faire face à une difficulté qu'il appelle le *problème des contenus répétés*. La portée de l'acte de conscience doit être limitée. Supposons, pour les nécessités de l'argument, qu'elle soit limitée à l'appréhension de deux notes qui se succèdent, et prenons en exemple l'être-conscient d'une séquence faite des trois notes Do-Ré-Mi. En premier lieu, nous aurons un acte qui appréhende Do-Ré, puis un autre acte qui appréhende Ré-Mi. Si, conformément au *Principe de l'être-conscient simultané*, nous supposons que ces deux actes momentanés sont distincts,

1. Dainton, « Time in experience », p. 8.

nous devrons accepter qu'à la fin on fasse deux fois l'expérience du même contenu. Mais ce n'est évidemment pas conforme à l'expérience. Nous n'entendons pas Ré deux fois, nous ne l'entendons qu'une fois [1].

Pour ce qui est de la version *anti-réaliste* du principe, elle peut éviter le problème du contenu répété en faisant appel aux *modes de donnée temporels*. Le même contenu n'est jamais donné deux fois de la même façon ; il est bien plutôt donné à chaque fois dans des modes temporels différents, d'abord comme maintenant, puis comme tout juste passé, puis comme passé lointain, etc., c'est-à-dire que, plutôt que de faire de façon répétée l'expérience du même contenu dans le même mode temporel de présentation, nous en ferons l'expérience en tant que s'enfonçant doucement dans le passé. Pourtant, en dépit de cette tentative de solution, Dainton maintient que la version anti-réaliste doit être rejetée. En effet elle échoue à rendre compte de façon cohérente et crédible de la temporalité phénoménale, puisqu'elle nie que nous ayons une expérience directe du changement et de la succession [2]. En outre, elle est en définitive paradoxale. Afin d'être consciente (*be aware of*) des objets successifs, la conscience a besoin de comparer les objets précédents et les suivants dans une opération qui rend les précédents et les suivants simultanés. Mais comment des objets présentés simultanément peuvent-ils être donnés en tant qu'objets successifs, comment peuvent-ils être à la fois simultanés et successifs [3] ?

L'INTERPRÉTATION DE HUSSERL PAR DAINTON

Dainton poursuit son analyse en discutant la théorie husserlienne de la conscience du temps de façon un peu détaillée [4]. Pour commencer, Dainton reconnaît volontiers que la tentative de loin la plus accomplie de décrire et de comprendre la conscience temporelle peut être trouvée dans les divers écrits de Husserl [5]. Pourtant, Husserl n'est jamais parvenu à donner une

1. *Stream of consciousness*, p. 141.

2. *Stream of consciousness*, p. 115.

3. *Cf.* S. Gallagher, « Sync-Ing in the Stream of Experience : Time-Consciousness in Broad, Husserl, and Dainton », *Psyché* 9(10), 2003, http : //psyche.cs.monash.edu.au/v9/psyche-9-10-gallagher.html.

4. Dainton discute la théorie de Broad de façon encore plus détaillée, mais je laisserai de côté cette partie de la discussion.

5. *Stream of consciousness*, p. 150.

formulation définitive de ses vues sur la conscience du temps. Ses nombreux écrits sur le sujet ne sont pas faciles à synthétiser, certains d'entre eux sont notoirement obscurs, et, comme Dainton le reconnaît franchement, il a dû s'abstenir d'entrer dans le détail de ces aspects de l'œuvre de Husserl qu'il n'a pas pu comprendre[1]. Néanmoins Dainton entend rendre compte d'une de ces théories de Husserl, qu'il tient pour un exemple d'une forme d'anti-réalisme représentationnel[2].

Dans sa critique de Brentano, Husserl a bien signifié que nous devons distinguer entre faire l'expérience directe du changement et de la durée et seulement l'imaginer ou s'en souvenir. Il y a une différence phénoménologique manifeste entre voir une étoile filante et se souvenir ou imaginer qu'on voit une étoile filante. En même temps, Husserl a aussi soutenu que la théorie de Brentano échouait à expliquer comment une représentation qui est appréhendée dans le présent peut nous rendre conscients de quelque chose dans le passé. Mais, comme Dainton le remarque alors, la propre théorie de Husserl est vulnérable à exactement cette même critique[3]. Dans ses leçons de 1905, Husserl a soutenu que le flux de conscience consiste en une succession d'expériences momentanées appelées impressions originaires. Selon Husserl, ces impressions momentanées seraient accompagnées de contenus sensoriels co-occurrents qu'on supposerait alors animés ou imprégnés de sens par un acte d'appréhension, de façon telle à apparaître tout juste passés. Puisque Husserl pensait que le contenu animé et l'acte animant étaient simultanés, suivant ce modèle nous ne serions pas directement conscients du passé ou du futur, bien que nous semblions l'être; chaque expérience momentanée contiendrait plutôt une *représentation* du laps précédent du flux. Pour le dire d'une autre façon, selon Dainton, Husserl pensait que la portée de l'être directement conscient (*direct awareness*) était confinée au présent momentané[4]. Pour faire l'expérience de la durée et de la continuité phénoménale, nous avons besoin de la contribution de ce que Husserl appelle la rétention, mais puisque cette dernière – toujours suivant Dainton – est de caractère représentationnel, Husserl nie effectivement que nous ayons une conscience directe (*are*

1. *Stream of consciousness*, p. 137.
2. Dainton, « Time in experience », p. 53, *Stream of consciousness*, p. 151.
3. *Stream of consciousness*, p. 155.
4. Dainton, « Time in experience », p. 54.

directly aware of) du changement comme nous en avons une, disons, de la couleur[1].

Dainton conclut cette discussion de Husserl en concédant que la théorie qu'il vient de décrire en est une dont en définitive Husserl était insatisfait, et il admet que Husserl, dans ses écrits ultérieurs, abandonna la vue selon laquelle les rétentions sont des représentations survenant au présent de contenus tout juste passés et que, au lieu de cela, il opta pour la vue selon laquelle elles nous procurent un accès direct, sans médiation, au passé[2]. Mais, en premier lieu, la rétention d'une phase passée d'un objet est bien supposée exister dans une expérience qui survient après la phase en question, et comment quelque chose qui est présent peut-il nous rendre présent quelque chose dans le passé ? La réponse de Husserl, bien sûr, serait que les rétentions sont uniques. Contrairement aux impressions originaires, les rétentions intentionnent (*intend*) le *passé*. Contrairement au souvenir, les rétentions *présentent* le passé ; elles ne le re-présentent pas seulement[3]. Selon Dainton, tout cela est trop beau pour être vrai, et il soutient que l'explication proposée est plus verbale que réelle. Selon lui, Husserl se contente de stipuler que les rétentions ont les propriétés qu'il est opportun qu'elles aient. Husserl nous dit que quelque chose qui survient dans le présent peut intentionner directement quelque chose dans le passé immédiat, mais il n'explique jamais de façon détaillée ni claire comment cela est possible[4].

En outre, selon Dainton, même dans ses écrits ultérieurs, Husserl continue d'attribuer un rôle central aux actes de conscience dépourvus de durée. On en trouve la preuve dans ses diagrammes du temps, qui représentent toujours des séries continues de coupes momentanées d'épisodes expérienciels étendus[5]. À chaque instant, nous sommes conscients de quelques parties étendues du son. Husserl admet que ces coupes momentanées ne sont rien d'autre que des limites idéales, mais Dainton suggère que bien qu'il soit possible que Husserl ait pensé que ces actes momentanés sont des parties dépendantes des phases de conscience étendues, raison pour laquelle ils ne peuvent exister à l'état isolé, il croyait pourtant que ces

1. *Stream of consciousness*, p. 155.
2. Dainton, « Time in experience », p. 55.
3. *Stream of consciousness*, p. 155.
4. *Stream of consciousness*, p. 155-161.
5. Dainton, « Time in experience », p. 57.

actes momentanés accomplissaient des fonctions réelles au sein des actes étendus. Ainsi, ce n'est pas une coïncidence si Husserl continua à attribuer un rôle central aux impressions originaires momentanées. Les impressions originaires doivent être momentanées, parce que, si elles avaient eu une extension temporelle, il n'y aurait eu aucune raison d'introduire les rétentions et les protentions[1]. Mais, si les impressions originaires sont momentanées, elles ne peuvent nous donner une expérience du changement et de la durée. Pour que cela arrive, nous avons besoin de la pleine structure tripartite des rétentions, des protentions et des impressions originaires. Mais, selon Dainton, cela empêche Husserl de rendre pleinement justice à la continuité purement impressionnelle de la conscience. Les impressions originaires sont originairement présentes d'une façon dont les rétentions et les protentions ne le sont pas. En conséquence, selon la doctrine de Husserl, le changement et la durée ne peuvent pas être expérimentées aussi directement et immédiatement que la couleur ou la forme[2].

Pour terminer, Dainton présente deux objections supplémentaires à la théorie de Husserl, qu'il appelle respectivement celle du *contenu qui s'attarde* (*lingering content*) et celle de l'*embouteillage expérienciel* (*clogging of experience*). Dans les deux cas, le problème fondamental est de savoir si l'analyse husserlienne de l'entrelacs entre complexes de rétentions, impressions originaires et protentions résulte d'une véritable description phénoménologique, ou n'est pas plutôt un pur effet de construction théorique.

Le contenu qui s'attarde

Si je claque mes doigts, j'entends le bruit du claquement, puis c'est fini. Le bruit de claquement ne persiste pas dans mon expérience immédiate. Il peut y avoir un écho assourdi, mais l'écho est lui-même un nouveau son dont je fais l'expérience directe. Selon Dainton, cependant, ce n'est pas ce que le modèle rétentionnel de Husserl nous conduirait à attendre. Dans la lecture de Dainton, Husserl soutiendrait que les expériences momentanées jouissent de leur moment de pleine conscience, puis s'en vont doucement, elles deviennent graduellement de moins en moins présentes, avant, à la fin, de s'évanouir complètement. Ce n'est qu'une fois qu'elles ont complètement quitté la sphère de la conscience directe qu'elles peuvent apparaître

1. Dainton, « Time in experience », p. 57.
2. Dainton, « Time in experience », p. 59.

suivant la guise de la mémoire ordinaire. Mais cela ne semble pas vrai, puisque le contenu expérimenté quitte l'expérience immédiate proprement et sans bavure, sans laisser de résidu, et il devient immédiatement accessible à la mémoire. Dainton admet que l'objection du contenu qui s'attarde est naïve à un point presque embarrassant, mais il n'en maintient pas moins qu'elle doit être prise au sérieux [1].

L'embouteillage expérienciel

Husserl s'était rendu compte de ce que nous sommes continûment conscients de la continuité de nos expériences, et de ce que cela implique de l'unité à deux niveaux différents. Il y a la continuité du contenu de l'expérience, et il y a la continuité de l'être-conscient (*awareness*) lui-même. Ainsi, à tout instant donné, nous sommes conscients non seulement des phases temporelles présentes et passées de l'objet, mais aussi de notre expérience présente et passée de l'objet [2]. Afin de faire droit à ce fait, Husserl a recours à un réseau très complexe de continua rétentionnels et Dainton soutient qu'une conscience pourvue de ce degré de complexité interne serait embouteillée par les différents contenus à un degré cauchemardesque [3]. Pour le dire différemment, la théorie donnée par Husserl de la structure temporelle la plus basique de la conscience est, du point de vue de Dainton, une construction purement théorique qui outrepasse tout à fait les données phénoménologiques.

LE MODÈLE DU *RECOUVREMENT* DE DAINTON

Selon Dainton, la plupart des philosophes – y compris Husserl – qui ont souscrit au *Principe de l'être-conscient simultané* ont aussi souscrit au modèle être-conscient / contenu (*awareness-content*). En fait les deux idées entretiennent une solidarité naturelle. Selon le modèle qui entend la conscience suivant le schéma être-conscient / contenu, la conscience est intrinsèquement bipolaire. Toute expérience que l'on fait (*experiencing*) a deux composantes. D'un côté, il y a un pôle d'être-conscient (*awareness*), vide et sans durée, un lieu de pure appréhension, sans propriétés phénoménales qui lui seraient propres. De l'autre côté, il y a le contenu phénoménal

1. *Stream of consciousness*, p. 156-157.
2. *Stream of consciousness*, p. 154.
3. *Stream of consciousness*, p. 158.

qui est présenté à cet être-conscient. Ces deux composantes sont situées à deux niveaux différents de la conscience (*consciousness*), et on dit alors que l'unité de la conscience consiste dans le fait que les divers contenus tombent sous un être-conscient (*awareness*) unique[1].

Le modèle être-conscient/contenu ne va pourtant pas sans problèmes. Si nous soutenons que le contenu phénoménal ne peut pas exister indépendamment de l'être-conscient (*awareness*), cet être-conscient doit en quelque sens avoir directement la responsabilité de conduire à l'être la diversité des différentes caractéristiques phénoménales. Mais il est difficile de comprendre comment c'est censé être possible, puisque cet être-conscient lui-même est dépourvu de toutes ces caractéristiques. En fait, si l'être-conscient est complètement dépourvu de traits phénoménaux, il est difficile de voir ce qui serait perdu si celui-ci disparaissait purement et simplement[2]. Plus généralement, Dainton nous met en garde contre la tentation de tenir les expériences pour des choses que nous percevons ou observons essentiellement de la même façon que nous observons et percevons les choses physiques ordinaires. Bien que nous ayons bien des expériences, et bien que nous soyons conscients d'elles, nous ne le devenons pas en dirigeant quelque organe sensoriel interne spécial sur elles[3]. C'est le point où Dainton présente sa *conception simple de l'expérience*. Dans sa perspective, la conscience est inséparable du contenu phénoménal. Les processus mentaux pourvus de caractéristiques phénoménales discernables sont simplement des contenus qui surviennent dans les flux de conscience. Dainton écrit :

> Quand un item phénoménal donné vient à l'être, il vient à l'être comme une expérience consciente ; pour être une expérience, il n'a pas besoin de tomber sous quelque être-conscient (*awareness*) séparé que ce soit [...]. En d'autres termes, les contenus sont eux-mêmes intrinsèquement conscients et par conséquent – pour ainsi dire – ils sont auto-révélants ou auto-manifestants. [...] J'appellerai cela le modèle non-dualiste de la conscience, la *conception simple* de l'expérience[4].

Pour comprendre l'unité que nous trouvons dans l'expérience, nous n'avons donc pas à prendre en considération quoi que ce soit au-dessus,

1. *Stream of consciousness*, p. 41-42.
2. *Stream of consciousness*, p. 49-50.
3. *Stream of consciousness*, p. 45.
4. *Stream of consciousness*, p. 57.

au-delà ou en dehors de l'expérience elle-même[1]. Un flux d'eau est un tout fluant unifié, et ainsi en est-il du flux de conscience. Comme l'être-conscient (*awareness*) et le contenu ne sont pas séparés, la conscience (*consciousness*) ne consiste pas en un être-conscient d'un flux qui passe; c'est plutôt la conscience qui est le flux lui-même. Comme le dit Dainton, la conscience ne consiste pas en un flux qui s'écoule sous un spot de lumière, ni en un tel spot qu'on ferait défiler le long d'un flux; la conscience est le flux lui-même, et la lumière s'étend tout au long de lui[2]. Nous avons une expérience directe des phénomènes étendus temporellement, et les phases successives du flux ne sont soudées ensemble par rien d'autre que l'expérience directe. Cette relation inter-expériencielle est suffisante; il n'y a pas besoin d'introduire un acte séparé d'être-conscient pour lier les constituants des présents phénoménaux en unités expérimentées comme telles[3].

Suivant la conception simple, il n'y a pas de distinction entre la conscience et le contenu (les contenus sont intrinsèquement conscients), mais puisque ces contenus intrinsèquement conscients sont étendus temporellement, la conscience et le contenu ne peuvent manquer de suivre des cours parallèles[4]. Ainsi, Dainton nous propose de retourner à, pour l'adopter, une version modifiée du *Principe de coïncidence présentationnelle*, c'est-à-dire du principe suivant lequel les actes d'être-conscient et leurs contenus coïncident dans le temps[5]. Seul ce principe peut rendre justice à ce que Dainton considère comme un axiome phénoménologique fondamental, à savoir que notre expérience du mouvement, du changement et de la durée des choses (*endurance*) est tout aussi directe et immédiate que notre expérience de la couleur et du son[6]. Pour le dire différemment, Dainton tient pour impossible d'avoir une présentation perceptuelle directe d'une séquence temporelle si le contenu à la base de cette présentation aussi bien que la présentation perceptuelle elle-même n'ont pas une extension

1. *Stream of consciousness*, p. 236.

2. *Stream of consciousness*, p. 237.

3. Dainton, « Time in experience », p. 26.

4. Compte tenu du projectivisme de Dainton, et de ce qu'il croit que les objets perceptuels ordinaires sont une partie du flux de conscience, j'ai du mal à comprendre comment il peut éviter la menace du solipsisme. Je pense aussi qu'on peut se poser des questions sur la portée de son réalisme temporel, mais ce sont là des problèmes que je ne pourrai examiner plus avant dans le présent essai.

5. Dainton, « Time in experience », p. 33; *Stream of consciousness*, p. 166.

6. Dainton, « Time in experience », p. 5.

temporelle. En bref, Dainton nous tient pour directement conscients (*aware*) de la durée (*duration*) et du contenu qui dure du fait que les actes eux-mêmes ont un caractère de durée. Quand nous entendons la séquence sonore Do-Ré, le contenu de cette expérience est le motif (*pattern*) phénoméno-temporel de Do-fluant-en-Ré, et il n'est par conséquent pas besoin de poser un être-conscient purement ponctuel qui comprend les deux sons[1].

Cette conception qui soutient que les actes se recouvrent dans la mesure même où leurs contenus le font, permet au modèle réaliste de Dainton, qui rejette le *Principe d'être-conscient simultanément*, d'éviter le problème des contenus répétés. Revenons à l'être-conscient d'une séquence de sons Do-Ré-Mi. Le premier acte appréhende Do-Ré, le second Ré-Mi, mais la sous-phase du premier acte qui appréhende Ré est numériquement identique à celle du second acte qui appréhende Ré. Ainsi, il n'y a expérience de Ré qu'une seule fois[2]. Une autre façon d'argumenter la même thèse est d'attirer l'attention sur la séquence de notes Do-Ré-Mi ; vous entendez Do-passant-en-Ré-passant-en-Mi. Puisque nous entendons Ré seulement une fois, nous pouvons conclure que l'acte d'expérience (*the experiencing*) de Ré dans le présent phénoménal antérieur est numériquement identique avec l'acte d'expérience de Ré dans le présent phénoménal postérieur. Et, donc, que nous venons de faire l'expérience de deux présents phénoménaux qui se sont recouverts en vertu de ce qu'ils possèdent une partie commune[3]. Il est en conséquence crucial de noter que, dans le modèle du recouvrement, il ne s'agit pas d'un recouvrement par superposition, mais d'un recouvrement par partage de parties communes[4].

En adoptant ce genre d'argumentation, Dainton cherche à traiter la faiblesse principale du *Principe de coïncidence présentationnelle* : son échec à fournir une explication de la façon dont l'unité d'une conscience temporellement étendue est établie. Bien que l'unité diachronique censée être établie par le recouvrement soit une affaire de très court terme, elle est, selon Dainton, capable de lier ensemble les phases adjacentes du flux de

1. *Stream of consciousness*, p. 180.
2. Dainton, « Time in experience », p. 18.
3. Dainton, « Time in experience », p. 39.
4. Dainton, « Time in experience », p. 23.

conscience – exactement comme les liens infimes d'une chaîne – et par là de constituer le flux comme un tout temporellement étendu [1].

LA TEMPORALITÉ DE LA CONSCIENCE DU TEMPS

Selon Dainton, Husserl souscrivait au *Principe de l'être-conscient simultané*, et il en résultait qu'il lui était bien difficile de développer une théorie adéquate de l'expérience temporelle [2]. Mais est-ce exact ?

Si nous considérons les premiers écrits de Husserl sur la conscience du temps, il est vrai que, tout en critiquant la théorie de Brentano [3] et en défendant la possibilité d'une présentation intuitive de la succession, Husserl a aussi défendu l'idée que les contenus sentis sont neutres eu égard au temps. Les contenus sont dépourvus de déterminations temporelles, ils ne sont ni maintenant, ni passé, ni futur, et ils reçoivent leur caractère temporel des actes d'appréhension. Ainsi, le contenu pourrait être tenu pour un matériau non-temporel pour les appréhensions qui constituent le temps [4]. Tandis que la phase présente d'un objet temporel est perçue par le moyen d'une appréhension présente d'un contenu présent, les phases passées et futures de l'objet sont co-perçues par le moyen d'appréhensions présentes de contenus d'appréhension présents bien que modifiés et qui ne sont par conséquent plus sensuellement donnés. En bref, tandis que la perception de la phase de maintenant de l'objet sera constituée par l'animation d'un certain contenu sensoriel par le moyen d'une « appréhension de maintenant » [5], cette conscience perceptuelle sera accompagnée par des appréhensions rétentionnelles et protentionnelles d'un contenu modifié qui fournit par là même une conscience de ces phases de l'objet qui ne sont plus encore ou pas encore présentes.

La faiblesse de cette théorie est évidente. Elle demeure trop proche de la théorie de Brentano, et est vulnérable à des objections similaires. Dans leur variété, les contenus et les appréhensions sont tous parties de la phase actuelle de la conscience. Mais comment, comme se le demande Husserl

1. *Stream of consciousness*, p. 113.
2. *Stream of consciousness*, p. 136.
3. *Hua X*, p. 18.
4. *Hua X*, p. 417.
5. *Hua X*, p. 230.

lui-même, une variété de contenus co-existants peut-elle nous procurer l'être-conscient de la succession[1] ? Comment une appréhension présente d'un contenu présent peut-elle nous procurer un être-conscient intuitif de quelque chose de tout juste passé ? Husserl finit par se rendre compte des défauts de ce modèle. Tout en continuant à affirmer la structure rétentionnelle-protentionnelle de l'être-conscient, il finit par rejeter le schéma contenu / appréhension. Pour apprécier le point de vue ultérieur de Husserl, il nous faut d'abord comprendre que la rétention n'est pas une part de ce dont nous sommes conscients, mais un aspect structurel de l'être-conscient lui-même. Pour faire court, la rétention n'est pas quelque chose que nous entendons ; nous entendons bien plutôt le son tout juste passé *parce qu'*il est retenu par la rétention. En outre, la rétention n'accomplit pas cela en retenant le son dans la conscience présente. Il n'y a pas de simultanéité entre la rétention et ce qui est retenu. Le son tout juste passé ne reste pas présent dans la conscience, comme une sorte de réverbération ; il est bien plutôt présenté à la conscience comme tout juste passé, ou, selon la formule de Brough : « la rétention ne transmute pas ce qui est absent en quelque chose de présent ; elle présente l'absent dans son absence »[2]. En bref, la rétention doit être tenue pour une forme particulière d'intentionalité. Elle nous fournit une saisie intuitive directe du tout juste passé et n'est pas une appréhension spéciale de quelque contenu présent. Comme Husserl l'écrit, « la rétention n'est pas une modification dans laquelle les data impressionnels resteraient réellement conservés, mais simplement dans une forme modifiée : mais elle est une intentionalité, et assurément une intentionalité d'un genre spécifique »[3]. Ainsi, et il faut souligner ce point, être conscient rétentionnellement de la phase tout juste passée de l'objet n'implique pas qu'on ait cette phase tout juste passée sensuellement co-présente de quelque façon étrange et distordue. Pour prendre un exemple concret : si nous regardons un piéton qui traverse la rue, notre perception ne sera pas limitée à la capture de la phase de maintenant dépourvue de durée de son mouvement. Perceptuellement, ce ne sera pas comme s'il apparaissait soudainement comme de nulle part et nous n'avons pas à mettre en œuvre

1. *Hua X*, p. 323.

2. J.B. Brough, « Husserl's Phenomenology of Time-Consciousness », in *Husserl's Phenomenology : A Textbook*, ed. by J.N. Mohanty and W. R. McKenna, Washington, DC, Center for Advanced Research in Phenomenology and University Press of America, 1989, p. 249-289, passage cité p. 276.

3. *Hua X*, p. 118. Cf. *Hua X*, p. 31.

un acte de souvenir explicite afin d'établir le contexte temporel de sa position actuelle. Il ne sera néanmoins pas vrai non plus que toutes les phases antérieures de son mouvement sont présentes perceptuellement de la même façon que sa position actuelle. Si cela avait été le cas, le piéton remplirait perceptuellement tout l'espace qu'il vient de traverser. Mais, derechef, exclure cette possibilité, cela ne veut pas dire adopter l'idée que les phases passées de son mouvement demeurent présentes visuellement de quelque manière vague et fantomatique. Bien plutôt, ce que nous voyons est logé dans un horizon temporel. Et la signification de ce que nous voyons est influencée par ce qui s'est passé auparavant et qui est encore retenu intentionnellement. C'est exactement pour la même raison – et c'est quelque chose que Gallagher a bien noté – que Husserl n'est pas vulnérable aux objections du *contenu qui s'attarde* et de l'*embouteillage expérienciel*. Contrairement à ce qu'affirme Dainton, la conscience n'est, dans le modèle husserlien, pas surchargée de contenus sensoriels. Ce qui arrive plutôt, c'est que, pour le son tout juste passé, être retenu intentionnellement, cela veut dire que son *sens* ou sa *signification* (*its meaning or significance*) sont retenus comme tout juste passés [1].

Dans la mesure où la rétention n'est pas représentationnelle, dans la mesure où elle nous fournit une *intuition* de la phase tout juste passée de l'objet, elle peut être tenue pour un aspect de la conscience perceptuelle [2]. C'est exactement ce qui est requis si la perception de la succession doit être possible. Husserl conviendrait avec Meinong que la pure et simple succession des états conscients ne garantit pas la conscience de la succession, mais cela n'implique pas l'impossibilité d'une perception de la durée et de la succession, à moins qu'on accepte aussi l'idée que la perception se réduit à la saisie d'un simple point de maintenant, et c'est là une idée que Husserl rejette catégoriquement. Une perception ne peut être juste une perception de ce qui est maintenant : bien plutôt, toute perception de la phase présente d'un objet inclut une rétention de la phase tout juste passée et une protention de la phase de l'objet qui est sur le point de survenir [3]. Pour le dire autrement (noématiquement), la présence perceptuelle n'est pas

1. S. Gallagher, *The Inordinance of Time*, Evanston, Northwestern University Press, 1998, p. 51, et « Sync-Ing in the Stream of Experience : Time-Consciousness in Broad, Husserl, and Dainton » (2003).

2. *Hua X*, p. 41.

3. Husserl, *Analysen zur passiven Synthesis*, *Hua XI*, Den Haag, Nijhoff, 1966, p. 315.

ponctuelle, c'est un champ dans lequel maintenant, non-maintenant et pas-encore-maintenant sont donnés dans une Gestalt horizontale. C'est ce qui est requis si la perception d'un objet qui dure doit être possible.

Compte tenu de ce que Husserl dénierait la simultanéité entre la rétention et ce qui est retenu, Husserl doit rejeter le *Principe de coïncidence présentationnelle*. Mais ce rejet implique-t-il que Husserl défendrait une version du *Principe de l'être-conscient simultané*? Pour le dire différemment, quelle réponse Husserl donnerait-il à la question suivante : la conscience d'un processus temporel a-t-elle elle-même une extension temporelle? Cette question est d'une trompeuse simplicité. Et c'est une question à laquelle Husserl a donné des réponses différentes à différents moments de sa carrière. En 1904, la réponse de Husserl était tranchée. Comme il l'écrit dans le texte n° 21 du tome X des *Husserliana* : « Je vois avec évidence… que la conscience d'un temps <exige> elle-même du temps, la conscience d'une durée, de la durée, la conscience d'une succession, de la succession »[1]. Mais, bien sûr, si l'acte de conscience n'est pas instantané et momentané, s'il a une durée qui lui est propre, s'il contient des phases temporelles qui lui sont propres, comment alors ces différentes phases successives sont-elles synthétisées d'une façon qui permet une expérience de la succession? Si la durée et l'unité d'une séquence sonore est constituée par la conscience et si notre conscience de la séquence sonore est elle-même donnée avec durée et unité, alors, ne sommes-nous pas obligés de poser encore une autre conscience afin de rendre compte de la donnée (*givenness*) de cette durée et de cette unité, et ainsi de suite à l'infini[2]? Husserl finit par prendre conscience de ces problèmes. Voici ce qu'il écrit dans les textes n° 54 et 50 respectivement :

> Pour de très bonnes raisons, nous parlons d'un temps de la conscience […] aussi peu que nous nommons la succession d'états (*Aufeinanderfolge*) de la conscience une suite temporelle (*zeitliche Folge*)[3].
>
> Y a-t-il une absurdité dans le fait que le flux temporel soit tenu pour un mouvement objectif? Oui! D'un autre côté, le souvenir est pourtant quelque chose qui a lui-même un maintenant et par exemple le même maintenant qu'un son. Non. Là réside l'erreur fondamentale. Le flux des modes de conscience n'est pas un processus, la conscience de maintenant

1. *Hua X*, p. 192. Cf. *Hua X*, p. 22.
2. *Hua X*, p. 80.
3. *Hua X*, p. 375-376.

> (*Jetzt-Bewußtsein*) n'est pas elle-même maintenant. La rétention, qui est « en même temps » (*zusammen mit*) que la conscience de maintenant, n'est pas « maintenant », elle n'est pas simultanée avec le maintenant – ce qui n'a bien plutôt aucun sens[1].

Même si, compte tenu du caractère dynamique et auto-différenciant du flux de conscience, nous devons lui attribuer une sorte de temporalité, nous devons bien prendre garde de ne pas confondre la temporalité qui est intrinsèque à la conscience elle-même et la temporalité qui échoit aux objets constitués. Exactement comme mon expérience d'un cercle rouge n'est ni circulaire ni rouge, il y a une différence entre la donnée (*givenness*) temporelle de l'objet intentionnel et la donnée temporelle de l'acte intentionnel. Ils ne sont pas temporels, donnés ou constitués de la même façon. C'est sur cette base que Husserl en définitive en est venu à distinguer trois couches différentes de temporalité : le temps objectif des objets qui apparaissent, le temps subjectif, immanent ou pré-empirique des actes, des *sensa* et des apparences, et le flux absolu, pré-phénoménal de la conscience qui constitue le temps[2]. Cela a été un point controversé de savoir comment on doit exactement comprendre la théorie de Husserl en ce qui concerne la relation entre le temps subjectif et le flux absolu[3]. Mais je pense qu'il est équitable de dire que tous les spécialistes s'accordent sur le fait que Husserl considérerait qu'il serait égarant de caractériser le niveau le plus fondamental de la conscience du temps comme un processus temporellement étendu, comme s'il était composé d'une pluralité de tranches conjointes ou de briques de construction :

> Ce présent vivant fluant n'est pas ce que nous avons par ailleurs également déjà désigné du point de vue phénoménologique-transcendantal comme le flux de conscience ou le flux de vécu. Ce n'est en fait pas du tout un « flux » conformément à l'image, donc un véritable tout temporel (ou bien spatio-temporel) qui ait une existence individuelle continûment successive dans l'unité d'une extension temporelle (individué dans ses laps et phases distinguables au moyen de ces formes temporelles). Le présent vivant

1. *Hua X*, p. 333.
2. *Hua X*, p. 73, 76 et 358.
3. Pour mes propres contributions, *cf.* D. Zahavi, *Self-awareness and Alterity : A phenomenological investigation*, Evanston, Northwestern University Press, 1999 ; « Inner time-consciousness and pre-reflective self-awareness », in *The New Husserl. A Critical Reader*, ed. by D. Welton, Bloomington, Indiana University Press, p. 157-180, 2003 ; « Time and Consciousness in the Bernau Manuscripts », *Husserl Studies*, 20/2, p. 99-118, 2004.

> fluant est un être « continu » fluant et pourtant pas un être dans une extériorité de juxtaposition (*Außereinandersein*), pas un être dans une extension spatiotemporelle (cosmologique – *welträumlich*), ni dans une extension «temporelle de façon immanente» (donc pas dans cette extériorité de juxtaposition qu'on appelle extériorité de succession [*Nacheinander*], extériorité de succession au sens d'un être-posé en dehors les uns des autres dans ce qui serait à nommer à proprement parler un temps)[1].
> Fait donc ici défaut tout objet qui change; et dans la mesure où dans tout processus « quelque chose » est en procès (*vorgeht*), il ne s'agit pas ici d'un processus. Il n'y a rien là qui change, et c'est pourquoi il ne peut non plus être question de façon sensée de quelque chose qui dure. Il est donc dénué de sens de vouloir trouver ici quelque chose qui ne change jamais dans une durée[2].

Revenons à la critique de Dainton : Husserl souscrit-il au *Principe de l'être-conscient simultané*? Husserl ne défend pas l'idée que l'être-conscient conscient (*conscious awereness*) survient dans une série de coups d'œil momentanés. Mais il refuserait aussi que celui-ci ait une extension temporelle en quelque sens ordinaire que ce soit du terme. L'idée de Husserl semble être que la structure de la conscience du temps constitutive ne peut pas être adéquatement saisie en utilisant des concepts temporels dérivés de ce qu'elle constitue. Cela n'a aucun sens, écrit Husserl, de dire des phénomènes constitutifs du temps (les impressions originaires, les rétentions, les protentions) qu'ils sont présents et qu'ils durent, qu'ils se succèdent les uns aux autres ou sont co-présents, etc. Pour faire court, ils ne sont ni «présents», ni «passés», ni «futurs» de la façon dont les objets empiriques le sont[3]. Ainsi, d'une certaine façon, la conscience intime du temps est quasi-temporelle[4] ou atemporelle[5], mais seulement au sens où elle n'est pas intratemporelle (*innerzeitlich*). La conscience intime du temps (*inner time-consciousness*) n'est pas un objet survenant *dans* le temps, mais n'est pas non plus purement une conscience *du* (*of*) temps ; elle

1. Husserl, *Zur phänomenologischen Reduktion. Texte aus dem Nachlass (1926-1935)*, *Hua XXXIV*, Dordrecht, Kluwer, 2002, p. 187.
2. *Hua X*, p. 74. Cf. *Hua X*, p. 113.
3. *Hua X*, p. 75, p. 333, p. 375-376.
4. *Hua X*, p. 82.
5. *Hua X*, p. 112.

est plutôt elle-même une forme de temporalité[1], et, en dernier ressort, la question est de savoir si cela a un sens ou non d'attribuer des prédicats temporels au temps lui-même. Peut-être ce souci peut-il expliquer certaines des affirmations apparemment énigmatiques et aporétiques de Husserl.

Récapitulons : selon Husserl, il est absolument nécessaire de distinguer fermement entre l'impression originaire, la rétention, la protention, c'est-à-dire les structures non-indépendantes de la conscience du temps, d'un côté, et la phase de maintenant, la phase de passé et la phase de futur, c'est-à-dire les phases de l'objet temporel, de l'autre côté. L'impression originaire, la rétention, la protention ne sont pas les unes aux autres dans la relation dans laquelle sont le présent, le passé et le futur. C'est plutôt leur conjonction qui rend possible les sens du présent, du passé et du futur. Dans ses écrits, Husserl parle occasionnellement de la conscience absolue constituant le temps comme d'une forme immuable de présence (un *nunc stans*)[2]. Elle demeure permanente – pour utiliser la métaphore de James – comme l'arc-en-ciel sur la chute d'eau, avec sa qualité propre inchangée par les événements qui s'écoulent à travers elle[3]. Mais il faut relever que Husserl nie explicitement que cette présence constante doive être entendue comme référant à seulement l'une des trois modalités temporelles[4]. La présence en question n'est pas le « maintenant », n'est pas le *Gegenwart*, si

1. *Cf.* I. Kern, *Idee und Methode der Philosophie*. Berlin, de Gruyter, 1975, p. 40-41, R. Bernet, *La vie du sujet*, Paris, P.U.F., 1994, p. 197; M. Merleau-Ponty, *Phénoménologie de la perception*. Paris, Gallimard, 1945, p. 483; Heidegger, *Kant und das Problem der Metaphysik*, Frankfurt am Main, Klostermann, 1991, p. 192. Bien que le champ de l'expérience (*experiencing*) n'ait jamais ni de localisation temporelle ni d'extension tem-porelle et bien que il ne dure pas et ne devienne jamais passé, ce n'est pas un principe *supra*-temporel statique ou momentané, mais une pulsation vitale (*Lebenspuls*) avec une certaine articulation et une profondeur variable, c'est-à-dire qu'il peut aussi s'étendre. En fait, je suggérerais que la métaphore du *s'étendre* (*stretching*) – une métaphore utilisée par Husserl aussi bien que Heidegger (*Hua X*, p. 376, Heidegger, *Être et Temps*, § 72) – pourrait caractériser adéquatement l'auto-différenciation ek-statique du flux constitutif, puisqu'elle évite la désignation potentiellement égarante du flux comme une séquence ou succession d'impressions, de tranches ou de phases changeantes. Pour risquer une suggestion plus audacieuse, peut-être est-il besoin d'un véritable changement de métaphore. Plutôt que de comparer la conscience du temps à un fleuve ou un flux, nous devrions songer à la comparer à un ruban élastique. Comme Claude Romano me l'a fait remarquer, une telle suggestion rappellerait la notion augustinienne de *distentio animi*.

2. *Hua XXXIV*, p. 384.

3. W. James, *The Principles of Psychology I-II*, London, Macmillan and Co, 1890, vol. I, p. 630.

4. *Hua XXXIV*, p. 384.

on entend par *Gegenwart Gegen-wart*, c'est-à-dire un maintenant en face duquel quelqu'un se tient[1]. La conscience intime du temps est un champ d'expérience, une dimension de manifestation qui comprend tous les trois modes temporels. Et tandis que, dans une perspective en première personne, cela a certainement un sens de dire que j'ai eu une expérience de joie ou la perception d'une fleur et que ces expériences ont eu une durée et maintenant se sont achevées et sont devenues passées – après tout, autrement cela aurait difficilement un sens de dire que je peux me rappeler une expérience antérieure – la dimension même de la conscience du temps avec sa structure triplice protention/impression originaire/rétention, le champ même de l'expérience qui permet aussi bien la présence que l'absence, ne peuvent eux-mêmes devenir passés ou absents pour moi.

> Mais le flux n'est-il pas une extériorité de succession, n'a-t-il pas lui-même un maintenant, une phase actuelle et une continuité de passés, maintenant conscients dans des rétentions ? Nous ne pouvons nous en tirer ici, et nous ne pouvons que dire : ce flux est quelque chose que nous nommons ainsi d'après le constitué, mais ce n'est rien de temporellement « objectif ». C'est la subjectivité absolue, et il a les propriétés absolues de quelque chose qu'on doit désigner en image comme un « flux », d'un point d'actualité, d'un point-source originaire « maintenant », etc. Dans le vécu actuel nous avons le point-source originaire et une continuité de moments en échos. Pour tout cela nous n'avons pas de noms[2].

Comme l'observe Brough, la description du flux absolu soumet le langage à une tension fondamentale, puisque ce qu'il faut décrire n'est comme aucun objet, comme aucun autre phénomène[3]. Dainton ne serait probablement pas d'accord. Après tout, il soutient que la temporalité de, disons, un mouvement perçu et la temporalité inhérente à la perception de ce mouvement sont une seule et même chose. Il devrait donc récuser la différence entre ce que Husserl appelle à l'occasion la temporalisation noétique et la temporalisation noématique-ontique[4]. En outre, Dainton

1. Husserl, *Zur Phänomenologie der Intersubjektivität II*, *Hua XIV*, Den Haag, Nijhoff, 1973, p. 29.

2. *Hua X*, p. 371.

3. J.B. Brough, « Temporality and the presence of language : Reflections on Husserl's phenomenology of time-consciousness », in *Phenomenology of temporality : Time and Language*, A. Schuwer (éd.), Pittsburgh, Duquesne University, 1987, p. 1-31, passage cité p. 23.

4. Ms. B III 9, p. 23a

semble même penser qu'on peut mesurer l'extension de la présence vécue avec un chronomètre[1]. Même en laissant de côté la question du point auquel un tel essai de quantifier la dimension la plus fondamentale de la conscience du temps peut rater sa cible, il est déjà très discutable – comme de nombreux phénoménologues l'ont remarqué – que le temps de l'horloge puisse réellement rendre justice au temps vécu. Pour ne donner qu'un exemple simple : songez à la façon dont l'expérience du temps (par exemple l'entrelacs entre les trois dimensions temporelles différentes) est articulée différemment dans des états différents comme l'espoir, l'anxiété, l'insomnie ou l'ennui. Songez à la façon dont les « mêmes » trente minutes peuvent faire l'objet d'expériences différentes selon que vous êtes anxieux, ennuyé ou captivé. Ce n'est pas pour dire qu'un chronomètre ne mesure pas quelque chose, mais la question est précisément de savoir ce qui est mesuré. Il est certainement possible de transformer nos expériences en objets mentaux et de les poser ou insérer dans le temps chronologique. Mais cette forme temporelle est-elle native pour les expériences en question ou est-elle plutôt dérivée – le résultat d'une objectivation subséquente ?

CONCLUSION

Jusqu'à quel point la critique de Dainton est-elle pertinente ? Comme je l'ai déjà admis plus haut, je pense que sa critique de la première théorie de Husserl peut être justifiée. Mais en ce qui concerne la théorie du Husserl plus tardif, la critique de Dainton ne me paraît pas très perspicace. Contrairement à ce que dit Dainton, Husserl ne dirait pas que la portée de l'être-conscient direct est limitée au présent momentané, et ne nierait pas que nous soyons conscients du changement et de la durée aussi immédiatement que nous le sommes de la couleur et du son[2]. En ce qui concerne l'idée que Husserl, compte tenu de son concept d'impression originaire, est resté concentré sur les actes d'être-conscient sans durée, je pense que cette objection tombe non seulement parce que Husserl est très clair sur le fait que l'impression originaire ne peut pas être pensée indépendamment de son

1. *Stream of consciousness*, p. 113 et 171.

2. En ce qui concerne cette objection spécifiquement, cela pourrait en fait valoir la peine de rappeler que tout ce qui peut être perçu a une durée temporelle, et que cela inclut la couleur perçue.

horizon[1] – elle n'apparaît jamais de façon isolée et est une composante abstraite qui, par elle-même, ne peut pas nous donner l'être-conscient d'un objet temporel – mais aussi parce que Husserl soutiendrait, en dernier ressort, que l'alternative même entre « étendu temporellement » et « dépourvu de durée » est inappropriée lorsqu'il s'agit de décrire la dimension fondamentale de la conscience du temps. Pour ce qui est des objections du *contenu qui s'attarde* et de l'*embouteillage expérienciel* de Dainton, je pense que ces deux objections manquent leur cible, et que ce point devrait être clair du moment qu'on reconnaît la véritable structure intentionnelle de la rétention[2]. Qu'en est-il alors de l'affirmation de Dainton selon laquelle Husserl se contente de stipuler que les rétentions ont les propriétés mystérieuses qu'elles doivent avoir pour permettre à sa théorie de fonctionner et Husserl n'explique pas réellement comment les rétentions peuvent nous fournir un accès intuitif au passé ? Nous avons bien l'impression, quant à nous, que Husserl nous a en fait fourni une analyse méticuleuse et complexe de la conscience rétentionnelle. En outre, son but essentiel est de fournir un compte-rendu de la conscience du temps qui soit réellement fidèle aux phénomènes. Et si cela requiert d'attribuer des traits tout à fait uniques aux rétentions, ainsi soit-il ! Il ne faudrait pas oublier que Dainton lui-même soutient que l'unité de la conscience est un trait primitif de l'expérience, un trait qui ne peut pas être analysé ou réduit à quoi que ce soit d'autre[3]. Et si je peux employer ce genre d'argument, je ne vois pas pourquoi Husserl ne le pourrait pas aussi.

J'ai réellement de la sympathie pour la critique que Dainton fait du modèle être-conscient / contenu et pour sa thèse générale, à savoir que nous devrions être plus prudents pour ce qui est de prendre les expériences pour des choses que nous percevons ou observons essentiellement de la même façon que nous observons et percevons les choses physiques ordinaires. J'adhérerais aussi à l'idée que les processus expérienciels sont intrinsèquement conscients et donc auto-révélants ou auto-manifestants. En fait, j'ai soutenu ailleurs que ce modèle-non dualiste de la conscience est un modèle pour lequel Husserl s'est prononcé à l'occasion[4]. Mais, comme cela doit

1. *Hua XI*, p. 315 et 337-338.

2. *Cf.* Gallagher, « Sync-Ing in the Stream of Experience : Time-Consciousness in Broad, Husserl, and Dainton ».

3. *Stream of consciousness*, p. 26.

4. *Cf.* D. Zahavi, *Self-awareness and Alterity : A phenomenological investigation*, Evanston, Northwestern University Press, 1999 ; « Inner time-consciousness and pre-

déjà être clair, je pense qu'il y a un problème dans la façon que Dainton a de mettre en œuvre sa solution non-dualiste. On peut certainement rejeter l'idée que les expériences phénoménales deviennent conscientes en étant prises comme objets par quelque être-conscient de contrôle (*monitoring*) d'ordre supérieur et pourtant soutenir qu'il est nécessaire de maintenir une distinction entre la dimension noétique et la dimension noématique. Or, d'un point de vue husserlien, la tentative de Dainton de se passer d'actes conscients et de résoudre tous les problèmes en en appelant au contenu expérienciel peut être vue comme une tentative de se débarrasser complètement des structures noétiques pour mettre en œuvre une phénoménologie purement noématique. Elle partage donc la faiblesse habituelle de ce genre de tentative. En outre, la phénoménologie husserlienne insisterait sur le fait que nous devons distinguer non seulement différents niveaux de conscience mais aussi différentes formes de temporalité vécue. Il y a une différence entre analyser la conscience en termes d'actes différents tels que des actes de perception, jugement, imagination, etc., et analyser la conscience en termes de la structure protention / impression originaire / rétention. Ecraser tous ces niveaux différents en un seul comporte une simplification excessive qui se fait au détriment d'une compréhension correcte de la conscience du temps. Pour le dire différemment, bien que j'aie quelque sympathie pour la *conception simple de l'expérience* de Dainton, je pense qu'il va trop loin. Accepter son argument ce ne serait pas simplement opter pour une conception simple de l'expérience, mais adopter un modèle excessivement simplifié, et je ne crois pas qu'un tel geste aurait de garantie phénoménologique.

Mais que penser alors de la solution de Dainton ? Dans quelle mesure son modèle du recouvrement est-il convaincant ? Ce n'est pas un modèle qui fasse usage de quoi que ce soit qui ressemble à des rétentions ou des protentions, et ce modèle ne reconnaît pas non plus de modes temporels de présentation. Le modèle du recouvrement nierait en conséquence qu'on fera d'abord l'expérience de la première note, dans une séquence sonore, sous le mode temporel du présent, puis sous le mode temporel du juste passé, puis du passé plus lointain, etc. Pourquoi nie-t-il cela ? Parce que si la

reflective self-awareness », in *The New Husserl. A Critical Reader*, ed. by D. Welton, Bloomington, Indiana University Press, p. 157-180, 2003 ; « Time and Consciousness *in* the Bernau Manuscripts », *Husserl Studies*, 20/2, p. 99-118, 2004 ; *Subjectivity and Selfhood : Investigating the first-person perspective*, Cambridge, MA, The MIT Press, 2005.

note était donnée avec des caractères temporels différents au fur et à mesure que l'expérience progresse, il serait incohérent de supposer que deux expériences successives qui toutes deux visent (*intend*) la même note puissent réellement se recouvrir au sens d'avoir des parties communes[1]. Pour le dire différemment, la théorie du recouvrement doit rejeter la notion de modes temporels de présentation puisque de tels modes empêcheraient cette théorie de rendre compte de l'unité diachronique par simple position de l'identité numérique des parties se recouvrant. Pourtant cela semble confronter la théorie de Dainton avec quelque problème. On pourrait se demander si elle peut réellement faire droit à la différence entre unité synchronique et unité diachronique[2]. Dainton lui-même soutient que son but est d'établir que l'unité diachronique de l'expérience n'est pas essentiellement différente de l'unité synchronique. Compte tenu de ce que Dainton considère que l'unité diachronique est une affaire de très court terme, s'étendant au plus sur une seconde ou à peu près[3], et compte tenu de ce que cela a difficilement un sens de parler d'une unité synchronique absolument sans durée, il est, dans sa théorie, vraiment difficile de distinguer les deux types d'unité. Est-ce réellement satisfaisant ? En outre, comment cela peut-il rendre compte de cette dialectique entre présence et absence qui semble marquer si indélébilement notre être-conscient des objets et événements temporels ? Pour résoudre le problème, Dainton fait occasionnellement appel à ce qu'il nomme *caractère phénoménal*. Dans sa perspective, les contenus phénoménaux apparaissent tous également présents là où ils surviennent, mais la raison pour laquelle ils ont néanmoins une direction dont on fait l'expérience est leur caractère dynamique de flux, qui doit être tenu[4] pour un absolu phénoménal exactement comme la couleur ou le timbre[5]. Mais est-ce convainquant ? Qu'en est-il de notre perception d'un son qui ne change pas et dure, à laquelle, à suivre la théorie de Dainton, ferait probablement défaut l'attribut phénoménal de la direction ? Ce son sera certainement perçu comme ayant une extension temporelle, comme quelque chose qui persiste depuis un moment déjà, et comme quelque chose dont les phases antérieures ne sont plus temporellement présentes de

1. *Stream of consciousness*, p. 174.
2. Je dois cette objection critique à Joakim Quistorff-Refn.
3. *Stream of consciousness*, p. 112.
4. Dainton, « Time *in* experience », p. 29.
5. Qui a parlé de « métaphysique de la présence » ?

la même manière que sa phase actuelle. Mais comment pourrait-on rendre justice à cet exemple simple sans avoir recours à quelque chose comme des modes temporels de donnée? En définitive, l'incapacité du modèle du recouvrement à reconnaître des modes de donnée temporels me fait tout l'effet d'une *reductio ad absurdum* de la théorie. Je serais donc évidemment en désaccord avec Dainton là où il prétend que la théorie du recouvrement est supérieure à toutes les autres façons disponibles de rendre compte de l'expérience temporelle[1].

La discussion par Dainton de la structure du flux de conscience a de nombreuses vertus, mais, en définitive, je miserais plutôt sur la théorie sophistiquée que Husserl propose de la structure triplice de la conscience du temps. Elle demeure une véritable source d'inspiration. Il en est ainsi notamment compte tenu du fait que les réflexions de Husserl sur la conscience du temps soulèvent des questions et affrontent des problèmes qui ne sont même pas mentionnés par Dainton[2].

Dan ZAHAVI
Université de Copenhague
Center for the Study of Subjectivity
Traduction Jocelyn Benoist

1. *Stream of consciousness*, p. 181.
2. Cette recherche a bénéficié du soutien de la Danish National Research Foundation.

INDEX NOMINUM

LISTE DES AUTEURS

Jocelyn BENOIST : Professeur à l'Université de Paris-I Panthéon-Sorbonne. Archives Husserl de Paris.

Jean-François COURTINE : Professeur à l'Université Paris IV-Sorbonne. Archives Husserl de Paris.

Françoise DASTUR : Professeur à l'Université de Nice.

Daniel GIOVANNANGELI : Professeur à l'Unité de recherche « Phénoménologies » Université de Liège.

Denis PERRIN : Maître de conférences à l'Université de Grenoble-II.

Claude ROMANO : Maître de conférences à l'Université Paris IV-Sorbonne.

Alexander SCHNELL : Maître de conférences à l'Université Paris IV-Sorbonne.

Paolo SPINICCI : Professeur à l'Université d'État de Milan.

László TENGELYI : Professeur à l'Université de Wuppertal.

Dan ZAHAVI : Professeur à la Danish National Research Foundation : *Center for Subjectivity Research,* Université de Copenhague.

TABLE DES MATIÈRES

Ce livre a été imprimé
en France par **ICN**

Zone Industrielle des Saligues
98, rue Louis Rabier
64300 Orthez

05 59 69 77 80
icn@imprimerie-icn.fr

Dépôt legal : Juin 2008